未成年人检察工作丛书

未成年人“四大检察”案例评析

最高人民检察院未成年人检察厅 编

WEICHENGNIANREN SIDA JIANCHA
ANLI PINGXI

中国检察出版社

图书在版编目（CIP）数据

未成年人“四大检察”案例评析 / 最高人民检察院未成年人检察厅编 . -- 北京 : 中国检察出版社 , 2024. 12. -- ISBN 978-7-5102-3201-5

Ⅰ . D669.5

中国国家版本馆 CIP 数据核字第 2025YM4498 号

未成年人“四大检察”案例评析

最高人民检察院未成年人检察厅 编

责任编辑： 刘思昊
技术编辑： 王英英
封面设计： 徐嘉武

出版发行： 中国检察出版社
社　　址： 北京市石景山区香山南路 109 号（100144）
网　　址： 中国检察出版社（www.zgjccbs.com）
编辑电话：（010）86423796
发行电话：（010）86423726　86423727　86423728
（010）86423730　86423732
经　　销： 新华书店
印　　刷： 北京联兴盛业印刷股份有限公司
开　　本： 710 mm × 960 mm　16 开
印　　张： 24
字　　数： 340 千字
版　　次： 2024 年 12 月第一版　2024 年 12 月第一次印刷
书　　号： ISBN 978 - 7 - 5102 - 3201 - 5
定　　价： 78.00 元

《未成年人“四大检察”案例评析》
编委会

编写说明

习近平总书记强调，努力让人民群众在每一个司法案件中感受到公平正义。为落实这一目标要求，最高人民检察院党组提出要让“高质效办好每一个案件”成为新时代新征程检察履职办案的基本价值追求。“高质效”的基础是质量、效率，要求依法履职把好实体关、程序关，充分履职把好效果关。未成年人检察作为检察工作的重要组成部分，履职办案时贯彻基本价值追求的关键在于通过未检“四大检察”综合履职，以未成年人权益保护和犯罪预防为中心，关注未成年人的未来发展。既要维护个案公平正义，将教育、保护和惩治一体落实；又要净化未成年人成长环境，监督改善案件背后存在的社会治理薄弱环节，强化标本兼治和源头治理。依法履行检察机关未成年人司法保护和法律监督的职责，为加强和改进未成年人权益保护、强化未成年人犯罪预防和治理作出检察贡献。

指导性案例、典型案例是在实际办案中孕育、发掘的，是高质效办案的生动体现，也是未成年人检察工作司法理念、法律适用和工作经验的重要积淀。为进一步系统发挥未检指导性、典型案例的引领作用，我们组织编写了《未成年人“四大检察”案例评析》一书。本书以未成年人“四大检察”综合司法保护为主题，收录了最高检涉及未成年人检察的指导性案例和部分在法律适用、办案方法等方面具有较强参考意义的典型案例；内容涵盖检察机关办理的未成年人刑事案例、未成年人民事行政案例、未成年人公益诉讼案例和未成年人综合司法保护案例，并收录与案例相配套的权威解读、法理评析等。相信本书对满足未检人员的工作需求，帮助未检人员更新理念，进一步提升未检"四大检察"办案素能等方面，都具有一定的指导意义。

未成年人检察工作的成长进步，离不开社会各方面的关心和帮助。宋英辉教授等专家学者为案例提供了重要的法理解读，国际救助儿童基金会北京代表处、中国检察出版社为本书出版给予了支持。借此机会，向长期以来关心未成年人司法保护和未检工作的同志们，表示衷心感谢。

愿我们携手共进，始终坚守——"孩子们成长得更好，是我们最大的心愿"。

目　录

第一部分　未成年人刑事案例

侵害未成年人从严惩治案例

未成年人刑事案件精准帮教案例

第二部分　未成年人民事、行政案例

第三部分　未成年人公益诉讼案例

第四部分　未成年人综合司法保护案例

第一部分
未成年人刑事案例

侵害未成年人从严惩治案例

一、案　例

1. 齐某强奸、猥亵儿童案*

（检例第42号）

【关键词】

强奸罪　猥亵儿童罪　情节恶劣　公共场所当众

【基本案情】

被告人齐某，男，1969年1月出生，原系某县某小学班主任。

2011年夏天至2012年10月，被告人齐某在担任班主任期间，利用午休、晚自习及宿舍查寝等机会，在学校办公室、教室、洗澡堂、男生宿舍等处多次对被害女童A（10岁）、B（10岁）实施奸淫、猥亵，并以带A女童外出看病为由，将其带回家中强奸。齐某还在女生集体宿舍等地多次猥亵被害女童C（11岁）、D（11岁）、E（10岁），并猥亵被害女童F（11岁）、G（11岁）各一次。

【要旨】

1. 性侵未成年人犯罪案件中，被害人陈述稳定自然，对于细节的描述符合正常记忆认知、表达能力，被告人辩解没有证据支持，结合生活经验对全案证据进行审查，能够形成完整证明体系的，可以认定案件事实。

---

* 案例选自最高人民检察院第十一批指导性案例。

2. 奸淫幼女具有《最高人民法院、最高人民检察院、公安部、司法部关于依法惩治性侵害未成年人犯罪的意见》规定的从严处罚情节，社会危害性与刑法第二百三十六条第三款第二项至第四项规定的情形相当的，可以认定为该款第一项规定的“情节恶劣”。

3. 行为人在教室、集体宿舍等场所实施猥亵行为，只要当时有多人在场，即使在场人员未实际看到，也应当认定犯罪行为是在“公共场所当众”实施。

【指控与证明犯罪】

（一）提起公诉及原审判决情况

2013年4月14日，某市人民检察院以齐某犯强奸罪、猥亵儿童罪对其提起公诉。5月9日，某市中级人民法院依法不公开开庭审理本案。9月23日，该市中级人民法院作出判决，认定齐某犯强奸罪，判处死刑缓期二年执行，剥夺政治权利终身；犯猥亵儿童罪，判处有期徒刑四年六个月；决定执行死刑，缓期二年执行，剥夺政治权利终身。被告人未上诉，判决生效后，报某省高级人民法院复核。

2013年12月24日，某省高级人民法院以原判认定部分事实不清为由，裁定撤销原判，发回重审。

2014年11月13日，某市中级人民法院经重新审理，作出判决，认定齐某犯强奸罪，判处无期徒刑，剥夺政治权利终身；犯猥亵儿童罪，判处有期徒刑四年六个月；决定执行无期徒刑，剥夺政治权利终身。齐某不服提出上诉。

2016年1月20日，某省高级人民法院经审理，作出终审判决，认定齐某犯强奸罪，判处有期徒刑六年，剥夺政治权利一年；犯猥亵儿童罪，判处有期徒刑四年六个月；决定执行有期徒刑十年，剥夺政治权利一年。

（二）提起审判监督程序及再审改判情况

某省人民检察院认为该案终审判决确有错误，提请最高人民检察院抗诉。最高人民检察院经审查，认为该案适用法律错误，量刑不当，应予纠正。2017 年 3 月 3 日，最高人民检察院依照审判监督程序向最高人民法院提出抗诉。

2017 年 12 月 4 日，最高人民法院依法不公开开庭审理本案，最高人民检察院指派检察员出席法庭，辩护人出庭为原审被告人进行辩护。

法庭调查阶段，针对原审被告人不认罪的情况，检察员着重就齐某辩解与在案证据是否存在矛盾，以及有无其他证据或线索支持其辩解进行发问和举证，重点核实以下问题：案发前齐某与被害人及其家长关系如何，是否到女生宿舍查寝，是否多次单独将女生叫出教室，是否带女生回家过夜。齐某当庭供述与被害人及其家长没有矛盾，承认曾到女生宿舍查寝，为女生揉肚子，单独将女生叫出教室问话，带女生外出看病以及回家过夜。通过当庭讯问，进一步印证了被害人陈述细节的真实性、客观性。

法庭辩论阶段，检察员发表出庭意见：

首先，原审被告人齐某犯强奸罪、猥亵儿童罪的犯罪事实清楚，证据确实充分。（1）各被害人及其家长和齐某在案发前没有矛盾。报案及时，无其他介入因素，可以排除诬告的可能。（2）各被害人陈述内容自然合理，可信度高，且有同学的证言予以印证。被害人对于细节的描述符合正常记忆认知、表达能力，如齐某实施性侵害的大致时间、地点、方式、次数等内容基本一致。因被害人年幼、报案及作证距案发时间较长等客观情况，具体表达存在不尽一致之处，完全正常。（3）各被害人陈述的基本事实得到本案其他证据印证，如齐某卧室勘验笔录、被害人辨认现场的笔录、现场照片、被害人生理状况诊断证明等。

其次，原审被告人齐某犯强奸罪情节恶劣，且在公共场所当众猥亵儿童，某省高级人民法院判决对此不予认定，属于适用法律错误，导致量刑畸轻。（1）齐某奸淫幼女“情节恶劣”。齐某利用教师身份，多次强奸二名幼女，犯罪时间跨度长。本案发生在校园内，对被害人及其家人伤害非常大，对其他学生造成了恐惧。齐某的行为具备《最高人民法院、最高人民检察院、公安部、司法部关于依法惩治性侵害未成年人犯罪的意见》第 25 条规定的多项“更要依法从严惩处”的情节，综合评判应认定为“情节恶劣”，判处十年有期徒刑以上刑罚。(2)本案中齐某的行为属于在“公共场所当众”猥亵儿童。公共场所系供社会上多数人从事工作、学习、文化、娱乐、体育、社交、参观、旅游和满足部分生活需求的一切公用建筑物、场所及其设施的总称，具备由多数人进出、使用的特征。基于对未成年人保护的需要，《最高人民法院、最高人民检察院、公安部、司法部关于依法惩治性侵害未成年人犯罪的意见》第23条明确将“校园”这种除师生外，其他人不能随便进出的场所认定为公共场所。司法实践中也已将教室这种相对封闭的场所认定为公共场所。本案中女生宿舍是20多人的集体宿舍，和教室一样属于校园的重要组成部分，具有相对涉众性、公开性，应当是公共场所。《最高人民法院、最高人民检察院、公安部、司法部关于依法惩治性侵害未成年人犯罪的意见》第23条规定，在公共场所对未成年人实施猥亵犯罪，“只要有其他多人在场，不论在场人员是否实际看到”，均可认定为当众猥亵。本案中齐某在熄灯后进入女生集体宿舍，当时就寝人数较多，床铺之间没有遮挡，其猥亵行为易被同寝他人所感知，符合上述规定“当众”的要求。

原审被告人及其辩护人坚持事实不清、证据不足的辩护意见，理由是：一是认定犯罪的直接证据只有被害人陈述，齐某始终不认罪，其他证人证言均是传来证据，没有物证，证据链条不完整。二是被害人陈述前后有矛盾，不一致。且其中一个被害人在第一次陈述中只讲到被猥亵，第二次又讲到被强奸，前后有重大矛盾。

针对辩护意见，检察员答辩：一是被害人陈述的一些细节，如强奸的地点、姿势等，结合被害人年龄及认知能力，不亲身经历，难以编造。二是齐某性侵次数多、时间跨度长，被害人年龄小，前后陈述有些细节上的差异和模糊是正常的，恰恰符合被害人的记忆特征。且被害人对基本事实和情节的描述是稳定的。有的被害人虽然在第一次询问时没有陈述被强奸，但在此后对没有陈述的原因做了解释，即当时学校老师在场，不敢讲。这一理由符合孩子的心理。三是被害人同学证言虽然是传来证据，但其是在犯罪发生之后即得知有关情况，因此证明力较强。四是齐某及其辩护人对其辩解没有提供任何证据或者线索的支持。

2018 年 6 月 11 日，最高人民法院召开审判委员会会议审议本案，最高人民检察院检察长列席会议并发表意见：一是最高人民检察院抗诉书认定的齐某犯罪事实、情节符合客观实际。性侵害未成年人案件具有客观证据、直接证据少，被告人往往不认罪等特点。本案中，被害人家长与原审被告人之前不存在矛盾，案发过程自然。被害人陈述及同学证言符合案发实际和儿童心理，证明力强。综合全案证据看，足以排除合理怀疑，能够认定原审被告人强奸、猥亵儿童的犯罪事实。二是原审被告人在女生宿舍猥亵儿童的犯罪行为属于在"公共场所当众"猥亵。考虑本案具体情节，原审被告人猥亵儿童的犯罪行为应当判处十年有期徒刑以上刑罚。三是某省高级人民法院二审判决确有错误，依法应当改判。

2018 年 7 月 27 日，最高人民法院作出终审判决，认定原审被告人齐某犯强奸罪，判处无期徒刑，剥夺政治权利终身；犯猥亵儿童罪，判处有期徒刑十年；决定执行无期徒刑，剥夺政治权利终身。

【指导意义】

（一）准确把握性侵未成人犯罪案件证据审查判断标准

对性侵未成年人犯罪案件证据的审查，要根据未成年人的身心特点，按照有别于成年人的标准予以判断。审查言词证据，要结合全案情况予以分析。根据经验和常识，未成年人的陈述合乎情理、逻辑，对细节的描述符合其认知和表达能力，且有其他证据予以印证，被告人的辩解没有证据支持，结合双方关系不存在诬告的可能，应当采纳未成年人的陈述。

（二）准确适用奸淫幼女"情节恶劣"的规定

刑法第二百三十六条第三款第一项规定，奸淫幼女"情节恶劣"的，处十年以上有期徒刑、无期徒刑或者死刑。《最高人民法院、最高人民检察院、公安部、司法部关于依法惩治性侵害未成年人犯罪的意见》第 25 条规定了针对未成年人实施强奸、猥亵犯罪"更要依法从严惩处"的七种情形。实践中，奸淫幼女具有从严惩处情形，社会危害性与刑法第二百三十六条第三款第二项至第四项相当的，可以认为属于该款第一项规定的“情节恶劣”。例如，该款第二项规定的“奸淫幼女多人”，一般是指奸淫幼女三人以上。本案中，被告人具备教师的特殊身份，奸淫二名幼女，且分别奸淫多次，其危害性并不低于奸淫幼女三人的行为，据此可以认定符合“情节恶劣”的规定。

（三）准确适用“公共场所当众”实施强奸、猥亵未成年人犯罪的规定

刑法对“公共场所当众”实施强奸、猥亵未成年人犯罪，作出了从重处罚的规定。《最高人民法院、最高人民检察院、公安部、司法部关于依法惩治性侵害未成年人犯罪的意见》第23条规定了在“校园、游泳馆、儿童游乐场等公共场所”对未成年人实施强奸、猥亵犯罪，可以认定为在“公共场所当众”实施犯罪。适用这一规定，是否属于“当众”实施犯罪至为关键。对在规定列举之外的场所实施强奸、猥亵未成年人犯罪的，只要场所具有相对公开性，且有其他多人在场，有被他人感知可能的，就可以认定为在“公共场所当众”犯罪。最高人民法院对本案的判决表明：学校中的教室、集体宿舍、公共厕所、集体洗澡间等，是不特定未成年人活动的场所，在这些场所实施强奸、猥亵未成年人犯罪的，应当认定为在“公共场所当众”实施犯罪。

【相关规定】

《中华人民共和国刑法》（2023年修正）

第二百三十六条 以暴力、胁迫或者其他手段强奸妇女的，处三年以上十年以下有期徒刑。

奸淫不满十四周岁的幼女的，以强奸论，从重处罚。

强奸妇女、奸淫幼女，有下列情形之一的，处十年以上有期徒刑、无期徒刑或者死刑：

（一）强奸妇女、奸淫幼女情节恶劣的；

（二）强奸妇女、奸淫幼女多人的；

（三）在公共场所当众强奸妇女、奸淫幼女的；

（四）二人以上轮奸的；

（五）奸淫不满十周岁的幼女或者造成幼女伤害的；

（六）致使被害人重伤、死亡或者造成其他严重后果的。

第二百三十六条之一　对已满十四周岁不满十六周岁的未成年女性负有监护、收养、看护、教育、医疗等特殊职责的人员，与该未成年女性发生性关系的，处三年以下有期徒刑；情节恶劣的，处三年以上十年以下有期徒刑。

有前款行为，同时又构成本法第二百三十六条规定之罪的，依照处罚较重的规定定罪处罚。

第二百三十七条　以暴力、胁迫或者其他方法强制猥亵他人或者侮辱妇女的，处五年以下有期徒刑或者拘役。

聚众或者在公共场所当众犯前款罪的，或者有其他恶劣情节的，处五年以上有期徒刑。

猥亵儿童的，处五年以下有期徒刑；有下列情形之一的，处五年以上有期徒刑：

（一）猥亵儿童多人或者多次的；

（二）聚众猥亵儿童的，或者在公共场所当众猥亵儿童，情节恶劣的；

（三）造成儿童伤害或者其他严重后果的；

（四）猥亵手段恶劣或者有其他恶劣情节的。

《中华人民共和国刑事诉讼法》（2018年修正）

第五十五条　对一切案件的判处都要重证据，重调查研究，不轻信口供。只有被告人供述，没有其他证据的，不能认定被告人有罪和处以刑罚；没有被告人供述，证据确实、充分的，可以认定被告人有罪和处以刑罚。

证据确实、充分，应当符合以下条件：

（一）定罪量刑的事实都有证据证明；

（二）据以定案的证据均经法定程序查证属实；

（三）综合全案证据，对所认定事实已排除合理怀疑。

《最高人民法院、最高人民检察院、公安部、司法部关于依法惩治性侵害未成年人犯罪的意见》（法发〔2013〕12号）第2条[①]、第23条[②]、第25条[③]。

2. 骆某猥亵儿童案*

（检例第43号）

【关键词】

猥亵儿童罪　网络猥亵　犯罪既遂

【基本案情】

被告人骆某，男，1993年7月出生，无业。

2017年1月，被告人骆某使用化名，通过QQ软件将13岁女童小羽加为好友。聊天中得知小羽系初二学生后，骆某仍通过言语恐吓，向其索要裸照。在被害人拒绝并在QQ好友中将其删除后，骆某又通过小羽的校友周某对其施加压力，再次将小羽加为好友。同时，骆某还虚构“李某”的身

① 本条已废止，现为《最高人民法院、最高人民检察院、公安部、司法部关于办理性侵害未成年人刑事案件的意见》第二条　办理性侵害未成年人刑事案件，应当坚持以下原则：

（一）依法从严惩处性侵害未成年人犯罪；

（二）坚持最有利于未成年人原则，充分考虑未成年人身心发育尚未成熟、易受伤害等特点，切实保障未成年人的合法权益；

（三）坚持双向保护原则，对于未成年人实施性侵害未成年人犯罪的，在依法保护未成年被害人的合法权益时，也要依法保护未成年犯罪嫌疑人、未成年被告人的合法权益。

② 本条已废止，现为《最高人民法院、最高人民检察院、公安部、司法部关于办理性侵害未成年人刑事案件的意见》第十八条　在校园、游泳馆、儿童游乐场、学生集体宿舍等公共场所对未成年人实施强奸、猥亵犯罪，只要有其他多人在场，不论在场人员是否实际看到，均可以依照刑法第二百三十六条第三款、第二百三十七条的规定，认定为在公共场所“当众”强奸、猥亵。

③ 本条已废止。

* 案例选自最高人民检察院第十一批指导性案例。

份，注册另一QQ号并添加小羽为好友。之后，骆某利用“李某”的身份在QQ聊天中对小羽进行威胁恐吓，同时利用周某继续施压。小羽被迫按照要求自拍裸照十张，通过QQ软件传送给骆某观看。后骆某又以在网络上公布小羽裸照相威胁，要求与其见面并在宾馆开房，企图实施猥亵行为。因小羽向公安机关报案，骆某在依约前往宾馆途中被抓获。

【要旨】

行为人以满足性刺激为目的，以诱骗、强迫或者其他方法要求儿童拍摄裸体、敏感部位照片、视频等供其观看，严重侵害儿童人格尊严和心理健康的，构成猥亵儿童罪。

【指控与证明犯罪】

（一）提起、支持公诉和一审判决情况

2017年6月5日，某市某区人民检察院以骆某犯猥亵儿童罪对其提起公诉。7月20日，该区人民法院依法不公开开庭审理本案。

法庭调查阶段，公诉人出示了指控犯罪的证据：被害人陈述、证人证言及被告人供述，证明骆某对小羽实施了威胁恐吓，强迫其自拍裸照的行为；QQ聊天记录截图、小羽自拍裸体照片、身份信息等，证明骆某明知小羽系儿童及强迫其拍摄裸照的事实等。

法庭辩论阶段，公诉人发表公诉意见：被告人骆某为满足性刺激，通过网络对不满14周岁的女童进行威胁恐吓，强迫被害人按照要求的动作、姿势拍摄裸照供其观看，并以公布裸照相威胁欲进一步实施猥亵行为，犯罪事实清楚，证据确实、充分，应当以猥亵儿童罪对其定罪处罚。

辩护人对指控的罪名无异议，但提出以下辩护意见：一是认定被告人明知被害人未满14周岁的证据不足。二是认定被告人利用小羽的校友周某对小羽施压、威胁并获取裸照的证据不足。三是被告人猥亵儿童的行为未得逞，系犯罪未遂。四是被告人归案后如实供述，认罪态度较好，可酌情从轻处罚。

针对辩护意见，公诉人答辩：一是被告人骆某供述在QQ聊天中已知小羽系初二学生，可能不满 14 周岁，看过其生活照、小视频，了解其身体发育状况，通过周某了解过小羽的基本信息，证明被告人骆某应当知道小羽系未满 14 周岁的幼女。二是证人周某二次证言均证实其被迫帮助骆某威胁小羽，能够与被害人陈述、被告人供述相互印证，同时有相关聊天记录等予以印证，足以认定被告人骆某通过周某对小羽施压、威胁的事实。三是被告人骆某前后实施两类猥亵儿童的行为，构成猥亵儿童罪。1. 骆某强迫小羽自拍裸照通过网络传输供其观看。该行为虽未直接接触被害人，但实质上已使儿童人格尊严和心理健康受到严重侵害。骆某已获得裸照并观看，应认定为犯罪既遂。2. 骆某利用公开裸照威胁小羽，要求与其见面在宾馆开房，并供述意欲实施猥亵行为。因小羽报案，该猥亵行为未及实施，应认定为犯罪未遂。

一审判决情况：法庭经审理，认定被告人骆某强迫被害女童拍摄裸照，并通过 QQ 软件获得裸照的行为不构成猥亵儿童罪。但被告人骆某以公开裸照相威胁，要求与被害女童见面，准备对其实施猥亵，因被害人报案未能得逞，该行为构成猥亵儿童罪，系犯罪未遂。2017 年 8 月 14 日，某区人民法院作出一审判决，认定被告人骆某犯猥亵儿童罪（未遂），判处有期徒刑一年。

（二）抗诉及终审判决情况

一审宣判后，某区人民检察院认为，一审判决在事实认定、法律适用上均存在错误，并导致量刑偏轻。被告人骆某利用网络强迫儿童拍摄裸照并观看的行为构成猥亵儿童罪，且犯罪形态为犯罪既遂。2017 年 8 月 18 日，该检察院向某市中级人民法院提出抗诉。某市人民检察院经依法审查，支持某区人民检察院的抗诉意见。

2017 年 11 月 15 日，某市中级人民法院开庭审理本案。某市人民检察院指派检察员出庭支持抗诉。检察员认为：1. 关于本案的定性。一审判决认定骆某强迫被害人拍摄裸照并传输观看的行为不是猥亵行为，系对猥亵儿童罪犯罪本质的错误理解。一审判决未从猥亵儿童罪侵害儿童人格尊严和心理健康的实质要件进行判断，导致法律适用错误。2. 关于本案的犯罪形态。骆某获得并观看了儿童裸照，猥亵行为已经实施终了，应认定为犯罪既遂。3. 关于本案量刑情节。根据《最高人民法院、最高人民检察院、公安部、司法部关于依法惩治性侵害未成年人犯罪的意见》第 25 条的规定，采取胁迫手段猥亵儿童的，依法从严惩处。一审判决除法律适用错误外，还遗漏了应当从重处罚的情节，导致量刑偏轻。

原审被告人骆某的辩护人认为，骆某与被害人没有身体接触，该行为不构成猥亵儿童罪。检察机关的抗诉意见不能成立，请求二审法院维持原判。

某市中级人民法院经审理，认为原审被告人骆某以寻求性刺激为目的，通过网络聊天对不满 14 周岁的女童进行言语威胁，强迫被害人按照要求自拍裸照供其观看，已构成猥亵儿童罪（既遂），依法应当从重处罚。对于市人民检察院的抗诉意见，予以采纳。2017 年 12 月 11 日，某市中级人民法院作出终审判决，认定原审被告人骆某犯猥亵儿童罪，判处有期徒刑二年。

【指导意义】

猥亵儿童罪是指以淫秽下流的手段猥亵不满 14 周岁儿童的行为。刑法没有对猥亵儿童的具体方式作出列举，需要根据实际情况进行判断和认定。实践中，只要行为人主观上以满足性刺激为目的，客观上实施了猥亵儿童的行为，侵害了特定儿童人格尊严和身心健康的，应当认定构成猥亵儿童罪。

网络环境下，以满足性刺激为目的，虽未直接与被害儿童进行身体接触，但是通过 QQ、微信等网络软件，以诱骗、强迫或者其他方法要求儿童拍摄、传送暴露身体的不雅照片、视频，行为人通过画面看到被害儿童裸体、敏感部位的，是对儿童人格尊严和心理健康的严重侵害，与实际接触儿童身体的猥亵行为具有相同的社会危害性，应当认定构成猥亵儿童罪。

检察机关办理利用网络对儿童实施猥亵行为的案件，要及时固定电子数据，证明行为人出于满足性刺激的目的，利用网络，采取诱骗、强迫或者其他方法要求被害人拍摄、传送暴露身体的不雅照片、视频供其观看的事实。要准确把握猥亵儿童罪的本质特征，全面收集客观证据，证明行为人通过网络不接触被害儿童身体的猥亵行为，具有与直接接触被害儿童身体的猥亵行为相同的性质和社会危害性。

【相关规定】

《中华人民共和国刑法》（2023年修正）

第二百三十七条 以暴力、胁迫或者其他方法强制猥亵他人或者侮辱妇女的，处五年以下有期徒刑或者拘役。

聚众或者在公共场所当众犯前款罪的，或者有其他恶劣情节的，处五年以上有期徒刑。

猥亵儿童的，处五年以下有期徒刑；有下列情形之一的，处五年以上有期徒刑：

（一）猥亵儿童多人或者多次的；

（二）聚众猥亵儿童的，或者在公共场所当众猥亵儿童，情节恶劣的；

（三）造成儿童伤害或者其他严重后果的；

（四）猥亵手段恶劣或者有其他恶劣情节的。

《最高人民法院、最高人民检察院、公安部、司法部关于依法惩治性侵害未成年人犯罪的意见》（法发〔2013〕12号）第2条[①]、第19条[②]、

---

① 本条已废止，现为《最高人民法院、最高人民检察院、公安部、司法部关于办理性侵害未成年人刑事案件的意见》第二条 办理性侵害未成年人刑事案件，应当坚持以下原则：

（一）依法从严惩处性侵害未成年人犯罪；

（二）坚持最有利于未成年人原则，充分考虑未成年人身心发育尚未成熟、易受伤害等特点，切实保障未成年人的合法权益；

（三）坚持双向保护原则，对于未成年人实施性侵害未成年人犯罪的，在依法保护未成年被害人的合法权益时，也要依法保护未成年犯罪嫌疑人、未成年被告人的合法权益。

② 本条已废止，现为《最高人民法院、最高人民检察院、公安部、司法部关于办理性侵害未成年人刑事案件的意见》第十七条 知道或者应当知道对方是不满十四周岁的幼女，而实施奸淫等性侵害行为的，应当认定行为人“明知”对方是幼女。

对不满十二周岁的被害人实施奸淫等性侵害行为的，应当认定行为人“明知”对方是幼女。

对已满十二周岁不满十四周岁的被害人，从其身体发育状况、言谈举止、衣着特征、生活作息规律等观察可能是幼女，而实施奸淫等性侵害行为的，应当认定行为人“明知”对方是幼女。

第25条[①]。

3. 于某虐待案*

（检例第44号）

【关键词】

虐待罪　告诉能力　支持变更抚养权

【基本案情】

被告人于某，女，1986年5月出生，无业。

2016年9月以来，因父母离婚，父亲丁某常年在外地工作，被害人小田（女，11岁）一直与继母于某共同生活。于某以小田学习及生活习惯有问题为由，长期、多次对其实施殴打。2017年11月21日，于某又因小田咬手指甲等问题，用衣服撑、挠痒工具等对其实施殴打，致小田离家出走。小田被爷爷找回后，经鉴定，其头部、四肢等多处软组织挫伤，身体损伤程度达到轻微伤等级。

① 本条已废止。

《最高人民法院、最高人民检察院关于办理强奸、猥亵未成年人刑事案件适用法律若干问题的解释》第八条　猥亵儿童，具有下列情形之一的，应当认定为刑法第二百三十七条第三款第四项规定的“猥亵手段恶劣或者有其他恶劣情节”：

（一）以生殖器侵入肛门、口腔或者以生殖器以外的身体部位、物品侵入被害人生殖器、肛门等方式实施猥亵的；

（二）有严重摧残、凌辱行为的；

（三）对猥亵过程或者被害人身体隐私部位制作视频、照片等影像资料，以此胁迫对被害人实施猥亵，或者致使影像资料向多人传播，暴露被害人身份的；

（四）采取其他恶劣手段实施猥亵或者有其他恶劣情节的情形。

第九条　胁迫、诱骗未成年人通过网络视频聊天或者发送视频、照片等方式，暴露身体隐私部位或者实施淫秽行为，符合刑法第二百三十七条规定的，以强制猥亵罪或者猥亵儿童罪定罪处罚。

胁迫、诱骗未成年人通过网络直播方式实施前款行为，同时符合刑法第二百三十七条、第三百六十五条的规定，构成强制猥亵罪、猥亵儿童罪、组织淫秽表演罪的，依照处罚较重的规定定罪处罚。

*　案例选自最高人民检察院第十一批指导性案例。

【要旨】

1. 被虐待的未成年人，因年幼无法行使告诉权利的，属于刑法第二百六十条第三款规定的“被害人没有能力告诉”的情形，应当按照公诉案件处理，由检察机关提起公诉，并可以依法提出适用禁止令的建议。

2. 抚养人对未成年人未尽抚养义务，实施虐待或者其他严重侵害未成年人合法权益的行为，不适宜继续担任抚养人的，检察机关可以支持未成年人或者其他监护人向人民法院提起变更抚养权诉讼。

【指控与证明犯罪】

2017 年 11 月 22 日，网络披露 11 岁女童小田被继母虐待的信息，引起舆论关注。某市某区人民检察院未成年人检察部门的检察人员得知信息后，会同公安机关和心理咨询机构的人员对被害人小田进行询问和心理疏导。通过调查发现，其继母于某存在长期、多次殴打小田的行为，涉嫌虐待罪。本案被害人系未成年人，没有向人民法院告诉的能力，也没有近亲属代为告诉。检察机关建议公安机关对于某以涉嫌虐待罪立案侦查。11 月 24 日，公安机关作出立案决定。次日，犯罪嫌疑人于某投案自首。2018 年 4 月 26 日，公安机关以于某涉嫌虐待罪向检察机关移送审查起诉。

审查起诉阶段，某区人民检察院依法讯问了犯罪嫌疑人，听取了被害人及其法定代理人的意见，核实了案件事实与证据。检察机关经审查认为，犯罪嫌疑人供述与被害人陈述能够相互印证，并得到其他家庭成员的证言证实，能够证明于某长期、多次对被害人进行殴打，致被害人轻微伤，属于情节恶劣，其行为涉嫌构成虐待罪。

2018 年 5 月 16 日，某区人民检察院以于某犯虐待罪对其提起公诉。5 月 31 日，该区人民法院适用简易程序开庭审理本案。

法庭调查阶段，公诉人宣读起诉书，指控被告人于某虐待家庭成员，情节恶劣，应当以虐待罪追究其刑事责任。被告人对起诉书指控的犯罪事实及罪名无异议。

法庭辩论阶段，公诉人发表公诉意见：被告人于某虐待未成年家庭成员，情节恶劣，其行为触犯了《中华人民共和国刑法》第二百六十条第一款，犯罪事实清楚，证据确实充分，应当以虐待罪追究其刑事责任。被告人于某案发后主动投案，如实供述自己的犯罪行为，系自首，可以从轻或者减轻处罚。综合法定、酌定情节，建议在有期徒刑六个月至八个月之间量刑。考虑到被告人可能被宣告缓刑，公诉人向法庭提出应适用禁止令，禁止被告人于某再次对被害人实施家庭暴力。

最后陈述阶段，于某表示对检察机关指控的事实和证据无异议，并当庭认罪。

法庭经审理，认为公诉人指控的罪名成立，出示的证据能够相互印证，提出的量刑建议适当，予以采纳。当庭作出一审判决，认定被告人于某犯虐待罪，判处有期徒刑六个月，缓刑一年。禁止被告人于某再次对被害人实施家庭暴力。一审宣判后，被告人未上诉，判决已生效。

【支持提起变更抚养权诉讼】

某市某区人民检察院在办理本案中发现，2015年9月，小田的亲生父母因感情不和协议离婚，约定其随父亲生活。小田的父亲丁某于2015年12月再婚。丁某长期在外地工作，没有能力亲自抚养被害人。检察人员征求小田生母武某的意见，武某愿意抚养小田。检察人员支持武某到人民法院起诉变更抚养权。2018年1月15日，小田生母武某向某市某区人民法院提出变更抚养权诉讼。法庭经过调解，裁定变更小田的抚养权，改由生母武某抚养，生父丁某给付抚养费至其独立生活为止。

【指导意义】

《中华人民共和国刑法》第二百六十条规定，虐待家庭成员，情节恶劣的，告诉的才处理，但被害人没有能力告诉，或者因受到强制、威吓无法告诉的除外。虐待未成年人犯罪案件中，未成年人往往没有能力告诉，应按照公诉案件处理，由检察机关提起公诉，维护未成年被害人的合法权利。

《最高人民法院、最高人民检察院、公安部、司法部关于对判处管制、宣告缓刑的犯罪分子适用禁止令有关问题的规定（试行）》第七条规定，人民检察院在提起公诉时，对可能宣告缓刑的被告人，可以建议禁止其从事特定活动，进入特定区域、场所，接触特定的人。对未成年人遭受家庭成员虐待的案件，结合犯罪情节，检察机关可以在提出量刑建议的同时，有针对性地向人民法院提出适用禁止令的建议，禁止被告人再次对被害人实施家庭暴力，依法保障未成年人合法权益，督促被告人在缓刑考验期内认真改造。

夫妻离婚后，与未成年子女共同生活的一方不尽抚养义务，对未成年人实施虐待或者其他严重侵害合法权益的行为，不适宜继续担任抚养人的，根据《中华人民共和国民事诉讼法》第十五条的规定，检察机关可以支持未成年人或者其他监护人向人民法院提起变更抚养权诉讼，切实维护未成年人合法权益。

【相关规定】

《中华人民共和国刑法》（2023 年修正）

第七十二条 对于被判处拘役、三年以下有期徒刑的犯罪分子，同时符合下列条件的，可以宣告缓刑，对其中不满十八周岁的人、怀孕的妇女和已满七十五周岁的人，应当宣告缓刑：

（一）犯罪情节较轻；

（二）有悔罪表现；

（三）没有再犯罪的危险；

（四）宣告缓刑对所居住社区没有重大不良影响。

宣告缓刑，可以根据犯罪情况，同时禁止犯罪分子在缓刑考验期限内从事特定活动，进入特定区域、场所，接触特定的人。

被宣告缓刑的犯罪分子，如果被判处附加刑，附加刑仍须执行。

第二百六十条 虐待家庭成员，情节恶劣的，处二年以下有期徒刑、拘役或者管制。

犯前款罪，致使被害人重伤、死亡的，处二年以上七年以下有期徒刑。

第一款罪，告诉的才处理，但被害人没有能力告诉，或者因受到强制、威吓无法告诉的除外。

《中华人民共和国未成年人保护法》(2024年修正)

第一百条 公安机关、人民检察院、人民法院和司法行政部门应当依法履行职责，保障未成年人合法权益。

《中华人民共和国民事诉讼法》(2023年修正)

第十五条 机关、社会团体、企业事业单位对损害国家、集体或者个人民事权益的行为，可以支持受损害的单位或者个人向人民法院起诉。

《最高人民法院、最高人民检察院、公安部、民政部关于依法处理监护人侵害未成年人权益行为若干问题的意见》

2.处理监护侵害行为，应当遵循未成年人最大利益原则，充分考虑未成年人身心特点和人格尊严，给予未成年人特殊、优先保护。

14.监护侵害行为可能构成虐待罪的，公安机关应当告知未成年人及其近亲属有权告诉或者代为告诉，并通报所在地同级人民检察院。

未成年人及其近亲属没有告诉的，由人民检察院起诉。

《最高人民法院、最高人民检察院、公安部、司法部关于依法办理家庭暴力犯罪案件的意见》

9.通过代为告诉充分保障被害人自诉权。对于家庭暴力犯罪自诉案件，被害人无法告诉或者不能亲自告诉的，其法定代理人、近亲属可以告诉或者代为告诉；被害人是无行为能力人、限制行为能力人，其法定代理人、近亲属没有告诉或者代为告诉的，人民检察院可以告诉；侮辱、暴力干涉婚姻自由等告诉才处理的案件，被害人因受强制、威吓无法告诉的，人民检察院也可以告诉。人民法院对告诉或者代为告诉的，应当依法受理。

17.依法惩处虐待犯罪。采取殴打、冻饿、强迫过度劳动、限制人身自由、恐吓、侮辱、谩骂等手段，对家庭成员的身体和精神进行摧残、折磨，是实践中较为多发的虐待性质的家庭暴力。根据司法实践，具有虐待持续时间较长、次数较多；虐待手段残忍；虐待造成被害人轻微伤或者患较严重疾病；对未成年人、老年人、残疾人、孕妇、哺乳期妇女、重病患者实施较为严重的虐待行为等情形，属于刑法第二百六十条第一款规定的虐待

“情节恶劣”，应当依法以虐待罪定罪处罚。

准确区分虐待犯罪致人重伤、死亡与故意伤害、故意杀人犯罪致人重伤、死亡的界限，要根据被告人的主观故意、所实施的暴力手段与方式、是否立即或者直接造成被害人伤亡后果等进行综合判断。对于被告人主观上不具有侵害被害人健康或者剥夺被害人生命的故意，而是出于追求被害人肉体和精神上的痛苦，长期或者多次实施虐待行为，逐渐造成被害人身体损害，过失导致被害人重伤或者死亡的；或者因虐待致使被害人不堪忍受而自残、自杀，导致重伤或者死亡的，属于刑法第二百六十条第二款规定的虐待“致使被害人重伤、死亡”，应当以虐待罪定罪处罚。对于被告人虽然实施家庭暴力呈现出经常性、持续性、反复性的特点，但其主观上具有希望或者放任被害人重伤或者死亡的故意，持凶器实施暴力，暴力手段残忍，暴力程度较强，直接或者立即造成被害人重伤或者死亡的，应当以故意伤害罪或者故意杀人罪定罪处罚。

依法惩处遗弃犯罪。负有扶养义务且有扶养能力的人，拒绝扶养年幼、年老、患病或者其他没有独立生活能力的家庭成员，是危害严重的遗弃性质的家庭暴力。根据司法实践，具有对被害人长期不予照顾、不提供生活来源；驱赶、逼迫被害人离家，致使被害人流离失所或者生存困难；遗弃患严重疾病或者生活不能自理的被害人；遗弃致使被害人身体严重损害或者造成其他严重后果等情形，属于刑法第二百六十一条规定的遗弃“情节恶劣”，应当依法以遗弃罪定罪处罚。

准确区分遗弃罪与故意杀人罪的界限，要根据被告人的主观故意、所实施行为的时间与地点、是否立即造成被害人死亡，以及被害人对被告人的依赖程度等进行综合判断。对于只是为了逃避扶养义务，并不希望或者放任被害人死亡，将生活不能自理的被害人弃置在福利院、医院、派出所等单位或者广场、车站等行人较多的场所，希望被害人得到他人救助的，一般以遗弃罪定罪处罚。对于希望或者放任被害人死亡，不履行必要的扶养义务，致使被害人因缺乏生活照料而死亡，或者将生活不能自理的被害人带至荒山野岭等人迹罕至的场所扔弃，使被害人难以得到他人救助的，应当以故意杀人罪定罪处罚。

《最高人民法院、最高人民检察院、公安部、司法部关于对判处管制、宣告缓刑的犯罪分子适用禁止令有关问题的规定（试行）》

第七条　人民检察院在提起公诉时，对可能判处管制、宣告缓刑的被告人可以提出宣告禁止令的建议。当事人、辩护人、诉讼代理人可以就应否对被告人宣告禁止令提出意见，并说明理由。

公安机关在移送审查起诉时，可以根据犯罪嫌疑人涉嫌犯罪的情况，就应否宣告禁止令及宣告何种禁止令，向人民检察院提出意见。

4. 王某等人故意伤害等犯罪二审抗诉案*
（检例第 178 号）

【关键词】

二审抗诉　恶势力犯罪　胁迫未成年人犯罪　故意伤害致死　赔偿谅解协议的审查

【要旨】

检察机关在办案中要加强对未成年人的特殊、优先保护，对于侵害未成年人犯罪手段残忍、情节恶劣、后果严重的，应当依法从严惩处。胁迫未成年人实施毒品犯罪、参加恶势力犯罪集团，采用暴力手段殴打致该未成年人死亡的，属于“罪行极其严重”，应当依法适用死刑。对于人民法院以被告方与被害方达成赔偿谅解协议为由，从轻判处的，人民检察院应当对赔偿谅解协议进行实质性审查，全面、准确分析从宽处罚是否合适。虽达成赔偿谅解但并不足以从宽处罚的，人民检察院应当依法提出抗诉，监督纠正确有错误的判决，贯彻罪责刑相适应原则，维护公平正义。

* 案例选自最高人民检察院第四十五批指导性案例。

【基本案情】

被告人王某，男，1985年3月出生，无业，曾因犯盗窃罪被判处有期徒刑六个月。

被告人龙某，男，1989年12月出生，无业。

被告人王某湘，男，1963年1月出生，无业。

被告人米某华，女，1974年10月出生，无业。

被害人安某甲，男，2007年3月出生，殁年11岁。

被害人安某乙，男，2010年5月出生，系安某甲之弟。

2017年11月底至2019年1月，王某为牟取非法利益，组织龙某、王某湘、米某华在四川省攀枝花市零包贩卖毒品海洛因36次，并容留多人在其租住房内吸毒。2018年6月、7月，为掩盖毒品犯罪事实，王某以赠送吸毒人员吉某货值100元的海洛因为条件，“收养”其两个儿子安某甲和安某乙，并控制、胁迫二人帮助其贩毒，还对二人长期殴打、虐待。自2018年8月起，王某在其租住房内，多次强迫安某乙吸食海洛因等毒品（经检测，在安某乙头发样本中检出吗啡、单乙酰吗啡和甲基苯丙胺成分，安某乙左侧外耳郭因被王某等人殴打未及时医治而出现明显畸形）。2018年11月以来，王某安排龙某带领8岁的安某乙在市东区华山一带贩卖毒品，王某带领11岁的安某甲购买用于贩卖的毒品后“零星贩毒”。王某等人还备有塑料管、电击棍等工具，用于殴打、控制安某甲和安某乙。2019年1月22日晚至次日凌晨，王某从龙某处得知安某甲将团伙贩毒情况告知其母吉某后，不顾王某湘劝阻，伙同龙某在租住房内用烟头烫，用塑料管、电击棍等工具殴打、电击安某甲，并强迫安某乙殴打安某甲，还指使龙某逼迫安某甲吸毒。23日上午，安某甲因全身大面积皮肤及软组织挫伤，皮下出血致失血性和创伤性休克死亡。案发后，王某亲属与吉某达成赔偿协议，约定赔偿10万元，先行支付5万元并由吉某出具谅解书，余款于2021年12月31日前付清。2019年12月5日，吉某在其家人收到5万元后出具了谅解书。

2019年11月14日，攀枝花市人民检察院提起公诉，指控被告人王某犯故意伤害罪、贩卖毒品罪、强迫他人吸毒罪、容留他人吸毒罪，且王某等人构成恶势力犯罪集团。2020年5月29日，攀枝花市中级人民法院经审理认为，以被告人王某为首的恶势力犯罪集团，多次实施贩卖毒品、故意伤害、容留他人吸毒、强迫他人吸毒犯罪活动，应依法从严惩处，特别是王某在故意伤害犯罪中，手段残忍、情节恶劣，本应严惩，但考虑其赔偿了被害方部分经济损失并取得谅解，以故意伤害罪判处死刑，缓期二年执行，剥夺政治权利终身；以贩卖毒品罪判处有期徒刑十四年，并处罚金五万元；以强迫他人吸毒罪判处有期徒刑八年，并处罚金二万元；以容留他人吸毒罪判处有期徒刑三年，并处罚金一万元，数罪并罚，决定执行死刑，缓期二年执行，剥夺政治权利终身，并处罚金八万元，并限制减刑。对另3名被告人分别以故意伤害罪、贩卖毒品罪、容留他人吸毒罪判处有期徒刑五年至无期徒刑不等刑罚。被告人王某、龙某、米某华不服一审判决，提出上诉。

【检察机关履职过程】

（一）提出和支持抗诉

2020年6月7日，攀枝花市人民检察院以量刑不当为由，向四川省高级人民法院提出抗诉，并报请四川省人民检察院支持抗诉。同年8月21日，四川省人民检察院支持抗诉。

四川省人民检察院在审查案件期间围绕“赔偿谅解情节是否足以影响量刑”“王某是否可以判处死缓”等关键问题，补充完善了部分证据：一是复勘现场、复核部分证人及走访调查，重点研判伤害行为的方式及强度；二是询问证人，查明二被害人在被王某等人控制前均身体健康且没有吸毒行为；三是针对一审期间租住房周边居民因恐慌不愿作证的情况，释法说理，收集补强了王某等人长期殴打、虐待两名儿童，并威胁恐吓周边群众等恶势力犯罪证据；四是核实赔偿谅解情况，查明被告方的赔偿附加了被害方出具谅解书、法院不判处死刑、余款于两年后付清等条件。

（二）抗诉意见和理由

四川省检察机关认为，一审法院对被告人王某等人涉毒犯罪定罪准确、量刑适当；对王某等人故意伤害致未成年人死亡的行为定性准确，但量刑畸轻。根据2020年3月《最高人民法院、最高人民检察院、公安部、司法部关于依法严惩利用未成年人实施黑恶势力犯罪的意见》，对于胁迫未达到刑事责任年龄的未成年人参加恶势力犯罪集团的行为，应当依法严厉打击、从重处罚。被告人王某作为恶势力犯罪集团的首要分子，长期控制、利用未成年人贩卖毒品，具有殴打、虐待并残害未成年人致死的行为，犯罪动机卑劣、手段残忍，情节恶劣，属于“罪行极其严重”的犯罪分子，依法应当适用死刑立即执行。具体理由如下：

1. 一审法院以被告人王某亲属代为赔偿并取得被害方谅解为由判处王某死缓，量刑明显不当。一是被告人“赔偿”被害方损失属于其应当依法履行的义务，并非从宽处罚的必要性条件，而且本案的“赔偿”附加了被害人亲属出具谅解书、法院不判处死刑立即执行、两年后才支付全款等条件，并非真诚悔罪；二是被害人母亲吉某系吸毒人员，仅为收取货值100元的海洛因，就放弃法定抚养义务，将两名幼童交由毒贩控制、虐待，并对二被害人的伤痕长期不闻不问、置之不理，由吉某作为谅解主体出具的谅解书，不足以产生从宽处罚的法律后果；三是被告人王某“收养”两名儿童并故意伤害的动机和目的是控制、胁迫两名儿童实施毒品犯罪，对于这类罪行极其严重的犯罪，即使达成了赔偿谅解协议，也不足以产生从宽处罚的法律后果。

2. 综合评判本案的事实、情节和后果，一审法院对王某判处死缓不当。一是侵害对象系未成年人，该群体普遍缺乏自我保护能力，是法律予以特别保护的对象，本案被告人王某胁迫儿童吸毒、贩毒，殴打、虐待、残害两名儿童并致一人死亡，犯罪对象特殊；二是犯罪动机卑劣，王某长期控制、利用被害人贩毒，又唯恐罪行败露而迁怒于被害人，对其实施长时间、高强度殴打；三是犯罪手段残忍，尤其在被害人受长时间折磨、身体越来越虚弱的情况下，被告人还逼迫被害人吸毒，加速了被害人的死亡；四是社会影响极其恶劣，王某等人为实施毒品犯罪，长期强迫、驱使儿童实施毒品犯罪行为，强迫儿童吸毒，致使一名儿童死亡，造成严重社会后果，犯罪行为令人发指，严重挑战社会道德底线。因此，王某的行为既侵害未成年人生命健康权，又严重扰乱社会秩序，社会危害性极大，罪行极其严重。同时，王某具有恶势力犯罪集团首要分子、盗窃犯罪前科等从重处罚情节，并在故意伤害犯罪中起主要作用，主观恶性极深，人身危险性极大，应当依法从严惩处。

（三）抗诉结果

2020 年 10 月 30 日，四川省高级人民法院作出二审判决，采纳人民检察院抗诉意见，以故意伤害罪改判王某死刑，数罪并罚，决定执行死刑。2021 年 3 月，最高人民法院裁定核准死刑。

（四）注重做好未成年人保护工作

四川省检察机关在办案过程中，关注涉案未成年人保护情况，通过多种方式推动全社会一体保护未成年人，为未成年人健康成长营造良好社会环境。被害人安某甲、安某乙的母亲吉某于 2019 年 8 月因贩卖毒品罪被判刑并在监狱服刑，父亲是吸毒人员且已失踪多年，四川省人民检察院积极推动当地民政部门认定被害人安某乙为“事实无人抚养儿童”，变更监护人为其外祖父，协调解决户籍、入学、生活补贴等问题，开展心理辅导，给予司法救助，并委托第三方对司法救助资金进行监管。针对本案暴露出的城市房屋租赁监管、重点人员管理、街面治安巡查等问题，攀枝花市人民检察院向相关部门制发检察建议，推进落实整改，加强社会治安防控。

【指导意义】

（一）检察机关要对“赔偿谅解协议”作实质性审查，准确提出量刑建议

赔偿谅解是刑事案件常见的酌定从轻处罚情节，是评价被告人认罪悔罪态度和人身危险性的因素之一。审查时应主要考虑：一是赔偿谅解是“可以”从轻处罚，不是“必须”从轻处罚，且适用的前提是被告人认罪、悔罪；二是赔偿谅解要考察被犯罪行为破坏的社会关系是否得到一定程度的修复，在被害人死亡或者无法独立表达意志的情况下，对被害人亲属出

具的赔偿谅解协议更要严格审查和全面准确把握；三是对于严重危害社会治安和影响人民群众安全感的犯罪，必须结合犯罪事实、性质及其他情节进行综合衡量，予以适当、准确的评价。在此基础上，检察机关要对赔偿谅解协议进行实质性审查，如审查谅解主体是否适格、谅解意愿是否自愿真实、谅解内容是否合法、是否附有不合理条件等，综合案件全部量刑情节，准确提出量刑建议。

（二）对于“罪行极其严重”的侵害未成年人犯罪，应当坚决依法适用死刑

死刑只适用于极少数罪行极其严重的犯罪分子。根据《最高人民法院、最高人民检察院、公安部、司法部关于依法严惩利用未成年人实施黑恶势力犯罪的意见》，应当依法严厉打击、从重处罚胁迫未达到刑事责任年龄的未成年人参加恶势力犯罪集团的行为。此类恶势力犯罪集团的首要分子，利用未成年人实施毒品犯罪，强迫未成年人吸毒，并致该未成年人死亡，犯罪手段残忍、情节恶劣、社会危害性极大的，属于“罪行极其严重”，应当坚决依法适用死刑。

（三）加强对未成年人的特殊、优先保护，依法从严惩处侵害未成年人犯罪

关心关爱未成年人的健康成长，是全社会的共同责任。检察机关在办案中，一方面，对于侵害未成年人犯罪手段残忍、情节恶劣、后果严重的，应当依法从严惩处；另一方面，要注重做好未成年人保护工作，通过开展司法救助、心理辅导、公益诉讼、提出社会治理类检察建议等方式，推进对涉案未成年人的综合帮扶，努力为未成年人健康成长营造良好环境。

【相关规定】

《中华人民共和国刑法》（2023 年修正）

第四十八条 死刑只适用于罪行极其严重的犯罪分子。对于应当判处死刑的犯罪分子，如果不是必须立即执行的，可以判处死刑同时宣告缓期二年执行。

死刑除依法由最高人民法院判决的以外，都应当报请最高人民法院核准。死刑缓期执行的，可以由高级人民法院判决或者核准。

第二百三十四条　故意伤害他人身体的，处三年以下有期徒刑、拘役或者管制。

犯前款罪，致人重伤的，处三年以上十年以下有期徒刑；致人死亡或者以特别残忍手段致人重伤造成严重残疾的，处十年以上有期徒刑、无期徒刑或者死刑。本法另有规定的，依照规定。

《中华人民共和国刑事诉讼法》（2018年修正）

第二百二十八条　地方各级人民检察院认为本级人民法院第一审的判决、裁定确有错误的时候，应当向上一级人民法院提出抗诉。

第二百三十二条　地方各级人民检察院对同级人民法院第一审判决、裁定的抗诉，应当通过原审人民法院提出抗诉书，并且将抗诉书抄送上一级人民检察院。原审人民法院应当将抗诉书连同案卷、证据移送上一级人民法院，并且将抗诉书副本送交当事人。

上级人民检察院如果认为抗诉不当，可以向同级人民法院撤回抗诉，并且通知下级人民检察院。

第二百三十六条　第二审人民法院对不服第一审判决的上诉、抗诉案件，经过审理后，应当按照下列情形分别处理：

（一）原判决认定事实和适用法律正确、量刑适当的，应当裁定驳回上诉或者抗诉，维持原判；

（二）原判决认定事实没有错误，但适用法律有错误，或者量刑不当的，应当改判；

（三）原判决事实不清楚或者证据不足的，可以在查清事实后改判；也可以裁定撤销原判，发回原审人民法院重新审判。

原审人民法院对于依照前款第三项规定发回重新审判的案件作出判决后，被告人提出上诉或者人民检察院提出抗诉的，第二审人民法院应当依法作出判决或者裁定，不得再发回原审人民法院重新审判。

《中华人民共和国未成年人保护法》（2024年修正）

第四条　保护未成年人，应当坚持最有利于未成年人的原则。处理涉及未成年人事项，应当符合下列要求：

（一）给予未成年人特殊、优先保护；

（二）尊重未成年人人格尊严；

（三）保护未成年人隐私权和个人信息；

（四）适应未成年人身心健康发展的规律和特点；

（五）听取未成年人的意见；

（六）保护与教育相结合。

第七条　未成年人的父母或者其他监护人依法对未成年人承担监护职责。

国家采取措施指导、支持、帮助和监督未成年人的父母或者其他监护人履行监护职责。

《最高人民法院、最高人民检察院、公安部、司法部关于依法严惩利用未成年人实施黑恶势力犯罪的意见》（2020年3月施行）

一、突出打击重点，依法严惩利用未成年人实施黑恶势力犯罪的行为

（一）黑社会性质组织、恶势力犯罪集团、恶势力，实施下列行为之一的，应当认定为“利用未成年人实施黑恶势力犯罪”：

1. 胁迫、教唆未成年人参加黑社会性质组织、恶势力犯罪集团、恶势力，或者实施黑恶势力违法犯罪活动的；

2. 拉拢、引诱、欺骗未成年人参加黑社会性质组织、恶势力犯罪集团、恶势力，或者实施黑恶势力违法犯罪活动的；

3. 招募、吸收、介绍未成年人参加黑社会性质组织、恶势力犯罪集团、恶势力，或者实施黑恶势力违法犯罪活动的；

4. 雇用未成年人实施黑恶势力违法犯罪活动的；

5. 其他利用未成年人实施黑恶势力犯罪的情形。

黑社会性质组织、恶势力犯罪集团、恶势力，根据刑法和《最高人民法院、最高人民检察院、公安部、司法部关于办理黑恶势力犯罪案件若干问题的指导意见》《最高人民法院、最高人民检察院、公安部、司法部关于办理恶势力刑事案件若干问题的意见》等法律、司法解释性质文件的规定认定。

（二）利用未成年人实施黑恶势力犯罪，具有下列情形之一的，应当从重处罚：

1. 组织、指挥未成年人实施故意杀人、故意伤害致人重伤或者死亡、强奸、绑架、抢劫等严重暴力犯罪的；

2. 向未成年人传授实施黑恶势力犯罪的方法、技能、经验的；

3. 利用未达到刑事责任年龄的未成年人实施黑恶势力犯罪的；

4. 为逃避法律追究，让未成年人自首、做虚假供述顶罪的；

5. 利用留守儿童、在校学生实施犯罪的；

6. 利用多人或者多次利用未成年人实施犯罪的；

7. 针对未成年人实施违法犯罪的；

8. 对未成年人负有监护、教育、照料等特殊职责的人员利用未成年人实施黑恶势力违法犯罪活动的；

9. 其他利用未成年人违法犯罪应当从重处罚的情形。

（三）黑社会性质组织、恶势力犯罪集团利用未成年人实施犯罪的，对犯罪集团首要分子，按照集团所犯的全部罪行，从重处罚。对犯罪集团的骨干成员，按照其组织、指挥的犯罪，从重处罚。

恶势力利用未成年人实施犯罪的，对起组织、策划、指挥作用的纠集者，恶势力共同犯罪中罪责严重的主犯，从重处罚。

黑社会性质组织、恶势力犯罪集团、恶势力成员直接利用未成年人实施黑恶势力犯罪的，从重处罚。

（四）有胁迫、教唆、引诱等利用未成年人参加黑社会性质组织、恶势力犯罪集团、恶势力，或者实施黑恶势力犯罪的行为，虽然未成年人并没有加入黑社会性质组织、恶势力犯罪集团、恶势力，或者没有实际参与实施黑恶势力违法犯罪活动，对黑社会性质组织、恶势力犯罪集团、恶势力的首要分子、骨干成员、纠集者、主犯和直接利用的成员，即便有自首、立功、坦白等从轻减轻情节的，一般也不予从轻或者减轻处罚。

（五）被黑社会性质组织、恶势力犯罪集团、恶势力利用，偶尔参与黑恶势力犯罪活动的未成年人，按其所实施的具体犯罪行为定性，一般不认定为黑恶势力犯罪组织成员。

二、严格依法办案，形成打击合力

（一）人民法院、人民检察院、公安机关和司法行政机关要加强协作配合，对利用未成年人实施黑恶势力犯罪的，在侦查、起诉、审判、执行各阶段，要全面体现依法从严惩处精神，及时查明利用未成年人的犯罪事实，避免纠缠细枝末节。要加强对下指导，对利用未成年人实施黑恶势力犯罪的重特大案件，可以单独或者联合挂牌督办。对于重大疑难复杂和社会影响较大的案件，办案部门应当及时层报上级人民法院、人民检察院、公安机关和司法行政机关。

（二）公安机关要注意发现涉黑涉恶案件中利用未成年人犯罪的线索，落实以审判为中心的刑事诉讼制度改革要求，强化程序意识和证据意识，依法收集、固定和运用证据，并可以就案件性质、收集证据和适用法律等听取人民检察院意见建议。从严掌握取保候审、监视居住的适用，对利用未成年人实施黑恶势力犯罪的首要分子、骨干成员、纠集者、主犯和直接利用的成员，应当依法提请人民检察院批准逮捕。

（三）人民检察院要加强对利用未成年人实施黑恶势力犯罪案件的立案监督，发现应当立案而不立案的，应当要求公安机关说明理由，认为理由不能成立的，应当依法通知公安机关立案。对于利用未成年人实施黑恶势力犯罪的案件，人民检察院可以对案件性质、收集证据和适用法律等提出意见建议。对于符合逮捕条件的依法坚决批准逮捕，符合起诉条件的依法坚决起诉。不批准逮捕要求公安机关补充侦查、审查起诉阶段退回补充侦查的，应当分别制作详细的补充侦查提纲，写明需要补充侦查的事项、理由、侦查方向、需要补充收集的证据及其证明作用等，送交公安机关开展相关侦查补证活动。

（四）办理利用未成年人实施黑恶势力犯罪案件要将依法严惩与认罪认罚从宽有机结合起来。对利用未成年人实施黑恶势力犯罪的，人民检察院要考虑其利用未成年人的情节，向人民法院提出从严处罚的量刑建议。对于虽然认罪，但利用未成年人实施黑恶势力犯罪，犯罪性质恶劣、犯罪手段残忍、严重损害未成年人身心健康，不足以从宽处罚的，在提出量刑建议时要依法从严从重。对被黑恶势力利用实施犯罪的未成年人，自愿如实认罪、真诚悔罪，愿意接受处罚的，应当依法提出从宽处理的量刑建议。

（五）人民法院要对利用未成年人实施黑恶势力犯罪案件及时审判，从严处罚。严格掌握缓刑、减刑、假释的适用，严格掌握暂予监外执行的适用条件。依法运用财产刑、资格刑，最大限度铲除黑恶势力"经济基础"。对于符合刑法第三十七条之一规定的，应当依法禁止其从事相关职业。

《人民检察院刑事抗诉工作指引》（2018年施行）

第九条　人民法院的判决、裁定有下列情形之一的，应当提出抗诉：

（一）原审判决或裁定认定事实确有错误，导致定罪或者量刑明显不当的：

1. 刑事判决、裁定认定的事实与证据证明的事实不一致的；

2. 认定的事实与裁判结论有矛盾的；

3. 有新的证据证明原判决、裁定认定的事实确有错误的。

（二）原审判决或裁定采信证据确有错误，导致定罪或者量刑明显不当的：

1. 刑事判决、裁定据以认定案件事实的证据不确实的；

2. 据以定案的证据不足以认定案件事实，或者所证明的案件事实与裁判结论之间缺乏必然联系的；

3. 据以定案的证据依法应当作为非法证据予以排除而未被排除的；

4. 不应当排除的证据作为非法证据被排除或者不予采信的；

5. 据以定案的主要证据之间存在矛盾，无法排除合理怀疑的；

6. 因被告人翻供、证人改变证言而不采纳依法收集并经庭审质证为合法、有效的其他证据，判决无罪或者改变事实认定的；

7. 犯罪事实清楚，证据确实、充分，但人民法院以证据不足为由判决无罪或者改变事实认定的。

（三）原审判决或裁定适用法律确有错误的：

1. 定罪错误，即对案件事实进行评判时发生错误：

（1）有罪判无罪，无罪判有罪的；

（2）混淆此罪与彼罪、一罪与数罪的界限，造成罪刑不相适应，或者在司法实践中产生重大不良影响的。

2. 量刑错误，即适用刑罚与犯罪的事实、性质、情节和社会危害程度不相适应，重罪轻判或者轻罪重判，导致量刑明显不当：

（1）不具有法定量刑情节而超出法定刑幅度量刑的；

（2）认定或者适用法定量刑情节错误，导致未在法定刑幅度内量刑或者量刑明显不当的；

（3）共同犯罪案件中各被告人量刑与其在共同犯罪中的地位、作用明显不相适应或者不均衡的；

（4）适用主刑刑种错误的；

（5）适用附加刑错误的；

（6）适用免予刑事处罚、缓刑错误的；

（7）适用刑事禁止令、限制减刑错误的。

（四）人民法院在审判过程中有下列严重违反法定诉讼程序情形之一，可能影响公正裁判的：

1. 违反有关公开审判规定的；

2. 违反有关回避规定的；

3. 剥夺或者限制当事人法定诉讼权利的；

4. 审判组织的组成不合法的；

5. 除另有规定的以外，证据材料未经庭审质证直接采纳作为定案根据，或者人民法院依申请收集、调取的证据材料和合议庭休庭后自行调查取得的证据材料没有经过庭审质证而直接采纳作为定案根据的；

6. 由合议庭进行审判的案件未经过合议庭评议直接宣判的；

7. 违反审判管辖规定的；

8. 其他严重违反法定诉讼程序情形的。

（五）刑事附带民事诉讼部分所作判决、裁定明显不当的。

（六）人民法院适用犯罪嫌疑人、被告人逃匿、死亡案件违法所得的没收程序所作的裁定确有错误的。

（七）审判人员在审理案件的时候，有贪污受贿、徇私舞弊或者枉法裁判行为，影响公正审判的。

5. 胡某某故意伤害案*

——坚持最有利于未成年原则　用心做好监护监督工作

一、基本案情

胡某某系被害人杨某某（案发时10周岁）亲生母亲。2019年底至2021年11月，胡某某多次因学习、日常管教等问题，对杨某某实施抓头往墙上撞、热水冲烫身体、掐脖子、咬手，用衣架、溜冰鞋、数据线殴打等伤害行为，致使杨某某身体损伤，经鉴定，损伤程度为轻伤一级。2022年10月9日，广东省深圳市光明区人民检察院以胡某某涉嫌故意伤害罪提起公诉。同年11月10日，光明区人民法院以故意伤害罪，判处胡某某有期徒刑一年六个月，缓刑三年。

二、家庭教育指导做法与成效

（一）通过家庭教育指导解决监护侵害根源问题，坚持最有利于未成年人原则开展监护监督工作

本案是一起监护侵害案件，经社区网格员报告发现。公安机关受理案件后，第一时间告知检察院相关情况，并商请就被害人安置等问题提出意见。检察机关介入后与妇联等部门进行了会商，对杨某某监护情况进行了

* 案例选自《在办理涉未成年人案件中全面开展家庭教育指导工作典型案例（第二批）》。

全面调查评估。经调查了解，杨某某所处家庭为重组家庭，母亲胡某某与丈夫关系不佳。胡某某曾遭遇前夫家庭暴力，情绪控制能力弱，有暴力教养习惯。胡某某的暴力教育方式与其养育压力大、教育能力不足、个人生活经历等密切相关。评估认为，本案具备通过家庭教育指导改变监护人错误认知和行为方式的可能性。从未成年人长远成长需要考虑，建议对胡某某开展强制家庭教育指导，并进行监护能力动态评估，尽力修复杨某某原生家庭环境。经检察机关、公安机关、民政部门等协商一致，先由民政部门对杨某某进行临时监护，同时，对胡某某启动家庭教育指导工作。

（二）各环节接续发力，将家庭教育指导有机融入司法办案全过程

转变监护人教养习惯需要长时间持续帮助、督促。为保证家庭教育指导工作在各诉讼环节不脱节，检察机关充分发挥前承公安、后启审判的职能优势，努力推动该项工作贯穿司法办案全过程。案件侦查阶段，在与检察机关的协商沟通下，公安机关向胡某某发出了《责令接受家庭教育指导令》，对胡某某夫妇进行训诫。同时，检察机关、妇联、关工委与司法社工、社区社工等共同组成家庭教育指导专家组，启动对胡某某的家庭教育指导工作。审查起诉阶段，在继续对胡某某开展家庭教育指导的同时，专家组对胡某某监护能力进行了定期评估。审查起诉时，检察机关将胡某某的悔罪表现、家庭教育能力提升情况随案移送法庭，并建议法庭将上述情况作为判处刑罚的参考。在案件审理和执行阶段，法庭参考检察机关提供的情况，宣布对胡某某适用缓刑，并将家庭教育后续跟踪纳入三年缓刑考验期管理。2022 年 12 月 8 日，检察机关与民政、妇联等部门共同组织召开了不公开听证会，结合家庭教育指导效果和杨某某本人意愿，经会商决定对杨某某恢复家庭监护，并继续跟踪杨某某监护状况。

（三）精准、全面帮助支持，保证家庭教育指导整体效果

本案中，对胡某某进行家庭教育指导的切入点在于观念态度的转变和家庭教育能力的提升。为此专家组围绕减压、情绪管理、教养技巧、法治教育等制定了详细的指导计划。经过四周的教育指导，胡某某认识明显改变，表示“感到后悔，也庆幸自己没有失手将孩子伤害得更重”。此后，指

导团队开展了每两周一次的会谈，对胡某某开展创伤辅导、心理教育等，提高其情绪觉察及管理能力、家庭教养能力。经过七个月的指导帮助，胡某某不合理认知、与孩子的沟通方式、沟通频率和亲子关系均明显改善。在对胡某某开展家庭教育指导的同时，检察机关委托专业力量对被害人杨某某开展了针对性的心理疏导和救助保护。杨某某心理创伤已经修复，与胡某某关系融洽。

三、典型意义

监护人侵害被监护未成年人合法权益构成犯罪的，不仅要依法对监护人作出刑事处罚，还应对涉案家庭进行监护干预。如何干预、采取何种方式干预是关系被侵害未成年人未来成长的重要问题。检察机关在办理监护侵害案件、对待“问题父母”时，不能简单地“一诉了之”，更不能将监护人监护资格“一撤了之”。应该全面调查未成年人家庭情况，系统评估监护问题，坚持最有利于未成年人原则，监督家庭保护责任落实。能通过家庭教育指导、督促监护等方式改变监护人监护方式，有效保护未成年人的，要充分扎实做好指导帮助工作，为未成年人创造和睦、安全的原生家庭环境。监护人严重侵害未成年人，不宜继续担任监护人的，及时支持相关主体提起撤销监护权诉讼。在开展家庭教育指导工作中，应注意精准评估需求、找准工作切入点，科学合理施策，持续跟踪巩固。将家庭教育指导与司法办案有机融合，切实保证指导效果。

6. 徐某某、武某某介绍卖淫、强迫卖淫案 *

——推动社会支持力量欠缺地区家庭教育指导队伍建设

一、基本案情

2021 年 7 月，徐某某伙同武某某（作案时 16 周岁）先后两次介绍陈某某到山东青州从事卖淫活动。同年 7 月下旬，在陈某某不愿意的情况下，徐某某、武某某强迫陈某某继续卖淫。2021 年 12 月 17 日、2022 年 3 月 25 日，山东省青州市人民检察院以介绍卖淫罪、强迫卖淫罪对徐某某、武某某分案提起公诉。经法院审理，徐某某因犯介绍卖淫罪、强迫卖淫罪被判处有期徒刑六年六个月，并处罚金。武某某因犯罪时为未成年人，在犯罪中所起作用较小，具有自首情节，且自愿认罪认罚，数罪并罚被判处有期徒刑一年三个月，并处罚金。

二、家庭教育指导做法与成效

（一）开展涉案未成年人家庭情况“五查”，做好家庭教育指导工作

青州市检察院在办理涉未成年人案件时均进行涉案未成年人家庭情况“五查”。一查未成年人监护情况；二查未成年人与监护人关系状况；三查未成年人实施犯罪或受到侵害是否与家庭教育有关；四查未成年人家庭成员关系情况；五查未成年人是否失学、辍学。经“五查”发现，本案被告人武某某跟父母一起生活，有一个弟弟。在弟弟出生前，武某某与家人关系融洽，尤其与父亲关系亲近。弟弟出生后，武某某父母忙于生计和照顾幼子，忽略了对武某某的教育和陪伴。武某某心理落差大，结交社会朋友，案发前一年开始辍学在家，并多次去酒吧、KTV 玩耍，夜不归宿。父母为

* 案例选自《在办理涉未成年人案件中全面开展家庭教育指导工作典型案例（第二批）》。

此多次彻夜寻找，甚至报警寻人。知道武某某涉案情况后，武某某父亲对其非常失望，“吼叫式”沟通方式让两人关系更加紧张，在家中基本无话语权的母亲也无能为力，放弃了对武某某的管教。情绪郁结却无处排解的武某某一度产生轻生念头。针对武某某家庭存在的父母教育能力不足、教育方法不当甚至失管失教的问题，青州市检察院对其父母进行训诫并发出《督促监护令》，同时与市妇联共同制定了针对性的家庭教育指导方案。

（二）动态调整指导方案，科学评估家庭教育指导效果

经过一段时间的家庭教育指导，武某某父母逐步转变了理念，改变了亲子沟通的方式方法，与武某某的关系明显改善，武某某重燃生活希望，开始尝试做美甲学徒。但一段时间后，禁不住诱惑的武某某又开始流连KTV，甚至夜不归宿。武某某父亲怒其不争，再次甩手不管，武某某对父亲的做法极度不满，与父亲发生激烈冲突并搬出家中。出现这一情况后，检察机关一方面及时调整对武某某的帮教方式，另一方面联合妇联对前阶段家庭教育指导情况进行评估和反思，针对出现的问题，及时调整家庭教育指导方案，将改变武某某父亲家庭教育认知作为工作重点。同时，检察机关向武某某父亲发出《接受家庭教育指导令》，并聘请武某某所在村儿童主任作为武某某的家庭教育联络员，便于动态了解武某某家庭教育情况。经过持续不断的指导帮助，武某某父母充分认识到了家庭关系对孩子发展的影响，深度反思了其教育方式的不当之处，他们一起积极接受指导，亲子关系日趋融洽。后在帮助教育和父母的引导下，武某某态度彻底转变，充分认识到自己行为的危害性，认罪悔罪并向被害人真诚道歉。

（三）构建“一专三员”制度，夯实家庭教育指导基础

针对办案中发现的农村偏远地区大量家庭存在的教育方面的问题，青州市检察院撰写了《农村偏远地区涉案未成年人家庭教育状况调查报告》，呈报市未成年人保护工作领导小组。市未成年人保护工作领导小组高度重视，要求各未成年人保护工作成员单位通力协作，夯实农村偏远地区的家庭教育指导基础。青州市检察院经与相关成员单位沟通协商，探索构建了自上而下的“一专三员”多层级家庭教育指导制度，即由市妇联选派专门

的家庭教育指导者，具体负责涉案未成年人家庭教育指导工作；由市检察院聘任当地人大代表、政协委员兼任家庭教育督导员，对家庭教育指导工作开展情况进行监督；由市民政局指派村儿童主任兼任家庭教育联络员，定期通报涉案未成年人家庭教育情况；由市关工委组织五老志愿者兼任家庭教育助理员，协助开展家庭教育指导工作。通过广泛借助社会力量，建立了农村偏远地区涉案未成年人家庭教育指导社会支持体系，推动农村偏远地区家庭教育指导队伍建设。此外，青州市检察院与市法院、公安局、司法局会签《关于在办理涉未成年人案件中建立观护帮教和家庭教育指导同步介入机制的规定（试行）》，将家庭教育指导工作贯穿办案全过程，努力改善未成年人家庭环境。同时，与市妇联、教体局和关工委会签《关于在办理涉未成年人案件中建立家庭教育指导工作联动机制的实施细则》，建立“小风筝”家庭教育指导服务站，为涉案未成年人提供一站式家庭教育指导和服务，同时为司法机关涉案未成年人家庭教育指导提供支持。

三、典型意义

家庭教育促进法将传统“家事”上升为重要的“国事”，对包括检察机关在内的司法机关的职责作用作出了明确规定。在办案中，检察机关应主动评估涉案未成年人家庭教育状况，联合相关部门针对性开展家庭教育指导。开展家庭教育指导工作过程中，要动态评估家庭教育指导效果，根据出现的新问题新情况动态调整家庭教育指导方案，确保实效。针对类案背后反映出的农村地区家庭教育指导力量薄弱的问题，要立足职能，联合妇联、共青团、关工委等专业力量，夯实农村偏远地区的家庭教育指导基础，建立更加完善的未成年人家庭教育社会支持体系。

7. 未履行强制报告义务　学校负责人依法被追责*

一、基本案情

杨某某、糜某某原系湖南某小学教师。2001 年至 2020 年 4 月，杨某某在湖南省泸溪县两所小学任教期间，利用其与被害人系亲戚、师生等特定关系，采用欺骗、利诱、强迫等手段，先后强奸九名未成年女性，其中 8 人系未满 14 周岁幼女，并伙同糜某某轮奸一名年仅 12 岁的女学生。同时，被告人杨某某、糜某某还利用老师身份，趁教育、管理学生之机，在教室、办公室等场所猥亵多名未成年女学生。2017 年，有学生家长向该校校长包某某、副校长印某某反映杨、糜二人猥亵儿童行为。二人在收到线索举报后未调查核实，也未向公安机关报案。此后，杨某某、糜某某继续作案。2020 年 5 月 16 日，被害人黄某甲、黄某乙到泸溪县公安局报案称多次遭到杨某某强奸、猥亵。公安机关立案侦查后发现了杨、糜二人的其他犯罪事实。2020 年 8 月 11 日，杨某某、糜某某因犯强奸罪、猥亵儿童罪分别被判处死刑、有期徒刑 17 年。该校负责人包某某、印某某均因渎职犯罪被追究刑事责任。

二、履职情况

（一）紧盯瞒报问题，严厉追究责任

针对学校负责人对学生家长反映性侵害未成年人犯罪线索置之不理，致使两名教师继续多次作案，造成严重危害后果和恶劣社会影响的问题，泸溪县检察院及时将相关线索移交纪检监察部门，并安排精干力量提前介入相关调查，在公安、检察、监察机关的通力合作、密切配合下，依法追究了学校负责人的刑事责任。同时，纪委监委启动追责问责，按规定免去了县教体局分管校园安全的副局长职务。

---

* 案例选自《〈落实“两法”护航青春〉典型案（事）例》。

（二）建立长效机制，确保制度落地落实

案件发生后，泸溪县检察院向县教体局制发检察建议，要求深化“一号检察建议”贯彻落实，并督促教育局整章建制，堵塞漏洞。在检察机关的积极推动下，泸溪县出台了《关于建立防范和处置性侵害校园未成年人制度的意见》，将工作落实情况纳入综治平安建设考核，建立《侵害未成年人案件强制报告制度联席会议以及工作协商机制》，明确各部门强制报告义务与责任，督促相关部门、组织和人员发现侵害未成年人案件线索及时向公安机关报案举报，并向有关部门报告。

（三）部门联动共管，推动校园安全建设

自2020年7月开始，泸溪县开展了师德师风大整顿活动。泸溪县检察院联合县纪委监委、法院、公安局、司法局、教体局、妇联等部门制发《泸溪县未成年人安全教育管理实施意见》。泸溪县政法委、检察院、妇联等八个单位印发了“守护花蕾关爱儿童”女童权益保护宣讲三年行动工作方案。形成了部门齐抓共管，合力推动校园安全建设的格局。

三、典型意义

未成年人保护法规定了侵害未成年人案件的强制报告制度，并明确了相关单位和人员违反强制报告义务的责任，对刑事诉讼法、反家庭暴力法的相关规定作出了进一步的明确和强调。本案是一起学校负责人因未履行强制报告义务而被追究刑事责任的典型案例。检察机关在办理侵害未成年人案件中主动担当作为，对于存在明知未成年人疑似受到侵害的相关线索瞒报、不报的相关人员，依法追究相应责任。并以此案为戒，推动当地建章立制，堵塞漏洞，促进部门间沟通配合，形成校园安全防控长效机制和未成年人保护合力，有力促进了“一号检察建议”的落实和未成年人保护法律法规的贯彻。

8. 许某某等人强奸案*

——住宿经营者怠于履行强制报告义务受到处罚

一、基本案情

2021年6月7日晚，许某某、陈某、王某、王某某（未成年人）、唐某某（未成年人）等5人在广西桂林某烧烤店吃饭。其间，王某看到刘某带李某某（女，案发时14周岁）回家，提议将欠烧烤店钱的刘某打一顿，许某某提出想与李某某发生性关系。随后，几人来到刘某租住的居民楼，对刘某和李某某进行殴打，并强行将李某某带到宾馆。许某某、陈某、王某某三人在宾馆房间强行与李某某发生了性关系。6月10日，李某某报警。10月15日，桂林市七星区人民检察院以涉嫌强奸罪对许某某等5人提起公诉。桂林市七星区人民法院判处许某某、陈某有期徒刑十年三个月，王某某有期徒刑七年，王某有期徒刑五年，唐某某有期徒刑二年六个月。

经查，案发当晚，本案6名当事人入住桂林某宾馆，其中包括3名未成年人。宾馆在接待上述未成年人与成年人共同入住时，既未严格落实登记制度，逐人核实身份信息，也未询问入住未成年人的相关情况。通过查看宾馆监控视频，办案人员发现被害人李某某与许某某等人共同进入宾馆后，始终被唐某某拉着手，被害人神情疲惫，脚步迟缓，表现明显异常，多次在距离宾馆前台2米远的沙发处停留。宾馆工作人员发现异常情况后，未询问情况或与其监护人联系，也未按照强制报告要求向公安机关报案，怠于履行强制报告义务。

二、处理情况

该案发生前夕，桂林市七星区人民检察院和市公安局七星分局联合召开了旅馆业落实强制报告制度推进会，向辖区旅馆、宾馆、酒店等住宿经营者通报了未成年人保护法关于强制报告的有关规定。涉案宾馆明知法律

* 案例选自《侵害未成年人案件强制报告追责典型案例》。

规定，发现问题仍置之不理。因宾馆未尽到安全保护责任，李某某被多人毫无障碍地带入宾馆房间并遭到多人性侵害。2021年8月11日，桂林市公安局七星分局依据《中华人民共和国未成年人保护法》第一百二十二条规定，对涉案宾馆作出罚款二万元，责令停业整顿一个月的处罚决定。

为推动辖区旅馆、宾馆、酒店等住宿经营者进一步落实强制报告制度，七星区人民检察院与市公安局七星分局联合制定《关于规范旅馆行业经营加强未成年人保护的意见》，对两百余名住宿经营者进行强制报告制度培训，并建立联合督查机制，形成治理合力。

三、典型意义

《中华人民共和国未成年人保护法》第十一条规定，密切接触未成年人的单位及其工作人员，在工作中发现未成年人身心健康受到侵害、疑似受到侵害或者面临其他危险情形的，应当立即向公安、民政、教育等有关部门报告。强制报告是法定责任，任何单位和人员均应严格遵守。近年来，旅馆、宾馆、酒店成为侵害未成年人犯罪高发场所。为有效预防侵害未成年人犯罪，强化未成年人保护，未成年人保护法明确规定了住宿经营者的未成年人安全保护责任。该法第五十七条和第一百二十二条分别规定，旅馆、宾馆、酒店等住宿经营者接待未成年人入住，或者接待未成年人和成年人共同入住时，应当询问其父母或者其他监护人的联系方式、入住人员的身份关系等有关情况；发现有违法犯罪嫌疑的，应当立即向公安机关报告，并及时联系未成年人的父母或者其他监护人。违反上述规定的，责令限期改正，给予警告；拒不改正或者造成严重后果的，责令停业整顿或者吊销营业执照、相关许可证，并处一万元以上十万元以下罚款。住宿经营者强制报告义务的落实是预防侵害未成年人违法犯罪的重要保障。检察机关在办理住宿经营场所发生的侵害未成年人犯罪案件时，应当与公安机关密切配合，逐案倒查是否存在违反询问、登记、强制报告等规定的情形，发现问题严格依法追责，从源头上遏制侵害未成年人犯罪案件的发生，共同为未成年人营造更加安全、和谐的社会环境。

9. 王某故意伤害案*

——报告奖励　不报告追责　奖惩并举压实强制报告责任

一、基本案情

2021年5月，马某某离婚后将其子岳某某（案发时3周岁）接到男友王某家中居住。同年6月2日，马某某有事外出，将岳某某交由王某照看。因看到岳某某将厕纸装在裤兜里，王某先后用手打、脚踹等方式殴打岳某某，致其重伤。后岳某某被送至山东省临沭县某医院，医生王某甲、吴某甲先后为其治疗，但两名医生在发现岳某某伤情异常后均未履行强制报告义务。6月8日，该院护士吴某乙将岳某某的情况反映给县妇联工作人员王某乙，吴某乙、王某乙二人在医院探视岳某某病情后，认为其可能遭受家庭暴力，遂决定报警，公安机关随即将王某抓获。8月22日，临沭县人民检察院以涉嫌故意伤害罪对王某提起公诉。临沭县人民法院依法判处王某有期徒刑四年六个月。

二、处理情况

临沭县人民检察院将该案的办理情况向县卫生健康局进行了通报。因未履行强制报告义务，医院对医生王某甲、吴某甲二人作出通报批评，责令作出深刻检讨，并取消二人2021年度评先树优资格的处分。同时，由于护士吴某乙及时报案，犯罪分子受到依法惩处，被害儿童获得及时保护，临沭县团委授予吴某乙“临沭县优秀青年”荣誉称号。

临沭县人民检察院建议县卫生健康局开展专项整改，对全县1300余名医务工作者进行培训，结合典型案例对医护人员的强制报告责任、应当报告的情形及注意事项等进行普法宣传，提高医护人员主动报告的意识，形成“高度警惕、主动询问、如实记录、立即报告”的自觉。县卫生健康局

* 案例选自《侵害未成年人案件强制报告追责典型案例》。

组织全县医疗机构、医护人员层层签订《强制报告责任承诺书》和《强制报告责任人员权利义务告知书》，确保强制报告责任到岗到人。

三、典型意义

对于发生在家庭内部、外人难以发现的隐蔽侵害行为，医护人员强制报告对救助保护处于不法侵害中的未成年人具有至关重要的作用。为切实落实强制报告要求，进一步强化未成年人保护，医护人员在接诊受伤儿童时应认真查看伤情，询问受伤原因，特别是对多处伤、陈旧伤、新旧伤交替、致伤原因不一等情况，要结合医学诊断和临床经验，综合判断未成年人是否受到暴力侵害。认为未成年人遭受侵害或疑似遭受侵害的，医护人员应当立即报告。对于发现侵害事实后瞒报不报的，上级主管部门或者所在单位应当依法处分，严肃追责。对于因报告及时使犯罪分子依法受到惩处的，相关部门应当依据法律和文件规定给予相关人员适当奖励。

二、权威解读

（一）案例解读

1. 最高检未检办负责人就《最高人民检察院第十一批指导性案例》答记者问

郑新俭*

问：我们得知，近期最高人民检察院下发了第十一批指导性案例，三个案例分别是齐某强奸、猥亵儿童案，骆某猥亵儿童案，于某虐待案，都是侵害未成年人犯罪案件，请您介绍一下最高检为什么要专门下发一批这样的指导性案例？

答：根据《最高人民检察院关于案例指导工作的规定》第七条的规定，最高人民检察院各业务部门可以开展与其业务工作有关的备选指导性案例的收集、审查和推荐工作。2018年7月，我们从全国检察机关办理的侵害未成年人犯罪案件中选择了这批案例，并向最高检法律政策研究室推荐作为指导性案例下发，以强化对办理此类案件的指导，后经过法律政策研究室审查和最高检案例指导工作委员会研究，经最高人民检察院第十三届检察委员会第七次会议审议决定，下发了这三个指导性案例。

一是为了指导各地检察机关依法严厉打击侵害未成年人犯罪。未成年人权利保护是当前社会各界关注的重要问题。近年来，性侵害、虐待等侵害未成年人犯罪案件屡屡发生，严重侵害未成年权利，影响未成年人身心健康，危害社会和谐稳定，必须坚决予以严惩。这批指导性案例均从不同

* 郑新俭，最高人民检察院原检察委员会委员、原未成年人检察工作办公室主任。

角度，展示了检察机关严厉打击侵害未成年人犯罪，保护未成年人权利的指导思想。例如齐某强奸、猥亵儿童案，齐某利用其担任小学班主任的工作便利，多次强奸、猥亵多名幼女，情节非常恶劣，给未成年被害人造成严重伤害。又如骆某猥亵儿童案，骆某通过网络猥亵未成年人，虽未直接与被害人进行身体接触，但同样侵害了未成年人的身心健康。对任何侵害未成年人合法权益的行为，都必须坚决予以严惩。下发此批指导性案例，就是为了加强对此类案件办理工作的指导，加大打击力度，坚决以法治利剑斩断伸向未成年人的魔爪。

二是加强对未成年人权利保护案件办理工作的指导，正确解决相关疑难问题，统一法律适用标准。侵害未成年人犯罪案件，在法律适用、证据把握上有其特殊性，而且随着经济社会的发展出现了一些新情况新问题。当前，各地办理这一类案件，在证据标准和法律适用上存在把握不一致、不准确的问题，影响了依法从严打击侵害未成年人犯罪的力度，也不利于社会秩序和未成年人身心健康的有效维护。实践中，各地检察机关也希望最高检加强对此类问题的指导。这批指导性案例所涉及的许多问题，都是实践亟须统一认识的问题，其中既有证据审查认定的问题，也有如何正确适用法律的问题。这批指导性案例的下发，必将有利于统一办案标准，指导依法准确办理此类案件，有力惩治侵害未成年人犯罪。

三是指导检察机关进一步加强未成年被害人保护救助工作。未成年人被侵害后，身心会受到极大伤害，需要特殊保护和关爱帮助，因此检察机关在指控犯罪的同时，应当加强对被害人的保护和救助，帮助他们恢复身心健康。这就需要我们综合运用刑事检察、民事检察、行政检察等各种职能，最大程度地保障未成年人合法权益，并有效预防此类案件的再发生。在这三个指导性案例中，有检察机关加强刑事诉讼监督，依法惩治犯罪，保护儿童合法权益的情况，如最高检依法对齐某案提出抗诉，最高检检察长还亲自列席最高法审委会；也有检察机关对被害人采取的“一站式询问”，最大程度避免对未成年被害人造成二次伤害，并开展心理干预等保护救助措施的情况，还有贯彻国家监护理念，依法对未成年被害人的抚养权进行干预的情况。

问：请您介绍一下齐某强奸、猥亵儿童一案的有关情况，这个案例的指导意义有哪些呢？

答：齐某是一所小学的班主任，在一年多的时间里，齐某将班里多名不满 12 岁的女生单独叫到学校无人的宿舍、教室等地方，甚至带到校外，进行猥亵或者强奸。他还在晚上熄灯后，以查寝为名，多次到女生集体宿舍猥亵女生。该案中，根据证据，能够认定他多次强奸 2 名女生，猥亵 7 名女生，某省高级法院终审判决认定齐某犯强奸罪、猥亵儿童罪，却只合并判处其有期徒刑十年，剥夺政治权利一年。最高人民检察院经审查，认为该判决适用法律错误，量刑不当，于 2017 年 3 月依法向最高人民法院提出抗诉。2018 年 7 月 27 日，最高人民法院作出终审判决，认定原审被告人齐某犯强奸罪，判处无期徒刑，剥夺政治权利终身；犯猥亵儿童罪，判处有期徒刑十年；决定执行无期徒刑，剥夺政治权利终身。

这个案例的指导意义主要有以下三个方面：

一是如何准确把握性侵未成人犯罪证据审查判断标准。性侵害犯罪较之其他犯罪，一般存在取证难、认定难的问题。性侵害未成年人犯罪更存在客观证据、直接证据少，被告人一般不认罪的特点。齐某这起案件就很有代表性。齐某一直不认罪，直接证据只有被害学生的陈述，此外还有被害人同学证言等一些间接证据、传来证据。在这样的情况下，最高人民检察院对本案的抗诉书和最高人民法院的终审判决书都认定了齐某的犯罪事实。因此这个案例在此类案件正确审查认定方面就有很强的指导性意义。对性侵未成年人犯罪案件证据的审查，要根据未成年人的身心特点，按照有别于成年人的标准予以判断。审查言词证据，要结合全案情况予以分析。根据经验和常识，未成年人的陈述合乎情理、逻辑，对细节的描述符合其认知和表达能力，被告人的辩解没有证据支持，结合双方关系不存在诬告可能的，应当采纳未成年人的陈述。

二是准确适用奸淫幼女“情节恶劣”的规定。本案中，被告人齐某利用教师身份，分别多次对两名幼女实施奸淫。终审判决中对此没有认定属于“情节恶劣”。最高人民检察院抗诉理由认为省高级法院没有认定被告人齐某强奸犯罪“情节恶劣”，属于适用法律错误，量刑不当。该抗诉理由得到了最高人民法院判决的支持。该案例在此类问题的法律适用上，对今后的案件办理也有指导意义。刑法第二百三十六条第三款第一项规定，奸淫幼女“情节恶劣”的，处十年以上有期徒刑、无期徒刑或者死刑。《最高人民法院、最高人民检察院、公安部、司法部关于依法惩治性侵害未成年人犯罪的意见》第25条规定了针对未成年人实施强奸、猥亵犯罪“更要依法从严惩处”的七种情形。实践中，奸淫幼女具有从严惩处情形，社会危害性与刑法第二百三十六条第三款第二至四项相当的，可以认为属于该款第一项规定的“情节恶劣”。例如，该款第二项规定的“奸淫幼女多人”，一般是指奸淫幼女三人以上。本案中，被告人具备教师的特殊身份，奸淫二名幼女，且分别奸淫多次，其危害性并不低于奸淫幼女三人的行为，据此可以认定符合“情节恶劣”的规定。

三是准确适用“公共场所当众”实施强奸、猥亵未成年人犯罪的规定。除强奸犯罪外，齐某还在女生集体宿舍等地多次猥亵7名被害女学生，其中5人多次被猥亵，省高级法院终审判决没有认定齐某在女生宿舍实施猥亵儿童的犯罪行为属于“公众场所当众”猥亵，对齐某的猥亵儿童犯罪也只判处有期徒刑四年六个月，最高人民检察院对此也提出了抗诉，要求改判，最高人民法院判决采纳了抗诉意见。这项认定，对今后办理此类案件也有重要意义，刑法对“公共场所当众”实施强奸、猥亵未成年人犯罪，作出了从重处罚的规定。《最高人民法院、最高人民检察院、公安部、司法部关于依法惩治性侵害未成年人犯罪的意见》第23条规定了在“校园、游泳馆、儿童游乐场等公共场所”对未成年人实施强奸、猥亵犯罪，可以认定为在“公共场所当众”实施犯罪。所以，如何准确把握和认定“公共场所当众”实施犯罪至关重要。这起指导性案例中，对在规定列举之外的场所实施强奸、猥亵未成年人犯罪的，只要场所具有相对公开性，且有其他多人在场，有被他人感知可能的，就可以认定为在“公共场所当众”犯罪。最高人民法院对本案的判决表明：学校中的教室、集体宿舍、公共厕所、集体洗澡间等，是不特定未成年人活动的场所，在这些场所实施强奸、猥亵未成年人犯罪的，应当认定为在“公共场所当众”实施犯罪。

问：这类犯罪确实给被害人造成了很大伤害，严重危害校园安全，仅仅事后打击是不够的。那么除了下发指导性案例，检察机关在预防此类犯罪方面有什么举措吗？

答：除了通过下发指导案例促进各级检察机关依法履行法律监督职责，提高执法办案水平之外，各级检察院还通过适时提出检察建议的方式，进一步推动校园安全建设，预防侵害未成年人合法权益特别是性侵、虐待未成年人违法犯罪案件的发生。日前，最高检向教育部发出《中华人民共和国最高人民检察院检察建议书》，建议有针对性地加强顶层设计，进一步健全完善预防性侵害幼儿园儿童和中小学学生的制度机制，加强对校园预防性侵害相关制度落实情况的监督检查，依法严肃处理有关违法违纪人员。该检察建议得到了教育部高度重视。

据介绍，最高检向教育部发出检察建议后，各省级检察院也将该份检察建议书抄送本省教育主管部门及主管省（区、市）领导，同时报送了本省检察机关开展未成年人保护工作情况。多个检察院很快收到了该省（区、市）领导重要批示及教育部门的落实反馈意见。11 月 9 日，贵州省政府有关负责人收到检察建议后明确表示，要加大工作力度，确保该省幼儿园、中小学校园安全。该省教育厅负责人也明确表示，将以此次检察建议的办理为契机，从提高认识、建章立制、强化人防技防等综合防控、强化师德师风教育、严格责任追究和加强警示教育等方面全力抓好校园安全管理。11 月 6 日，四川省政府有关负责人明确指示该省教育厅认真落实好最高检的检察建议，全面排查校园安全存在的问题，主动对接公检法等部门，严格执行法律制度，压紧压实安全责任，确保校园安全稳定。重庆市委、市政府也表示要对侵害学生的教职员工从严处理、坚决清除，加强市教委和检察院信息沟通与合作，共同做好未成年人保护和综合治理工作。

问：我们了解到在第二个指导性案例中，被告人骆某通过网络并非直接的身体接触，对未成年被害人实施了猥亵行为，而且构成既遂，这超出了对猥亵犯罪的传统认知，请您介绍一下有关情况。

答：在骆某猥亵儿童案中，被告人骆某使用化名，通过QQ软件将13岁女童小羽加为好友，并通过威胁恐吓手段，迫使小羽被迫按照其要求的动作，自拍裸照传送给骆某观看。后骆某又以在网络上公布小羽裸照相威胁，要求与其见面并在宾馆开房，企图实施猥亵行为。因小羽报案，骆某在依约前往宾馆途中被抓获。这起案件是随着网络科技发展而出现的一种新类型犯罪，但并不是个例，其他一些地方也发生了类似案件。对这类案件，犯罪行为人往往辩称自己没有接触被害人身体，最多是违法行为，不构成犯罪。但是，在这类案件中，行为人客观上确实实施了猥亵行为，也严重损害了未成年人的身心健康，应当认定为犯罪。为了有效打击犯罪，保护未成年人合法权益，我们专门整理了这个案例，指导各地在办理类似案件中准确适用法律规定。只要行为人以满足性刺激为目的，以诱骗、强迫或者其他方法要求儿童拍摄裸体、敏感部位照片、视频等供其观看，严重侵害儿童人格尊严和心理健康的，构成猥亵儿童罪。

刑法没有对猥亵儿童的具体方式作出列举，需要根据实际情况进行判断和认定。实践中，只要行为人主观上以满足性刺激为目的，客观上实施了猥亵儿童的行为，侵害了特定儿童人格尊严和身心健康的，应当认定构成猥亵儿童罪。网络环境下，以满足性刺激为目的，虽未直接与被害儿童进行身体接触，但是通过QQ、微信等网络软件，以诱骗、强迫或者其他方法要求儿童拍摄、传送暴露身体的不雅照片、视频，行为人通过画面看到被害儿童裸体、敏感部位的，是对儿童人格尊严和心理健康的严重侵害，与实际接触儿童身体的猥亵行为具有相同的社会危害性，应当认定构成猥亵儿童罪。

由于这类犯罪是网络犯罪，对侦查取证又提出了特殊的要求。检察机关在办理案件时，要及时固定电子数据，证明行为人出于满足性刺激的目的，利用网络，采取诱骗、强迫或者其他方法要求被害人拍摄、传送暴露身体的不雅照片、视频供其观看的事实。要准确把握猥亵儿童罪的本质特征，全面收集客观证据，证明行为人通过网络不接触被害儿童身体的猥亵行为，具有与直接接触被害儿童身体的猥亵行为相同的性质和社会危害性。

问：第三个案例是于某虐待案。我们知道，虐待犯罪属于家庭成员之间的犯罪，因此法律规定对虐待犯罪案件一般情况下“告诉的才处理”，属于自诉案件。但检察机关对这个案件提起了公诉而且建议法院对于某判处了禁止令。请您介绍一下这个案例在这方面的指导性意义。

答：于某虐待案中，11 岁的被害人小田因父母离婚，父亲丁某常年在外地工作，一直与继母于某共同生活。于某以小田学习及生活习惯有问题为由，长期、多次对其实施殴打，致小田离家出走。案发以后，经鉴定，小田头部、四肢等多处软组织挫伤，身体损伤程度达到轻微伤等级。网络披露该案信息后，引起舆论关注。当地检察机关会同公安机关和心理咨询机构的人员对被害人小田进行询问和心理疏导，通过调查发现，其继母于某存在长期、多次殴打小田的行为，涉嫌虐待罪。由于本案被害人系未成年人，没有向人民法院告诉的能力，也没有近亲属代为告诉。检察机关建议公安机关对于某以涉嫌虐待罪立案侦查。2017 年 11 月 24 日，公安机关作出立案决定。次日，犯罪嫌疑人于某投案自首。2018 年 4 月 26 日，公安机关以于某涉嫌虐待罪向检察机关移送审查起诉。在法庭审理阶段，公诉人提出量刑建议时，考虑到被告人可能被宣告缓刑，向法庭提出应适用禁止令，禁止被告人于某再次对被害人实施家庭暴力。法院经审理，认定被告人于某犯虐待罪，判处有期徒刑六个月，缓刑一年。禁止被告人于某再次对被害人实施家庭暴力。

根据刑法规定，虐待犯罪一般情况下是告诉的才处理的，但刑法同时也规定“被害人没有能力告诉，或者因受到强制、威吓无法告诉的除外”。而本案的指导意义在于，被虐待的未成年人，往往因年幼无法行使告诉权利的，属于刑法第二百六十条第三款规定的“被害人没有能力告诉”的情形，应当按照公诉案件处理，以及时保护未成年被害人的权利。同时，《最高人民法院、最高人民检察院、公安部、司法部关于对判处管制、宣告缓刑的犯罪分子适用禁止令有关问题的规定（试行）》第七条规定，人民检察院在提起公诉时，对可能宣告缓刑的被告人，可以建议禁止其从事特定活动，进入特定区域、场所，接触特定的人。对未成年人遭受家庭成员虐待的案件，结合犯罪情节，检察机关可以在提出量刑建议的同时，有针对性地向人民法院提出适用禁止令的建议，禁止被告人再次对被害人实施家庭暴力，依法保障未成年人合法权益，督促被告人在缓刑考验期内认真改造。

问：我们了解到，本案中，检察机关除了指控继母于某的犯罪外，还支持小田的母亲申请法院判决把小田的抚养权变更为母亲行使，这又有什么意义呢？

答：检察机关在办理本案中发现，2015 年 9 月，小田的亲生父母因感情不和协议离婚，约定其随父亲生活。小田的父亲丁某于 2015 年 12 月再婚。丁某长期在外地工作，没有能力亲自抚养被害人。检察人员征求小田生母武某的意见，武某愿意抚养小田。检察人员支持武某到人民法院起诉变更抚养权。2018 年 1 月 15 日，小田生母武某向某市某区人民法院提起变更抚养权诉讼。法庭经过调解，裁定变更小田的抚养权，改由生母武某抚养，生父丁某给付抚养费至其独立生活为止。

这个案件体现了检察机关对未成年人合法权益提供全面综合有效司法保护的做法。我们不仅要依法严厉打击侵害未成年人犯罪，还要注重保护涉案未成年人的民事权益，帮助被害人改善生存、家庭、教育环境，以保障未成年人健康成长。本案的指导意义在于，夫妻离婚后，与未成年子女共同生活的一方不尽抚养义务，对未成年人实施虐待或者其他严重侵害合法权益的行为，不适宜继续担任监护人的，根据《中华人民共和国民事诉讼法》第十五条的规定，检察机关可以支持未成年人或者其他监护人向人民法院提起变更抚养权诉讼，切实维护未成年人合法权益。

2."两高两部"《关于办理性侵害未成年人刑事案件的意见》的理解与适用

那艳芳　李　峰　李　薇*

最高人民法院、最高人民检察院、公安部、司法部发布《关于办理性侵害未成年人刑事案件的意见》(以下简称《意见》)，自2023年6月1日起施行。为便于司法实践中正确理解与适用，现就《意见》的出台背景、主要内容及其适用、制定过程中的相关考虑介绍如下。

一、《意见》的制定背景

党和国家历来高度重视未成年人保护工作。党的十八大以来，习近平总书记作出一系列重要指示，深刻指出"培养好少年儿童是一项战略任务，事关长远"。2021年6月，党中央印发《中共中央关于加强新时代检察机关法律监督工作的意见》，明确要求"强化未成年人司法保护，完善专业化与社会化相结合的保护体系"。

最高检高度重视性侵害未成年人犯罪惩治和预防工作，按照高质效办好每一个案件的要求，坚持"零容忍"态度，严厉打击惩治相关犯罪；发布隔空猥亵等指导性案例，引领更新司法理念和完善办案规则；围绕校园性侵害问题，制发"一号检察建议"，推动建立侵害未成年人案件强制报告、入职查询制度，做实诉源治理和犯罪预防；依法履职，充分运用检察建议、公益诉讼等法律监督手段，助推家庭保护、学校保护、社会保护、网络保护、政府保护责任落实，努力为广大未成年人构筑安全屏障。

* 那艳芳，最高人民检察院控告申诉检察厅厅长(曾任未成年人检察厅厅长)、一级高级检察官；李峰，最高人民检察院未成年人检察厅副厅长、二级高级检察官；李薇，最高人民检察院未成年人检察厅二级高级检察官。

随着犯罪形势的发展变化，执法司法面临日益复杂的情况。性侵害犯罪被害人日趋低龄化，隔空猥亵、网络性引诱等新型犯罪层出不穷。2013年最高法、最高检、公安部和司法部《关于依法惩治性侵害未成年人犯罪的意见》（以下简称《2013年性侵意见》）已不能与现行法律规定相衔接，亟须尽快制定出台指导规范，应对形势发展和实践需要。在此背景下，最高检会同最高法、公安部、司法部制定《意见》，进一步加强和规范性侵害未成年人犯罪惩治和预防工作。

二、《意见》的主要内容

《意见》分为6个部分，共计40个条文，对性侵害未成年人刑事案件的办理程序、工作要求、法律适用、政策把握等进行了详细规定。

（一）明确办理性侵害未成年人案件的总体原则与要求

1. 性侵害未成年人案件办理的基本原则。《意见》规定办理性侵害未成年人案件应坚持依法从严惩处犯罪、最有利于未成年人、双向保护等原则。上述三项原则是公安、司法机关办理性侵害未成年人案件一贯坚持的司法政策。需要说明的是，关于双向保护原则的理解，各地可能存在不同认识，适用中应注意把握以下几点：第一，对于未成年人实施性侵害未成年人犯罪的，依法定罪处罚，不枉不纵。第二，对犯罪的未成年人坚持教育、感化、挽救方针，充分做好帮教矫治等工作，引导未成年人早日改过自新、顺利回归社会。第三，在严格落实未成年人刑事案件特殊程序规定，充分保障未成年犯罪嫌疑人、被告人诉讼权利的同时，要更加注重对未成年被害人合法权益的保护以及关爱救助。

2. 性侵害未成年人案件办理的专业化、专门化要求。《意见》规定，公安、司法机关应当确立专门机构或者指定专门人员负责办理性侵害未成年人刑事案件。这一要求较《2013年性侵意见》有较大突破，对专业化的要求更为严格、明确，主要考虑到专门机构、专门人员是高质效办好性侵害未成年人案件的重要保障。当前，司法机关在未成年人司法专业化建设方面已经取得长足进展，进一步强化专门办理要求符合现实需要和工作实际，也为各部门加强专业化队伍建设指明了方向和目标。

3. 关于未成年人犯罪治理和法律监督。《意见》将积极推动未成年人犯罪治理，切实加强法律监督作为办理此类案件的总体要求加以强调，主要基于以下考虑：第一，性侵害未成年人犯罪成因复杂，相关行业、领域管理缺失更易催生、助长犯罪。有效治理性侵害未成年人犯罪，必须坚持惩治与预防相结合，加强犯罪治理。第二，监督是法律规定落地落实的重要保障。

（二）规范性侵害未成年人案件办理程序、方式和制度适用

1. 关于立案的要求。在刑事案件办理过程中，立案的重要性不言而喻。尤其对于证据极易灭失的性侵案件而言，及时立案是准确查明犯罪、有力惩治犯罪的前提和基础。根据刑事诉讼法有关规定，公安机关立案的条件是“发现有犯罪事实，需要追究刑事责任”，但对于如何把握“发现有犯罪事实”容易产生不同认识。为避免因立案不及时延误案件侦办，《意见》对性侵害未成年人案件立案时限提出了高于普通刑事案件的时效性要求，即符合刑事立案条件的，立即立案侦查，重大、疑难、复杂案件立案审查期限原则上不超过 7 日，发现幼女怀孕、产子或隐私部位遭受明显非正常损伤等四种情形的，直接立案。此外，《意见》第 7 条对管辖不明案件如何办理作出规定。主要考虑自强制报告制度建立以来，管辖不明案件大幅增加，一些案件报告人报告后，未成年被害人不能提供相关情况，犯罪地、犯罪嫌疑人不明，导致管辖权属无法确定。为避免管辖争议影响案件办理，《意见》要求在管辖不明的情况下，受案公安机关应当先行立案侦查，待管辖明确后移送有管辖权的机关。

2. 关于侦查监督与协作配合。近年来，检察机关与公安机关一直积极探索侦查监督与协作配合的有效途径和机制，形成了双向信息共享、适时介入配合侦查等模式、做法。《意见》充分吸收实践经验，从工作机制、配合方式等方面就检警协作作出规定，鼓励加强侦查协作。同时，《意见》第 9 条强调了检察机关的立案监督，规定负有特殊职责的人员有权申请检察机关立案监督，进一步加大对未成年被害人的保护力度。

3. 关于强制措施适用。性侵害未成年人犯罪社会危害性大，犯罪嫌疑人、被告人人身危险性强。尤其是有些犯罪人员有恋童癖，再犯可能性极大。同时，此类案件证据易灭失，对犯罪嫌疑人、被告人不予羁押，会给案件侦查、诉讼带来不利影响。为切实贯彻对此类案件的从严司法政策，有力惩治犯罪，《意见》规定对成年人性侵害未成年人的，要从严把握适用非羁押强制措施。此类案件符合逮捕条件的，一般应当批准逮捕。

4. 关于未成年被害人权益维护与隐私、名誉保护。为充分保障未成年被害人权益，避免因案件办理给未成年人造成次生伤害，《意见》第 12 条至第 16 条就未成年被害人法律援助、知情权、参与权保障、出庭保护、隐私保护等作出详细规定。需要说明的是：第一，关于未成年被害人法律援助，《意见》未将申请法律援助的条件限定为经济困难。主要考虑法律援助是赋权措施而非限权手段，在帮助未成年被害人维护合法权益、争取自身利益等方面发挥重要作用。各地对性侵案件未成年被害人提出援助申请的，司法行政机关都尽可能提供帮助，应予鼓励支持。第二，关于诉讼过程中的知情权、参与权保障，《意见》强调了相关要求。规定司法机关办案过程中，除有碍案件办理的情形外，应当将案件进展情况、开庭时间地点、案件处理结果等及时告知未成年被害人及其法定代理人。第三，对于未成年被害人隐私保护的要求，检察机关应注意监督落实。

5. 关于刑罚适用。《意见》第 19 条和第 20 条就驱逐出境、减刑、假释、暂予监外执行等刑罚适用作出明确规定，充分体现从严的指导思想。需要说明的是，关于驱逐出境的适用，以往司法文件有过相关规定。《意见》扩大了驱逐出境的适用情形，规定“有性侵害未成年人犯罪记录不适宜在境内继续停留居留的，公安机关可以依法适用限期出境或者驱逐出境”。上述调整，一方面考虑了近年来频繁出现的外籍教师性侵未成年学生的情况；另一方面也与未成年人保护法关于从业禁止等规定衔接呼应，旨在强化对未成年人的特殊、优先保护。

（三）明确“明知”“公共场所当众”等法律适用

1. 关于奸淫幼女犯罪主观明知的认定把握。《意见》第 17 条规定了奸淫幼女犯罪主观明知的认定标准。需要注意的是，应严格把握行为人“不明知”被害人为幼女的认定适用。奸淫幼女案件中犯罪分子多以不明知被害人系幼女为辩解。司法实践中，个别案件也存在对此问题理解适用不当的问题。办理此类案件时应注意，性侵害12周岁以下被害人的一律认定行为人“明知”对方为幼女。对于行为人对已满12周岁不满14周岁幼女实施奸淫等性侵害行为的，如无极其特殊的例外情况，一般均应认定行为人明知被害人为幼女，除非确有证据或者合理依据证明行为人根本不可能知道被害人是幼女。对于行为人根本不考虑被害人是否是幼女，而甘冒风险对被害人进行奸淫等性侵害的，一般都应当认定行为人明知被害人为幼女。

2. 关于强奸、猥亵犯罪“公共场所当众”的认定。《意见》第18条作了规定。需要指出的是，该条将学生集体宿舍也认定为公共场所，主要考虑学生宿舍虽人员范围相对固定，但具有一定的涉众性。一些案件中，教师在学生集体宿舍对未成年人实施性侵害，影响恶劣，对被害学生和周围同学均造成严重的心理伤害和影响，认定公共场所性侵符合公众普遍的理解和认知。也有意见提出该条对“当众”的理解适用是否过于宽泛，担心对一些手段轻微或极其隐蔽的猥亵行为量刑过重。事实上，刑法修正案（十一）已经通过“情节恶劣”等限定条件对“公共场所当众”猥亵儿童等行为在加重处罚上进行限定，对于一些情节轻微的猥亵犯罪，尚未达到“情节恶劣”程度的，适用刑法第二百三十七条规定，不会造成量刑不适当。

（四）明确性侵害未成年人案件侦查取证要求

办理性侵害未成年人案件，指控与证明犯罪一直是实践难点。为有力打击惩治犯罪，《意见》第三部分11个条文就证据收集与审查判断专门作出规定。关于证据收集，《意见》强调以下要求：

1. 依法规范。通过梳理近年来办理的性侵害未成年人刑事案件，发现大部分案件取证程序符合规范，但也有个别案件存在一人询问、询问未成年人时无法定代理人或合适成年人在场等问题，影响证据效力和证明效果。为引导办案人员规范开展取证工作，《意见》重申，公安机关办理性侵害未成年人刑事案件，应当依照法定程序，及时、全面收集固定证据。

2. 迅速及时。性侵犯罪证据易灭失，《意见》要求侦查机关及时提取固定相关证据。随着信息技术的发展变化，视听资料、电子数据的提取对查明犯罪事实具有越来越重要的作用。侦查机关应强化电子数据取证意识，注意在第一时间提取固定上述证据。电子证据因保管不善灭失的，应当向原始数据存储单位重新调取，或者提交专业机构进行技术性恢复、修复。检察机关在审查证据材料时，也应高度重视电子数据的审查运用，发现电子数据存储载体中有较多删除记录或无法识别的信息的，应及时进行数据恢复、证据固定，以准确查清全部犯罪事实。

3. 细致全面。《意见》第 21 条、第 26 条至第 28 条列出了性侵害未成年人案件取证的重点和注意问题，要求全面收集固定与案件有关的证据。同时，针对此类案件的特点，要求注意查证未成年被害人陈述和犯罪嫌疑人、被告人供述中具有特殊性、非亲历不可知的细节；查清未成年被害人和犯罪嫌疑人、被告人相识交往、矛盾纠纷情况，犯罪嫌疑人、被告人特殊癖好、异常表现，未成年人被性侵害后心理状况或者行为表现等。

4. 深挖细查。根据司法实践经验，性侵害未成年人犯罪一人多次犯罪、一人侵害多人的情况较为多见，特别是具有密切接触未成年人便利条件的人员，一旦发案，遭受侵害的未成年人往往不止一人。为保证全面查清犯罪事实，不漏一案、不漏一罪、不漏一人，《意见》第 22 条指出了办理性侵害未成年人案件可能发现漏罪漏犯的几种情形，并提出侦办要求。

（五）对询问未成年被害人的内容、方式作出规定

由于性侵害未成年人案件的特殊性，被害人陈述是认定犯罪事实的重要证据。而询问未成年人是一项难度较大的工作。一方面，未成年人的理解和表达能力受限于身心发育水平，其自主、清晰、完整描述全部犯罪事实的能力尚不足；另一方面，询问易唤醒未成年人对伤害经历的回忆，方式不当容易给未成年人造成二次伤害，需要稳妥、谨慎开展相关工作。针对这些情况、特点，《意见》就询问未成年人的场所、方式、内容等提出要求。

1. 选用“一站式”办案场所等让未成年人心理上感到安全的场所。目

前，全国已建成“一站式”办案场所2000多个，上述场所的建设、使用充分考虑了未成年人的身心特点、隐私保护需要等因素，能够同步完成询问、人身检查等相关工作，在“一站式”场所询问更有利于保护未成年人。

2. 采取未成年人能够理解和接受的语言和方式，坚持一次询问原则。《意见》强调，对于确有必要再次询问的，应当针对确有疑问需要核实的内容进行。同时，鉴于性侵害未成年人案件办理的复杂性，《意见》第25条强调办案人员询问时要问明相关事实和情节，避免因询问不全面造成反复、多次询问，并对询问应当问明的情况进行了列举提示。

3. 避免诱导式发问，尽量让被害人自由陈述。未成年人对被害经历的表达往往缺乏自主性，且容易遗漏关键细节，办案人员需要运用询问技巧，必要时可采取辅助手段，引导未成年被害人自主、完整地描述案件事实。但询问引导必须注意问话方式，尽量采用开放式问题，让被害人自由陈述表达，尤其是涉及核心事实的详细信息不宜通过封闭式问话获取，避免因不当启发引导影响证据效力。

4. 如实记录询问内容。询问笔录记录不得对未成年人语言进行加工、归纳，以免造成被害人陈述与其年龄、认知水平和表达能力不相符的错觉，影响证据采信。

5. 进行同步录音录像。同步录音录像是实现一次询问的重要保障。在审查起诉和审判阶段，检察官、法官不再对被害人进行询问。有些情况下，需要通过观看录音录像了解被害人陈述事实时的表现、状态，辅助判断被害人陈述的真实性、可信性。因此，《意见》要求同步录音录像的声音、图像必须清楚，被询问人面部必须清晰可辨。

（六）明确证据审查判断应把握的原则

性侵害未成年人案件的证据审查判断与事实认定较为复杂。办案人员已形成内心确信却不敢定案、应当定案而没有定案的情况在部分案件中有所体现。为破解性侵害未成年人案件办理困境，《意见》提出了此类案件的证明标准和证据审查判断应把握的原则。在坚持事实清楚，证据确实、充分的证明标准的基础上，强调对案件事实的认定要立足证据，结合经验常识，考虑性侵害案件的特殊性和未成年人的身心特点，旨在引导司法人员避免僵化把握证明标准。

一是引导办案人员不过度依赖客观证据。认定案件事实时既要重视客观证据，也要重视言词证据。注重对言词证据的合理性审查，言词证据与间接证据的细节印证，言词证据间的印证与逻辑分析。

二是避免机械理解适用印证证明模式。低龄未成年人对被侵害细节前后陈述不一致的，应当考虑其身心特点，综合判断其陈述的主要事实是否客观、真实。在判断认定犯罪事实时，关注案发过程，被害人和犯罪嫌疑人、被告人相识交往、矛盾纠纷产生等情况，关注犯罪嫌疑人、被告人的特殊癖好、异常表现，合理运用品格证据等，发挥其辅证作用。未成年被害人陈述了与犯罪嫌疑人、被告人或者性侵害事实相关的非亲历不可知的细节，并且可以排除指证、诱证、诬告、陷害可能的，一般应当采信。

三是不孤立看待各个证据，综合审查判断全案证据材料。如审查判断未成年被害人陈述内容时，着重审查陈述形成的时间、背景，被害人年龄、认知、记忆和表达能力，生理和精神状态是否影响陈述的自愿性、完整性，陈述与其他证据之间能否相互印证，有无矛盾。对 14 周岁以上未成年被害人真实意志的判断，不以其明确表示反对或者同意为唯一证据，应当结合未成年被害人的年龄、身体状况、被侵害前后表现以及双方关系、案发环境、案发过程等进行综合判断。需要说明的是，对低龄未成年人启发式询问所获得的被害人陈述信息需谨慎审查，并非一律作为非法证据排除。

（七）强化未成年被害人保护与救助要求

一是贯彻综合保护理念。未成年人身心未臻成熟，个体应变能力和心理承受能力较弱，被侵害后不但有可能出现生理损伤、心理创伤，还需要摆脱犯罪给其生活带来的不利影响。在对性侵未成年被害人开展救助时，既要有针对性地解决未成年人面临的临时急迫困难，又要着力改善未成年人的身心状况、教养环境，促进未成年人健康成长。因此，《意见》第 32 条要求，法院、检察机关、公安机关办理性侵害未成年人刑事案件，应当根据未成年被害人的实际需要及当地情况，协调有关部门为未成年被害人提供心理疏导、临时照料、医疗救治、转学安置、经济帮扶等救助保护措施。强调对未成年被害人进行综合保护救助。落实中，办案机关应注意做好与相关部门的协调配合。

二是强调风险预防阻断。性侵害犯罪除给未成年人造成直接伤害后果外，有些还会给未成年人带来潜在风险。如有些犯罪人员患有严重性传播疾病，性侵害行为给未成年被害人带来巨大的患病风险。如果不及时干预防控，将使未成年被害人遭受极为严重，甚至影响一生的身心伤害。针对实践中发现的艾滋病患者性侵害未成年人后不主动告知患病情况，使未成年人面临错过阻断治疗有效时间的情况，《意见》第33条规定，犯罪嫌疑人到案后，办案人员应当第一时间了解其有无艾滋病，发现犯罪嫌疑人患有艾滋病的，在征得未成年被害人监护人同意后，应当及时配合或者会同有关部门对未成年被害人采取阻断治疗等保护措施。

三是强调监护监督保障。家庭保护是未成年人健康成长的第一道屏障。调研中发现，大量性侵害未成年人案件被害人家庭存在监护缺失的情况，部分父母监护意识和监护能力不足，未尽到应尽的监护责任，给犯罪分子可乘之机。甚至有些案件中，监护人就是施害人。为督促监护责任落实，预防侵害犯罪发生，《意见》第34条规定，法院、检察机关、公安机关办理性侵害未成年人刑事案件，发现未成年人的父母或者其他监护人不依法履行监护职责或者侵犯未成年人合法权益的，应当予以训诫，并书面督促其依法履行监护职责。必要时，可以责令未成年人父母或者其他监护人接受家庭教育指导。《意见》第35条规定，未成年人受到监护人性侵害，其他具有监护资格的人员、民政部门等有关单位和组织向法院提出申请，要求撤销监护人资格，另行指定监护人的，法院依法予以支持。有关个人和组织未及时向法院申请撤销监护人资格的，检察机关可以依法督促、支持其提起诉讼。

四是强调优先司法救助。当前，刑事案件未成年被害人司法救助工作正在积极稳步推进。为持续做好性侵害未成年被害人司法救助工作，应不断加大帮扶力度，《意见》第36条要求公安、司法机关优先对性侵害未成年被害人予以救助。

（八）完善工作机制，推动惩治与预防性侵害未成年人犯罪制度落实

强制报告、性侵害违法犯罪信息查询均为近年来司法机关推动建立的未成年人保护重要制度，对预防性侵害未成年人犯罪发生，及时发现惩治犯罪具有重要作用。制度落实情况虽越来越好，但仍不充分。为进一步强化落实，《意见》单列条款加以强调。

三、关于《意见》与《2013年性侵意见》的对比说明

《意见》出台后，《2013年性侵意见》同时废止。与《2013年性侵意见》对比，《意见》进行了大幅增删调整，保留10个条文，删除12个条文，对10个条文内容进行修改，新增23个条文。考虑到《2013年性侵意见》中部分内容《意见》不再规定，特对删除原因及相关适用问题说明如下：

第一，《2013年性侵意见》第7条和第8条关于部门协作与培训指导的要求。关于各相关部门的未成年人保护职责分工与协作要求，未成年人保护法、家庭教育促进法等已有相关规定。近年来，公安、司法机关也都非常重视专业化建设。上述两条规定已无太大必要，《意见》不再规定。

第二，《2013年性侵意见》第9条关于强制报告责任的规定。该条内容未成年人保护法中已作出明确规定，故无须重复，《意见》已就该项制度落实作出进一步规定。

第三，《2013年性侵意见》第20条关于强奸罪与嫖宿幼女罪的区分适用问题。现刑法已取消嫖宿幼女罪，嫖宿幼女的行为均以强奸罪论处，该条已无规定必要。

第四，《2013年性侵意见》第21条关于特殊职责人员利用优势地位性侵问题。相关内容现规定在与《意见》同时发布的最高法、最高检《关于办理强奸、猥亵未成年人刑事案件适用法律若干问题的解释》第6条。

第五，《2013年性侵意见》第22条关于猥亵犯罪与故意伤害、故意杀人犯罪的区分与法律适用问题。相关内容现规定在《关于办理强奸、猥亵

未成年人刑事案件适用法律若干问题的解释》第 10 条。

第六,《2013 年性侵意见》第 24 条关于介绍、帮助他人奸淫幼女、猥亵儿童行为的认定。研究认为，该条表述不够周延，在理解适用上也存在争议，故予以删除。

第七,《2013 年性侵意见》第 25 条关于强奸、猥亵犯罪从重从严处罚情节的把握。相关情节的把握详细规定在《关于办理强奸、猥亵未成年人刑事案件适用法律若干问题的解释》中。需要说明的是，关于奸淫幼女致使怀孕的情形，因存在未成年人与幼女自愿发生性关系等复杂情况，该解释未作统一规定。适用中应当注意，采取暴力、胁迫等手段奸淫幼女致使怀孕的，应当认定“强奸妇女、奸淫幼女情节恶劣”。

第八,《2013 年性侵意见》第 26 条关于组织、强迫、引诱、容留、介绍未成年人卖淫从重、加重处罚的规定。相关内容现行法律、司法解释中已有规定,《意见》不再重复规定。刑法修正案（九）在组织、强迫、引诱、容留、介绍卖淫罪中增设了第 2 款，规定组织、强迫未成年人卖淫的从重处罚。2017 年最高法、最高检《关于办理组织、强迫、引诱、容留、介绍卖淫刑事案件适用法律若干问题的解释》对相关情形也进行了细化规定。

第九,《2013 年性侵意见》第 27 条关于已满 14 周岁不满 16 周岁男少年与幼女自愿发生性关系的认定问题。考虑到 2006 年最高法《关于审理未成年人刑事案件具体应用法律若干问题的解释》第 6 条（条文规定为:“已满十四周岁不满十六周岁的人偶尔与幼女发生性行为，情节轻微、未造成严重后果的，不认为是犯罪。”）已有规定，刑法对未成年人犯罪处理也有明确司法政策,《意见》不再重申。适用中应注意把握以下几点：一是已满 14 周岁不满 16 周岁的未成年人与幼女在交友过程中双方自愿发生性关系，情节轻微、未造成严重后果的，可以不认为是犯罪。二是对《关于审理未成年人刑事案件具体应用法律若干问题的解释》第 6 条规定中“偶尔”的把握不能简单以次数论，双方是否自愿、情节是否轻微、后果是否严重，是区分罪与非罪的关键。三是对未成年人构成犯罪的，依法适用刑法第 17 条规定从轻、减轻处罚。

第十，《2013年性侵意见》第30条关于裁判文书公开的规定。基于最有利于未成年人原则的考虑，予以删除。

第十一，《2013年性侵意见》第32条关于幼儿园、学校等特殊场所违反安全保障义务的侵权责任问题。考虑到民法典对幼儿园、学校、宾馆等特殊场所违反安全保障义务如何确定侵权责任已有明确规定，应根据不同情形确定是否承担补充赔偿责任，《意见》主要解决办理性侵害刑事案件中的突出问题，故暂不作规定。

（二）专家解读

侵害未成年人强制报告制度的功能及推进

史卫忠　宋英辉*

宋英辉：所谓强制报告，是指负有报告义务的机构及其工作人员，在工作中发现未成年人遭受或者疑似遭受不法侵害以及面临不法侵害危险的，应当立即向相关部门报案或举报。《关于办理性侵害未成年人刑事案件的意见》（以下简称《意见》）确立了国家层面的强制报告制度，对强制报告的主体、应当报告的情形，以及未履行报告职责的法律后果等问题予以明确。2020年修订的未成年人保护法在总则中确立了强制报告制度，将实践探索的强制报告上升为国家法律制度。该制度的确立，有利于破解侵害未成年人案件发现难、报案不及时等导致的打击不力问题，对维护未成年人合法权益，督促相关责任主体切实履职，提升未成年人保护社会治理水平，具

* 史卫忠，最高人民检察院检察委员会副部级专职委员；宋英辉，北京师范大学教授、未成年人检察研究中心主任。

有十分重要的意义。

强制报告制度的推行有利于及时有效地惩治侵害未成年人犯罪，切实加强对未成年人的保护。《意见》明确规定九类未成年人遭受或疑似遭受不法侵害的情形，相关责任主体发现未成年人身心健康受到严重损害或正在面临不法侵害危险的，应当立即向公安机关报案或举报。这一方面可以拓宽案件发现的渠道，尽早发现侵害未成年人合法权益的行为，及时、全面地收集固定证据，防止危害后果的发生和进一步扩大；另一方面有助于及时惩治犯罪，使刑事制裁与侵害未成年人犯罪行为的因果关系更为紧密，强化了对侵害未成年人犯罪的打击力度和威慑效应，有利于预防和减少类似犯罪的发生。强制报告也为发现家庭监护问题提供了更广泛的线索来源，进而为改善未成年人家庭监护状况，夯实未成年人家庭保护基础提供了保障。未成年人不论是受到家庭以外人员的侵害，还是家庭成员的侵害，都与家庭监护不到位或者监护不当有关，有的甚至以监护之名行侵害之实。当未成年人得不到父母适当的保护和照顾时，国家可以超越父母亲权，采取适当的措施进行强制干预和保护。发现未成年人父母或者其他监护人不依法履行监护职责，或者侵害未成年人的合法权益的，予以训诫或者责令其接受家庭教育指导。经教育仍不改正，情节严重的，可以通过向法院申请人身保护令或撤销监护人资格等方式，维护未成年人权益。此外，推进强制报告实践为及时对未成年被害人及其家庭提供伤害救治、心理疏导、法律援助、司法救助等提供了前提，可以使“一站式询问”、密接人员入职查询等未成年人保护措施得以发挥应有的作用。

史卫忠：强制报告制度是一项综合性的未成年人保护制度，是对侵害未成年人行为的国家干预机制。从制度功能角度看，首先，这项制度是保护未成年人免受侵害的预防机制。未成年人自护意识、能力不足，侵害未成年人行为具有隐蔽性等特点，强制报告制度对于及时发现侵害行为，惩治预防犯罪具有重要意义。制度规定落实到位能够大大降低未成年人遭受侵害，尤其是遭受反复侵害的风险，将不法伤害降到最低程度。同时，对犯罪分子具有一定的震慑作用。其次，强制报告制度是未成年人全面综合保护的启动机制。相关部门一旦接到报告线索，相关程序立即启动，职能部门必须及时、有效、主动地进行行政干预和采取司法处置措施，确保未成年被害人脱离危险，得到及时保护和救助。最后，强制报告制度是实现监护监督的有效途径。对于发现监护人不依法履职或者侵害未成年人合法权益的，有关职能部门依法监督，轻则通过训诫、家庭教育指导等方式督促监护人履行监护职责，甚至依法撤销监护权，以使未成年人得到妥善的救助。

强制报告制度的健全完善对于未成年人保护工作具有极大的推动作用。一是促进部门联动，实现未成年人司法保护、政府保护、社会保护等有序衔接。强制报告制度要求司法机关接到报案后协调相关部门同步开展被害人救助、安置、身心康复等工作，整合司法机关、职能部门和群团组织等各方资源和力量，形成合力保护、衔接有序的工作机制，切实维护未成年人身心健康和合法权益。随着制度落实的不断深化，各地已陆续建立了管理规范、分工明确的强制报告制度运行机制，部分地区还探索开发了强制报告受理处置的智能程序。如重庆市开发了“强制报告 App”，实现了快捷受案、及时查处及监督同步。二是实现资源整合，促进未成年人保护社会治理。强制报告制度实施使司法机关及政府职能部门能够对辖区内未成年人群体状况和可能普遍存在的问题有更清晰的了解，为发现、堵塞管理漏洞，推动社会治安综合治理创造了有利条件。强制报告制度的定期通报、联席会议等工作机制，有利于沟通交流和信息共享，从而及时发现新情况、新问题，推动未成年人保护社会治理。三是推动整个社会未成年人保护意识提升。强制报告制度的建立在一定程度上扭转了“自扫门前雪，少管别人事”的陈旧观念，有利于相关部门、人员甚至社会大众对侵害未成年人行为报告的意识不断加强。从检察机关办理的性侵害未成年人犯罪案件情况看，2019 年、2020 年发案的案件中，由被害人本人、近亲属及强制报告义务主体以外的其他人报案的案件数量逐年上升，“案外人报案”的情况越来越多。这说明，强制报告制度已在逐渐地发挥其上述功能作用。

宋英辉:《意见》明确规定了报告的义务主体和应当报告的情形，细化了报告的具体程序，强化了制度的可操作性，有助于相关责任主体切实履行职责。推进强制报告可以促使负有报告义务的单位和个人了解自己的报告义务、应当报告的情形以及向谁报告，积极履行报告职责。《意见》明确了及时报告的奖励机制，以及违反报告义务的法律后果，增强了制度落实的刚性。具体而言，对于因及时报案使未成年人摆脱困境、犯罪分子受到依法惩治的，应当给予奖励和表彰；对于负有报告义务的单位及其工作人员未履行报告职责，造成严重后果的，如导致犯罪行为持续发生，未成年人身心健康受到严重伤害，应当给予相应处分，取消其评优、评奖资格，阻止报告的要从严处罚；对于公职人员不重视强制报告工作、不按规定落实的，应当由监察委员会进行问责。这样，就可以使报告义务落到实处。

网络如同一把双刃剑，在给未成年人的学习生活带来极大便利的同时，也使得未成年人更容易遭受侵害或面临被侵害的风险。从实践来看，未成年人在网络环境中面临的风险主要包括网络欺凌、利用网络实施的非接触型性侵行为、网络诈骗以及个人信息被违法收集、使用、披露等。有些线上非接触型行为如果不能及时发现，很可能发展成线下犯罪行为，引发更为严重的后果。基于上述原因，强化网络平台的强制报告义务是很有必要的。网络空间不是法外空间，2019年国家互联网信息办公室发布《儿童个人信息网络保护规定》，要求网络运营者发现儿童个人信息发生或者可能发生泄露、毁损、丢失的，应当立即向有关主管部门报告，并将事件相关情况以邮件、信函、电话、推送通知等方式告知受影响的儿童及其监护人。新修订的未成年人保护法增设了网络保护专章，其中要求网络服务提供者发现用户利用其网络服务对未成年人实施违法犯罪行为的，应当立即停止向该用户提供网络服务，保存有关记录，并向公安机关报告，否则要承担相应法律责任。据此，网络服务提供者负有保护未成年人使用网络时不受来自网络上的非法侵害行为的职责，在发现未成年人遭受或者疑似遭受网络不法侵害以及面临不法侵害危险的，应当立即停止网络服务，保存有关记录并向公安机关报案。

史卫忠：抓实强制报告主体责任，需要多措并举。一靠制度宣传，提升报告主体的责任意识。制度推行初期，大力宣传引导是非常必要的。一些一线工作人员并不知道强制报告制度的重要性，有些人员报告意识并不强，需要相关行政主管部门做好传达、强调和引导工作。必要时组织开展相应培训，促进相关部门和个人充分掌握和正确执行制度要求。为推动强制报告制度落实，最高检已经做了大量宣传引导工作。如最高检联合福建省检察机关制作动漫短片，以生动活泼的动漫形式解读强制报告制度。二靠制度保障，为报告主体依法履行职责提供便利条件。首先，要做好报案人员信息保密工作。公安机关、检察机关和司法行政机关及教育、民政、卫生健康等行政主管部门应当对报案人的信息予以保密。违法窃取、泄露报告事项、报告受理情况以及报告人信息的，依法依规予以严惩。其次，严惩干扰、阻碍报告行为。依法保障相关单位及其工作人员履行强制报告责任，对根据规定报告侵害未成年人案件而引发的纠纷，报告人不承担相应法律责任；对于干扰、阻碍报告的组织或个人，依法追究法律责任。此外，要对制度落实好的单位和人员适当表彰奖励。对于因及时报案使遭受侵害未成年人得到妥善保护、犯罪分子受到依法惩处的，公安机关、检察机关、民政部门应及时向有关主管部门反馈相关情况，单独或联合给予相关机构、人员奖励、表彰。三靠监督落实，保证强制报告的制度刚性。对于不按规定落实强制报告要求的单位和个人，必须严厉、及时追责、惩处。最高检联合其他部门下发《意见》以来，已经对违反强制报告规定的人员和单位进行了责任追究。如湖南省某小学教师强奸、猥亵儿童案，涉事学校负责人员隐瞒不报，检察机关分别对校长、副校长以涉嫌渎职犯罪提起公诉，二人均已受到刑事处罚；浙江省杭州市某中学因隐瞒保安强制猥亵在校学生案被限期整改。下一步还要继续加强这方面工作，使负有强制报告责任的人员和单位发现侵害未成年人情形的，不敢、不能隐瞒不报。

关于网络侵害的问题，首先，网络侵害是对未成年人的身心伤害，报告主体发现问题也要按规定报告。虽然与直接暴力伤害相比，网络侵害的隐蔽性更强，被害人可能不表现出外在的身体损伤，但未成年人受到侵害后行为表现往往会有异常，有些甚至出现心理问题。对于密切接触未成年人的人员来说，学校老师能够通过未成年人的一些异常表现发现问题，通过与未成年人的沟通交流了解问题；心理医生在接诊过程中也可能掌握侵害线索。其次，新修订的未成年人保护法也对网络平台赋予了一定的责任义务。遭受网络欺凌的未成年人及其父母或者其他监护人有权通知网络服务提供者采取删除、屏蔽、断开链接等措施。网络服务提供者接到通知后，应当及时采取必要的措施制止网络欺凌行为，防止信息扩散。此外，未成年人保护法还规定，任何组织或者个人发现网络产品、服务含有危害未成年人身心健康的信息，有权向网络产品和服务提供者或者网信、公安等部门投诉、举报。

宋英辉：检察机关是我国的法律监督机关，也是全程参与未成年人保护的司法机关，除了在刑事诉讼中前承侦查，后启审判，还负有对涉及未成年人的民事、行政诉讼监督及提起公益诉讼的职责。当未成年人的合法权益受到侵害时，检察机关应切实履行法律监督职责。检察机关根据具体情况，可以有针对性地向有关部门提出改进建议、发出检察建议或纠正违法通知，督促其落实整改，对于涉及公共利益的可以提起公益诉讼；对于构成犯罪的，应当依法追究刑事责任。

为保障制度刚性，检察机关应当重点加强对侵害未成年人案件的立案监督。立案监督是检察机关行使法律监督权的重要方式，包括对应当立案而不立案的监督和对不应当立案而立案的监督。强制报告制度为检察机关对报告的案件进行跟踪、监督提供了有利条件。《意见》第十一条规定，检察机关认为公安机关应当立案而不立案的，应当要求公安机关说明不立案的理由。认为不立案理由不能成立的，应当通知公安机关立案，公安机关接到通知后应当立即立案。检察机关依法行使立案监督权的意义有两点：一是准确把握罪与非罪、此罪与彼罪的界限，尤其是在性侵未成年人案件中，侦查人员和检察人员对于法律的理解和适用有时存在分歧，检察机关进行立案监督有助于统一办案标准，维护司法公正。二是此类案件证据收集具有特殊性，难度大，检察机关通过立案监督可以及时引导侦查取证活动，为精准指控犯罪奠定证据基础。

自最高检向教育部发出“一号检察建议”以来，各地检察机关以“一号检察建议”为重要牵引，积极参与未成年人保护社会治理，取得了良好成效。实践中，检察机关针对教育管理部门存在的管理漏洞和薄弱环节，坚持督导而不替代，通过制发诉前检察建议、督促和支持起诉、提起公益诉讼等方式，督促相关主体切实履行职责，严格执行校园安全管理规定，规范教职工队伍管理，注重法治教育和预防性侵害教育。此外，为预防和惩治侵害未成年人违法犯罪，检察机关还深入开展法治进校园、检察官担任法治副校长等活动，落实“谁执法谁普法”责任制。这些做法是检察机关履行法律监督职责、维护国家利益和社会公共利益的具体体现。

2020 年 12 月，最高人民检察院《关于加快推进未成年人检察业务统一集中办理工作的通知》要求，自 2021 年起，未成年人检察业务统一集中办理工作在全国检察机关稳步全面推开，原则上，涉未成年人刑事、民事、行政、公益诉讼案件应由未成年人检察机构统一办理，其他部门予以支持配合。在此背景下，强制报告制度如同一个纽带，将未成年人检察涉及的各个领域链接到一起，有助于推进未成年人检察业务统一办理。强制报告的范围涉及监护、抚养、教育等领域，在处理监护人侵害和监护缺失的民事侵权案件时，还可能发现涉嫌虐待、性侵、遗弃等违法犯罪的线索。这就要求未成年人检察部门加强与其他职能部门间的日常沟通，健全联系协作机制，不断总结、吸取办案经验。这样，通过以点带面的方式，逐步强化未成年人检察机构的专业性和综合性，加大未成年人检察供给侧改革力度。

史卫忠：检察监督对执法司法的制约监督包含了刑事检察、民事检察、行政检察、公益诉讼检察“四大检察”内容。检察监督的职能定位契合未成年人保护职能部门多、涉及范围广的特点。检察机关尤其是未成年人检察部门应当充分发挥职能优势，做好强制报告制度落实的法律监督工作，保障相关制度规定落实落地。一是发挥检察机关参与未成年人司法保护全过程的优势，会同监察委员会、公安机关、民政、卫生健康等相关部门，督促相关单位、人员主动、及时报告，对未履行报告义务造成严重后果的，依法监督追究违纪违法责任。对报告后应当立案而不立案、应当追究而不追究、重罪轻判等问题，依法予以监督纠正。二是发挥检察司法保护与其他保护机制密切相关的优势，助推相关职能部门落实未成年人保护法律法规。结合督促、支持起诉和公益诉讼检察职责，督促职能部门做好被侵害未成年人的安置、救助等相关工作，监督监护人依法履行监护职责。加强与政府及其有关部门、人民团体、社会组织等的协作配合，推动形成“家庭、学校、社会、网络、政府、司法”未成年人保护大格局。

在助推校园安全防控机制建设方面，一是进一步加大检察机关送法进校园法治宣传力度。持续推动检察官担任法治副校长工作。主动邀请教育方面的专家及优秀教师进行集中培训和交流，组织开展专题培训，打造精品课件，提高法治副校长授课水平。联合教育部等部门出台检察官担任法治副校长工作的意见，督促法治副校长认真履行职责，确保法治教育效果，促进法治校园、安全校园建设。二是协助学校开展临界预防等工作。通过协助学校完善法治教育机制，助力学校开展预防在校学生违法犯罪工作，参与对有不良行为乃至严重不良行为学生的教育矫治和在读涉罪学生的帮教挽救、受害学生的保护救助等工作，协助学校健全预防管控校园性侵、校园欺凌和暴力犯罪机制等。三是进一步加强对学校周边环境的综合治理。立足检察办案，加强校园周边安全治理及文化市场整治，对娱乐场所、网吧、宾馆及其他场所违规接待、容留未成年人等重点问题，加大监督力度，推动长效治理。对有关部门怠于履职，侵害未成年人权益的，依法通过检察建议、公益诉讼等方式开展法律监督，通过“办理一案、治理一片”，净化学校周边以及未成年人成长环境。

宋英辉：强制报告在实践中与智慧未检相得益彰，并且在司法机关、行政机关和相关部门之间搭建起了未成年人保护网络平台。在许多地区形成了报案举报、动态监督、处置反馈、风险预警、情况研判等工作的体系化、智能化，网络和智能终端设备得到充分利用，强化了未成年人保护的力度，大大提升了工作效率。最高人民检察院《2018—2022 年检察改革工作规划》要求推行未成年被害人一站式询问、救助机制，建立健全性侵害未成年人违法犯罪信息库和入职查询制度。这些措施真正落地，发挥其应有作用，与能够及时发现犯罪密不可分。这一点也在《意见》中得到进一步强调，即公安机关、检察机关发现未成年人需要保护救助的，应当联合相关部门或社会组织，对未成年人及其家庭实施必要的经济救助、医疗救治、心理干预等保护措施。这样做，一来可以起到平抚被害人及其家属情绪的作用，也是减轻其因犯罪遭受的损失、实现儿童利益最大化的必然要求；二来有助于公安机关、检察机关顺利开展案件的调查取证工作，提高询问质效，为检察机关精准指控犯罪奠定基础。

史卫忠：强制报告制度能够在一定程度上解决侵害未成年人犯罪发现难的问题，司法机关应当充分利用强制报告制度优势，惩处犯罪行为。在强制报告制度与司法制度的衔接方面，以下工作非常有必要。一是建立公检配合机制，强化报告后案件的侦查取证工作。公安机关应当及时向检察机关通报侵害未成年人案件的立案信息，在受理或者立案后商请检察机关派员适时介入，参加案件讨论，并对案件性质、收集证据、适用法律等提出意见。对于是否符合立案或者逮捕条件、罪与非罪、此罪与彼罪存在较大认识分歧，重大、疑难、复杂或者社会影响大的案件，检察机关应当及时指派检察官介入，引导侦查取证。二是统一证据审查判断标准，确保案件办理的效率效果。有些侵害未成年人案件，如性侵案件往往具有“一对一”的特点，存在客观物证少、指控惩处难的问题。对此，除加强证据收集提取的专业性、实效性外，司法机关有必要统一相关认识和司法标准，保证对这类案件的有力惩处。目前，最高检已在进行相关研究工作，加紧出台相关规定。三是推行“一站式”办案机制，切实加强未成年被害人保护。侵害线索发现报告后，后续的案件办理和问题处置过程中，如果方式不当极易给未成年人造成二次伤害，因此，建立“一站式”的办案救助机制非常必要。检察机关应当联合相关部门，推动建设设施齐全、功能齐备、信息互通、资源共享的“一站式”询问场所，建立专业化、规范化的侵害未成年人案件办理机制，避免反复询问给未成年被害人造成二次伤害。在依法办理案件的同时，同步开展对被害人的心理评估、疏导、救助、保护工作，确保每一个未成年被害人都能够获得及时、有效、全面的关爱和救助。

宋英辉：未成年人保护是一项系统工程，检察机关不可能包打天下。未成年人保护还依赖于政府职能部门以及群团组织等形成保护合力，进行通力合作。对此，《意见》第二十一条规定，要在司法机关、行政机关和相关部门之间建立联席会议制度，就实践中出现的新情况、新问题加强沟通交流，定期通报工作情况。但是，在将“纸面上的法”落实到具体实践的过程中，也暴露出一些制度短板，影响着强制报告预期功能的发挥，主要表现为统筹协调机制有待健全、专业队伍和人才分布不均等。对于这些问题，可以从对内关系和对外关系这两个层面进行讨论。在对内关系上，部门内部缺乏统筹协调机构和机制，没有一个统一的对外部门，遇到问题各自为政；在对外关系上，部门之间管理碎片化现象严重，权责不够清晰，存在职能交叉或管理空白，导致资源重复投入或造成监管盲区。因而，为避免此类现象的发生，切实提高强制报告制度的运行效果，应当明确职能部门内部的统筹机构，由一个部门负责联络对接和事务分配，做到信息资源共享；应当制定各部门的权责清单，防止责任稀释，以及相互推诿、扯皮；应当针对强制报告的工作特点，设置独立的管理和评价体系，从而形成高效运行的工作机制。

史卫忠：关于相关配套机制建设，除了上面提到的强制报告制度与司法制度的衔接以外，还应当着力做好被害人安置保护这一“后半篇文章”。一是加强未成年被害人多元综合救助。为遭受侵害的未成年人提供司法救助、心理疏导、身体康复、生活安置、复学就业等多元综合救助，帮助未成年被害人渡过难关，恢复正常的学习生活。二是加强对未成年人遭遇监护侵害与监护缺失的干预，对于父母或者其他监护人性侵害、遗弃、虐待、暴力伤害未成年人或者怠于履行监护职责严重损害未成年人身心健康的，在依法惩处的同时，应建议、支持有关部门、组织或个人向法院起诉撤销监护人资格，并确保未成年人得到妥善监护照料。三是推动长效治理，促进类案预防。坚持一案一剖析，堵塞漏洞。强制报告制度运行是综合性的未成年人保护工作，制度落实需要在实践中不断完善。比如，如何建立更加高效的衔接、会商和信息共享机制，如何进一步提升被害人救助保护的规范化、专业化程度等，都需要在今后的工作中不断研究完善，以提升制度运行的实效。

未成年人刑事案件精准帮教案例

一、案　例

1. 胡某某抢劫案*

（检例第 103 号）

【关键词】

抢劫　在校学生　附条件不起诉　调整考验期

【要旨】

办理附条件不起诉案件，应当准确把握其与不起诉的界限。对于涉罪未成年在校学生附条件不起诉，应当坚持最有利于未成年人健康成长原则，找准办案、帮教与保障学业的平衡点，灵活掌握办案节奏和考察帮教方式。要阶段性评估帮教成效，根据被附条件不起诉人角色转变和个性需求，动态调整考验期限和帮教内容。

【基本案情】

被附条件不起诉人胡某某，男，作案时 17 周岁，高中学生。

2015 年 7 月 20 日晚，胡某某到某副食品商店，谎称购买饮料，趁店主方某某不备，用网购的电击器杵方某某腰部索要钱款，致方某某轻微伤。后方某某将电击器夺下，胡某某逃跑，未劫得财物。归案后，胡某某的家长赔偿了被害人全部损失，获得谅解。

---

* 案例选自最高人民检察院第二十七批指导性案例。

【检察机关履职过程】

（一）补充社会调查，依法作出不批准逮捕决定

案件提请批准逮捕后，针对公安机关移送的社会调查报告不能充分反映胡某某犯罪原因的问题，检察机关及时补充开展社会调查，查明：胡某某高一时父亲离世，为减轻经济负担，母亲和姐姐忙于工作，与胡某某沟通日渐减少。丧父打击、家庭氛围变化、缺乏关爱等多重因素导致胡某某逐渐沾染吸烟、饮酒等劣习，高二时因成绩严重下滑转学重读高一。案发前，胡某某与母亲就是否直升高三参加高考问题发生激烈冲突，母亲希望其重读高二以提高成绩，胡某某则希望直升高三报考个人感兴趣的表演类院校。在学习、家庭的双重压力下，胡某某产生了制造事端迫使母亲妥协的想法，继而实施抢劫。案发后，胡某某母亲表示愿意改进教育方式，加强监护。检察机关针对胡某某的心理问题，委托心理咨询师对其开展心理测评和心理疏导。在上述工作基础上，检察机关综合评估认为：胡某某此次犯罪主要是由于家庭变故、亲子矛盾、青春期叛逆，加之法治意识淡薄，冲动犯罪，认罪悔罪态度好，具备帮教条件，同时鉴于其赔偿了被害人损失，取得了被害人谅解，遂依法作出不批准逮捕决定。

（二）综合评估，依法适用附条件不起诉

案件审查起诉过程中，有观点认为，胡某某罪行较轻，具有未成年、犯罪未遂、坦白等情节，认罪悔罪，取得被害人谅解，其犯罪原因主要是身心不成熟，亲子矛盾处理不当，因此可直接作出不起诉决定。检察机关认真审查并听取各方面意见后认为，抢劫罪法定刑为三年有期徒刑以上刑罚，根据各种量刑情节，调节基准刑后测算胡某某可能判处有期徒刑十个月至一年，不符合犯罪情节轻微不需要判处刑罚或可以免除刑罚，直接作出不起诉决定的条件。同时，胡某某面临的学习压力短期内无法缓解，参考社会调查、心理疏导的情况，判断其亲子关系调适、不良行为矫正尚需一个过程，为保障其学业、教育管束和预防再犯，从最有利于未成年人健康成长出发，对胡某某附条件不起诉更有利于其回归社会。2016 年 3 月 11 日，检察机关对胡某某作出附条件不起诉决定，考验期一年。

（三）立足帮教目标，对照负面行为清单设置所附条件，协调各方开展精准帮教

检察机关立足胡某某系在校学生的实际，围绕亲子共同需求，确立“学业提升进步，亲子关系改善”的帮教目标，并且根据社会调查列出阻碍目标实现的负面行为清单设置所附条件，如遵守校纪校规；不得进入娱乐场所；不得吸烟、饮酒；接受心理辅导；接受监护人监管；定期参加社区公益劳动；阅读法治书籍并提交学习心得等。在此基础上，检察机关联合学校、社区、家庭三方成立考察帮教小组，围绕所附条件，制定方案，分解任务，精准帮教。学校选派老师督促备考，关注心理动态，社区为其量身定制公益劳动项目，家庭成员接受“正面管教”家庭教育指导，改善亲子关系。检察机关立足保障学业，灵活掌握帮教的频率与方式，最大程度减少对其学习、生活的影响。组建帮教小组微信群，定期反馈与实时监督相结合，督促各方落实帮教责任，对帮教进度和成效进行跟踪考察，同时要求控制知情范围，保护胡某某隐私。针对胡某某的犯罪源于亲子矛盾这一“症结”，检察机关协同公安民警、被害人、法律援助律师、法定代理人从法、理、情三个层面真情劝诫，胡某某表示要痛改前非。

（四）阶段性评估，动态调整考验期限和帮教措施

考验期内，胡某某表现良好，参加高考并考上某影视职业学院，还积极参与公益活动。鉴于胡某某表现良好、考上大学后角色转变等情况，检察机关组织家长、学校、心理咨询师、社区召开“圆桌会议”听取各方意见。经综合评估，各方一致认为原定考验期限和帮教措施已不适应当前教育矫治需求，有必要作出调整。2016年9月，检察机关决定将胡某某的考验期缩短为八个月，并对最后两个月的帮教内容进行针对性调整：开学前安排其参加企业实习，引导职业规划，开学后指导阅读法律读物，继续筑牢守法堤坝。11月10日考验期届满，检察机关依法对其作出不起诉决定，并进行相关记录封存。目前，胡某某已经大学毕业，在某公司从事设计工作，心态乐观积极，家庭氛围融洽。

【指导意义】

（一）办理附条件不起诉案件，应当注意把握附条件不起诉与不起诉之间的界限

根据刑事诉讼法第一百七十七条第二款，检察机关对于犯罪情节轻微，依照刑法规定不需要判处刑罚或者可以免除刑罚的犯罪嫌疑人，可以决定不起诉。而附条件不起诉的适用条件是可能判处一年有期徒刑以下刑罚，符合起诉条件，但有悔罪表现的未成年犯罪嫌疑人，且只限定于涉嫌刑法分则第四章、第五章、第六章规定的犯罪。对于犯罪情节轻微符合不起诉条件的未成年犯罪嫌疑人，应依法适用不起诉，不能以附条件不起诉代替不起诉。对于未成年犯罪嫌疑人涉嫌刑法分则第四章、第五章、第六章规定的犯罪，根据犯罪情节和悔罪表现，尚未达到不需要判处刑罚或者可以免除刑罚程度，综合考虑可能判处一年有期徒刑以下刑罚，适用附条件不起诉能更好地达到矫正效果，促使其再社会化的，应依法适用附条件不起诉。

（二）对涉罪未成年在校学生适用附条件不起诉，应当最大限度减少对其学习、生活的影响

坚持最有利于未成年人健康成长原则，立足涉罪在校学生教育矫治和回归社会，应尽可能保障其正常学习和生活。在法律规定的办案期限内，检察机关可灵活掌握办案节奏和方式，利用假期和远程方式办案帮教，在心理疏导、隐私保护等方面提供充分保障，达到教育、管束和保护的有机统一。

（三）对于已确定的考验期限和考察帮教措施，经评估后认为不能适应教育矫治需求的，可以适时动态调整

对于在考验期中经历考试、升学、求职等角色转变的被附条件不起诉人，应当及时对考察帮教情况、效果进行评估，根据考察帮教的新情况和新变化，有针对性地调整考验期限和帮教措施，巩固提升帮教成效，促其早日顺利回归社会。考验期限和帮教措施在调整前，应当充分听取各方意见。

【相关规定】

《中华人民共和国刑法》(2023年修正)

第二百六十三条 以暴力、胁迫或者其他方法抢劫公私财物的，处三年以上十年以下有期徒刑，并处罚金；有下列情形之一的，处十年以上有期徒刑、无期徒刑或者死刑，并处罚金或者没收财产：

(一)入户抢劫的；

(二)在公共交通工具上抢劫的；

(三)抢劫银行或者其他金融机构的；

(四)多次抢劫或者抢劫数额巨大的；

(五)抢劫致人重伤、死亡的；

(六)冒充军警人员抢劫的；

(七)持枪抢劫的；

(八)抢劫军用物资或者抢险、救灾、救济物资的。

《中华人民共和国刑事诉讼法》(2018年修正)

第一百七十七条 犯罪嫌疑人没有犯罪事实，或者有本法第十六条规定的情形之一的，人民检察院应当作出不起诉决定。

对于犯罪情节轻微，依照刑法规定不需要判处刑罚或者免除刑罚的，人民检察院可以作出不起诉决定。

人民检察院决定不起诉的案件，应当同时对侦查中查封、扣押、冻结的财物解除查封、扣押、冻结。对被不起诉人需要给予行政处罚、处分或者需要没收其违法所得的，人民检察院应当提出检察意见，移送有关主管机关处理。有关主管机关应当将处理结果及时通知人民检察院。

第二百七十七条 对犯罪的未成年人实行教育、感化、挽救的方针，坚持教育为主、惩罚为辅的原则。

人民法院、人民检察院和公安机关办理未成年人刑事案件，应当保障未成年人行使其诉讼权利，保障未成年人得到法律帮助，并由熟悉未成年人身心特点的审判人员、检察人员、侦查人员承办。

第二百七十九条 公安机关、人民检察院、人民法院办理未成年人刑事案件，根据情况可以对未成年犯罪嫌疑人、被告人的成长经历、犯罪原因、监护教育等情况进行调查。

第二百八十二条　对于未成年人涉嫌刑法分则第四章、第五章、第六章规定的犯罪，可能判处一年有期徒刑以下刑罚，符合起诉条件，但有悔罪表现的，人民检察院可以作出附条件不起诉的决定。人民检察院在作出附条件不起诉的决定以前，应当听取公安机关、被害人的意见。

对附条件不起诉的决定，公安机关要求复议、提请复核或者被害人申诉的，适用本法第一百七十九条、第一百八十条的规定。

未成年犯罪嫌疑人及其法定代理人对人民检察院决定附条件不起诉有异议的，人民检察院应当作出起诉的决定。

第二百八十三条　在附条件不起诉的考验期内，由人民检察院对被附条件不起诉的未成年犯罪嫌疑人进行监督考察。未成年犯罪嫌疑人的监护人，应当对未成年犯罪嫌疑人加强管教，配合人民检察院做好监督考察工作。

附条件不起诉的考验期为六个月以上一年以下，从人民检察院作出附条件不起诉的决定之日起计算。

被附条件不起诉的未成年犯罪嫌疑人，应当遵守下列规定：

（一）遵守法律法规，服从监督；

（二）按照考察机关的规定报告自己的活动情况；

（三）离开所居住的市、县或者迁居，应当报经考察机关批准；

（四）按照考察机关的要求接受矫治和教育。

第二百八十四条　被附条件不起诉的未成年犯罪嫌疑人，在考验期内有下列情形之一的，人民检察院应当撤销附条件不起诉的决定，提起公诉：

（一）实施新的犯罪或者发现决定附条件不起诉以前还有其他犯罪需要追诉的；

（二）违反治安管理规定或者考察机关有关附条件不起诉的监督管理规定，情节严重的。

被附条件不起诉的未成年犯罪嫌疑人，在考验期内没有上述情形，考验期满的，人民检察院应当作出不起诉的决定。

《人民检察院刑事诉讼规则》(2019年施行)

第四百六十一条 人民检察院根据情况可以对未成年犯罪嫌疑人的成长经历、犯罪原因、监护教育等情况进行调查，并制作社会调查报告，作为办案和教育的参考。

人民检察院开展社会调查，可以委托有关组织和机构进行。开展社会调查应当尊重和保护未成年人隐私，不得向不知情人员泄露未成年犯罪嫌疑人的涉案信息。

人民检察院应当对公安机关移送的社会调查报告进行审查。必要时，可以进行补充调查。

人民检察院制作的社会调查报告应当随案移送人民法院。

第四百六十三条 对于罪行较轻，具备有效监护条件或者社会帮教措施，没有社会危险性或者社会危险性较小的未成年犯罪嫌疑人，应当不批准逮捕。

对于罪行比较严重，但主观恶性不大，有悔罪表现，具备有效监护条件或者社会帮教措施，具有下列情形之一，不逮捕不致发生社会危险性的未成年犯罪嫌疑人，可以不批准逮捕：

(一)初次犯罪、过失犯罪的；

(二)犯罪预备、中止、未遂的；

(三)防卫过当、避险过当的；

(四)有自首或者立功表现的；

(五)犯罪后认罪认罚，或者积极退赃，尽力减少和赔偿损失，被害人谅解的；

(六)不属于共同犯罪的主犯或者集团犯罪中的首要分子的；

(七)属于已满十四周岁不满十六周岁的未成年人或者系在校学生的；

(八)其他可以不批准逮捕的情形。

对于没有固定住所、无法提供保证人的未成年犯罪嫌疑人适用取保候审的，可以指定合适的成年人作为保证人。

第四百七十六条 人民检察院可以要求被附条件不起诉的未成年犯罪

嫌疑人接受下列矫治和教育：

（一）完成戒瘾治疗、心理辅导或者其他适当的处遇措施；

（二）向社区或者公益团体提供公益劳动；

（三）不得进入特定场所，与特定的人员会见或者通信，从事特定的活动；

（四）向被害人赔偿损失、赔礼道歉等；

（五）接受相关教育；

（六）遵守其他保护被害人安全以及预防再犯的禁止性规定。

第四百八十条　被附条件不起诉的未成年犯罪嫌疑人，在考验期内没有本规则第四百七十九条规定的情形，考验期满的，人民检察院应当作出不起诉的决定。

《人民检察院办理未成年人刑事案件的规定》

第二十九条　对于犯罪时已满十四周岁不满十八周岁的未成年人，同时符合下列条件的，人民检察院可以作出附条件不起诉决定：

（一）涉嫌刑法分则第四章、第五章、第六章规定的犯罪；

（二）根据具体犯罪事实、情节，可能被判处一年有期徒刑以下刑罚；

（三）犯罪事实清楚，证据确实、充分，符合起诉条件；

（四）具有悔罪表现。

第四十条　人民检察院决定附条件不起诉的，应当确定考验期。考验期为六个月以上一年以下，从人民检察院作出附条件不起诉的决定之日起计算。考验期不计入案件审查起诉期限。

考验期的长短应当与未成年犯罪嫌疑人所犯罪行的轻重、主观恶性的大小和人身危险性的大小、一贯表现及帮教条件等相适应，根据未成年犯罪嫌疑人在考验期的表现，可以在法定期限范围内适当缩短或者延长。

第四十一条　被附条件不起诉的未成年犯罪嫌疑人，应当遵守下列规定：

（一）遵守法律法规，服从监督；

（二）按照考察机关的规定报告自己的活动情况；

（三）离开所居住的市、县或者迁居，应当报经考察机关批准；

（四）按照考察机关的要求接受矫治和教育。

第四十二条 人民检察院可以要求被附条件不起诉的未成年犯罪嫌疑人接受下列矫治和教育：

（一）完成戒瘾治疗、心理辅导或者其他适当的处遇措施；

（二）向社区或者公益团体提供公益劳动；

（三）不得进入特定场所，与特定的人员会见或者通信，从事特定的活动；

（四）向被害人赔偿损失、赔礼道歉等；

（五）接受相关教育；

（六）遵守其他保护被害人安全以及预防再犯的禁止性规定。

第四十三条 在附条件不起诉的考验期内，人民检察院应当对被附条件不起诉的未成年犯罪嫌疑人进行监督考察。未成年犯罪嫌疑人的监护人应当对未成年犯罪嫌疑人加强管教，配合人民检察院做好监督考察工作。

人民检察院可以会同未成年犯罪嫌疑人的监护人、所在学校、单位、居住地的村民委员会、居民委员会、未成年人保护组织等的有关人员定期对未成年犯罪嫌疑人进行考察、教育，实施跟踪帮教。

《未成年人刑事检察工作指引（试行）》

第一百九十四条 附条件不起诉考验期为六个月以上一年以下，考验期的长短应当与未成年犯罪嫌疑人所犯罪行的性质、情节和主观恶性的大小相适应。可能判处的刑罚在六个月以下的，一般应当将考验期限确定为六个月；可能判处的刑罚在六个月以上的，可以参考未成年犯罪嫌疑人可能判处的刑期确定具体考察期限。

考验期从人民检察院作出附条件不起诉的决定之日起计算。考验期不计入审查起诉期限。

在考验期的前两个月要密切关注被附条件不起诉的未成年犯罪嫌疑人的表现，帮助、督促其改正不良行为，形成良好习惯。根据未成年犯罪嫌疑人在考验期内的表现和教育挽救的需要，人民检察院作出决定后可以在法定期限范围内适当缩短或延长考验期。

2. 庄某等人敲诈勒索案*

（检例第 104 号）

【关键词】

敲诈勒索　未成年人共同犯罪　附条件不起诉　个性化附带条件　精准帮教

【要旨】

检察机关对共同犯罪的未成年人适用附条件不起诉时，应当遵循精准帮教的要求对每名涉罪未成年人设置个性化附带条件。监督考察时，要根据涉罪未成年人回归社会的不同需求，督促制定所附条件执行的具体计划，分阶段评估帮教效果，发现问题及时调整帮教方案，提升精准帮教实效。

【基本案情】

被附条件不起诉人庄某，男，作案时 17 周岁，初中文化，在其父的印刷厂帮工。

被附条件不起诉人顾某，女，作案时 16 周岁，职业高中在读。

被附条件不起诉人常某，男，作案时 17 周岁，职业高中在读。

被附条件不起诉人章某，女，作案时 16 周岁，职业高中在读。

被附条件不起诉人汪某，女，作案时 17 周岁，职业高中在读。

2019 年 6 月 8 日，庄某因被害人焦某给其女友顾某发暧昧短信，遂与常某、章某、汪某及女友顾某共同商量向焦某索要钱财。顾某、章某、汪某先用微信把被害人约至某酒店，以顾某醉酒为由让被害人开房。进入房间后，章某和汪某借故离开，庄某和常某随即闯入，用言语威胁的手段逼迫焦某写下一万元的欠条，后实际获得五千元，用于共同观看球赛等消

* 案例选自最高人民检察院第二十七批指导性案例。

费。案发后，庄某等五人的家长在侦查阶段赔偿了被害人全部损失，均获得谅解。

【检察机关履职过程】

（一）开展补充社会调查和心理测评，找出每名未成年人需要矫正的“矫治点”，设置个性化附带条件

该案公安机关未提请批准逮捕，直接移送起诉。检察机关经审查认为，庄某等五人已涉嫌敲诈勒索罪，可能判处一年以下有期徒刑，均有悔罪表现，符合附条件不起诉条件，但前期所作社会调查不足以全面反映犯罪原因和需要矫正的关键点，故委托司法社工补充社会调查，并在征得各未成年犯罪嫌疑人及法定代理人同意后进行心理测评。经分析，五人具有法治观念淡薄、交友不当、家长失管失教等共性犯罪原因，同时各有特点：庄某因被父亲强行留在家庭小厂帮工而存在不满和抵触情绪；顾某因被过分宠溺而缺乏责任感，且沉迷网络游戏；汪某身陷网瘾；常某与单亲母亲长期关系紧张；章某因经常被父亲打骂心理创伤严重。据此，检察官和司法社工研究确定了五名未成年人具有共性特点的“矫治点”，包括认知偏差、行为偏差、不良“朋友”等，和每名未成年人个性化的“矫治点”，如庄某的不良情绪、章某的心理创伤等，据此对五人均设置共性化的附带条件：参加线上、线下法治教育以及行为认知矫正活动，记录学习感受；在司法社工指导下筛选出不良“朋友”并制定远离行动方案；参加每周一次的团体心理辅导。同时，设置个性化附带条件：庄某学习管理情绪的方法，定期参加专题心理辅导；顾某、汪某主动承担家务，定期参加公益劳动，逐渐递减网络游戏时间；常某在司法社工指导下逐步修复亲子关系；章某接受心理咨询师的创伤处理。检察机关综合考虑五名未成年人共同犯罪的事实、情节及需要矫正的问题，对五名未成年人均设置了六个月考验期，并在听取每名未成年人及法定代理人对附条件不起诉的意见时，就所附条件、考验期限等进行充分沟通、解释，要求法定代理人依法配合监督考察工作。在听取公安机关、被害人意见后，检察机关于 2019 年 10 月 9 日对五人作出

附条件不起诉决定。

（二）制定具体的帮教计划并及时评估帮教效果，调整帮教方法

在监督考察期间，检察官与司法社工共同制定了督促执行所附条件的具体帮教计划：帮教初期（第 1—3 周）注重训诫教育工作，且司法社工与被附条件不起诉人及法定代理人密切接触，增强信任度；帮教中期（第 4—9 周）通过法治教育、亲子关系修复、行为偏差矫正、团体心理辅导等多措并举，提升被附条件不起诉人法律意识，促使其不良行为转变；帮教后期（第 10—26 周）注重促使被附条件不起诉人逐步树立正确的人生观、价值观，自觉遵纪守法。每个阶段结束前通过心理测评、自评、他评等方式评估帮教效果，发现问题及时进行研判，调整帮教方法。比如，帮教初期发现庄某和章某对负责帮教的社工有一定的抵触情绪和回避、对抗行为，通过与司法社工机构共同评估双方信任度和匹配度后，及时更换社工。又如，针对章某在三次心理创伤处理后仍呈现易怒情绪，建议社工及时增加情绪管理能力培养的内容。再如，针对汪某远离不良“朋友”后亟须正面榜样力量引领的情况，联合团委确定大学生志愿者一对一结对引导。

（三）根据未成年人个体需求，协调借助相关社会资源提供帮助，促进回归社会

针对案发后学校打算劝退其中四人的情况，检察机关与教育局、学校沟通协调，确保四人不中断学业。根据五名被附条件不起诉人对就学就业的需求，检察机关积极协调教育部门为顾某、章某分别提供声乐、平面设计辅导，联系爱心企业为常某提供模型设计的实习机会，联系人力资源部门为庄某、汪某提供免费的职业培训，矫治干预与正向培养双管齐下。经过六个月考察帮教，五名被附条件不起诉人逐步摒弃不良行为，法治观念、守法意识增强，良好生活学习习惯开始养成。2020 年 4 月 9 日，检察机关综合五人考察期表现，均作出不起诉决定。目前，庄某已成为某西点店烘焙师，常某在模具企业学习模型设计，顾某、章某、汪某都实现了在大专院校理想专业学习的愿望。五个家庭也有较大改变，亲子关系融洽。

【指导意义】

（一）附条件不起诉设定的附带条件，应根据社会调查情况合理设置，具有个性化，体现针对性

检察机关办理附条件不起诉案件，应当坚持因案而异，根据社会调查情况，针对涉罪未成年人的具体犯罪原因和回归社会的具体需求等设置附带条件。对共同犯罪未成年人既要针对其共同存在的问题，又要考虑每名涉罪未成年人的实际情况，设定符合个体特点的附带条件并制定合理的帮教计划，做到“对症下药”，确保附条件不起诉制度教育矫治功能的实现。

（二）加强沟通，争取未成年犯罪嫌疑人及其法定代理人、学校的理解、配合和支持

检察机关应当就附带条件、考验期限等与未成年犯罪嫌疑人充分沟通，使其自觉遵守并切实执行。未成年犯罪嫌疑人的法定代理人和其所在学校是参与精准帮教的重要力量，检察机关应当通过释法说理、开展家庭教育指导等工作，与各方达成共识，形成帮教合力。

（三）加强对附带条件执行效果的动态监督，实现精准帮教

检察机关对于附条件不起诉所附带条件的执行要加强全程监督、指导，掌握落实情况，动态评估帮教效果，发现问题及时调整帮教方式和措施。为保证精准帮教目标的实现，可以联合其他社会机构、组织、爱心企业等共同开展帮教工作，帮助涉罪未成年人顺利回归社会。

【相关规定】

《中华人民共和国刑法》（2023 年修正）

第二百七十四条 敲诈勒索公私财物，数额较大或者多次敲诈勒索的，处三年以下有期徒刑、拘役或者管制，并处或者单处罚金；数额巨大或者有其他严重情节的，处三年以上十年以下有期徒刑，并处罚金；数额特别巨大或者有其他特别严重情节的，处十年以上有期徒刑，并处罚金。

《中华人民共和国刑事诉讼法》（2018 年修正）

第一百七十七条 犯罪嫌疑人没有犯罪事实，或者有本法第十六条规

定的情形之一的，人民检察院应当作出不起诉决定。

对于犯罪情节轻微，依照刑法规定不需要判处刑罚或者免除刑罚的，人民检察院可以作出不起诉决定。

人民检察院决定不起诉的案件，应当同时对侦查中查封、扣押、冻结的财物解除查封、扣押、冻结。对被不起诉人需要给予行政处罚、处分或者需要没收其违法所得的，人民检察院应当提出检察意见，移送有关主管机关处理。有关主管机关应当将处理结果及时通知人民检察院。

第二百八十二条 对于未成年人涉嫌刑法分则第四章、第五章、第六章规定的犯罪，可能判处一年有期徒刑以下刑罚，符合起诉条件，但有悔罪表现的，人民检察院可以作出附条件不起诉的决定。人民检察院在作出附条件不起诉的决定以前，应当听取公安机关、被害人的意见。

对附条件不起诉的决定，公安机关要求复议、提请复核或者被害人申诉的，适用本法第一百七十九条、第一百八十条的规定。

未成年犯罪嫌疑人及其法定代理人对人民检察院决定附条件不起诉有异议的，人民检察院应当作出起诉的决定。

第二百八十三条 在附条件不起诉的考验期内，由人民检察院对被附条件不起诉的未成年犯罪嫌疑人进行监督考察。未成年犯罪嫌疑人的监护人，应当对未成年犯罪嫌疑人加强管教，配合人民检察院做好监督考察工作。

附条件不起诉的考验期为六个月以上一年以下，从人民检察院作出附条件不起诉的决定之日起计算。

被附条件不起诉的未成年犯罪嫌疑人，应当遵守下列规定：

（一）遵守法律法规，服从监督；

（二）按照考察机关的规定报告自己的活动情况；

（三）离开所居住的市、县或者迁居，应当报经考察机关批准；

（四）按照考察机关的要求接受矫治和教育。

第二百八十四条 被附条件不起诉的未成年犯罪嫌疑人，在考验期内有下列情形之一的，人民检察院应当撤销附条件不起诉的决定，提起公诉：

（一）实施新的犯罪或者发现决定附条件不起诉以前还有其他犯罪需要

追诉的；

（二）违反治安管理规定或者考察机关有关附条件不起诉的监督管理规定，情节严重的。

被附条件不起诉的未成年犯罪嫌疑人，在考验期内没有上述情形，考验期满的，人民检察院应当作出不起诉的决定。

第二百八十六条 犯罪的时候不满十八周岁，被判处五年有期徒刑以下刑罚的，应当对相关犯罪记录予以封存。

犯罪记录被封存的，不得向任何单位和个人提供，但司法机关为办案需要或者有关单位根据国家规定进行查询的除外。依法进行查询的单位，应当对被封存的犯罪记录的情况予以保密。

《人民检察院刑事诉讼规则》（2019 年施行）

第四百六十一条 人民检察院根据情况可以对未成年犯罪嫌疑人的成长经历、犯罪原因、监护教育等情况进行调查，并制作社会调查报告，作为办案和教育的参考。

人民检察院开展社会调查，可以委托有关组织和机构进行。开展社会调查应当尊重和保护未成年人隐私，不得向不知情人员泄露未成年犯罪嫌疑人的涉案信息。

人民检察院应当对公安机关移送的社会调查报告进行审查。必要时，可以进行补充调查。

人民检察院制作的社会调查报告应当随案移送人民法院。

第四百七十六条 人民检察院可以要求被附条件不起诉的未成年犯罪嫌疑人接受下列矫治和教育：

（一）完成戒瘾治疗、心理辅导或者其他适当的处遇措施；

（二）向社区或者公益团体提供公益劳动；

（三）不得进入特定场所，与特定的人员会见或者通信，从事特定的活动；

（四）向被害人赔偿损失、赔礼道歉等；

（五）接受相关教育；

（六）遵守其他保护被害人安全以及预防再犯的禁止性规定。

第四百八十条　被附条件不起诉的未成年犯罪嫌疑人，在考验期内没有本规则第四百七十九条规定的情形，考验期满的，人民检察院应当作出不起诉的决定。

《人民检察院办理未成年人刑事案件的规定》

第四十二条　人民检察院可以要求被附条件不起诉的未成年犯罪嫌疑人接受下列矫治和教育：

（一）完成戒瘾治疗、心理辅导或者其他适当的处遇措施；

（二）向社区或者公益团体提供公益劳动；

（三）不得进入特定场所，与特定的人员会见或者通信，从事特定的活动；

（四）向被害人赔偿损失、赔礼道歉等；

（五）接受相关教育；

（六）遵守其他保护被害人安全以及预防再犯的禁止性规定。

第四十三条　在附条件不起诉的考验期内，人民检察院应当对被附条件不起诉的未成年犯罪嫌疑人进行监督考察。未成年犯罪嫌疑人的监护人应当对未成年犯罪嫌疑人加强管教，配合人民检察院做好监督考察工作。

人民检察院可以会同未成年犯罪嫌疑人的监护人、所在学校、单位、居住地的村民委员会、居民委员会、未成年人保护组织等的有关人员定期对未成年犯罪嫌疑人进行考察、教育，实施跟踪帮教。

《未成年人刑事检察工作指引（试行）》

第三十一条　人民检察院对于公安机关移送审查起诉的未成年人刑事案件，未随案移送社会调查报告及其附属材料，经发函督促七日内仍不补充移送的；或者随案移送的社会调查报告不完整，需要补充调查的；或者人民检察院认为应当进行社会调查的，可以进行调查或补充调查。

第一百八十一条　对于符合以下条件的案件，人民检察院可以作出附条件不起诉的决定：

（一）犯罪嫌疑人实施犯罪行为时系未成年人的；

（二）涉嫌刑法分则第四章、第五章、第六章规定的犯罪的；

（三）可能被判处一年有期徒刑以下刑罚的；

（四）犯罪事实清楚，证据确实、充分，符合起诉条件的；

（五）犯罪嫌疑人具有悔罪表现的。

人民检察院可以参照《最高人民法院关于常见犯罪的量刑指导意见》并综合考虑全案情况和量刑情节，衡量是否“可能判处一年有期徒刑以下刑罚”。

具有下列情形之一的，一般认为具有悔罪表现：

（一）犯罪嫌疑人认罪认罚的；

（二）向被害人赔礼道歉、积极退赃、尽力减少或者赔偿损失的；

（三）取得被害人谅解的；

（四）具有自首或者立功表现的；

（五）犯罪中止的；

（六）其他具有悔罪表现的情形。

对于符合附条件不起诉条件，实施犯罪行为时未满十八周岁，但诉讼时已成年的犯罪嫌疑人，人民检察院可以作出附条件不起诉决定。

第一百九十四条 附条件不起诉考验期为六个月以上一年以下，考验期的长短应当与未成年犯罪嫌疑人所犯罪行的性质、情节和主观恶性的大小相适应。可能判处的刑罚在六个月以下的，一般应当将考验期限确定为六个月；可能判处的刑罚在六个月以上的，可以参考未成年犯罪嫌疑人可能判处的刑期确定具体考察期限。

考验期从人民检察院作出附条件不起诉的决定之日起计算。考验期不计入审查起诉期限。

在考验期的前两个月要密切关注被附条件不起诉的未成年犯罪嫌疑人的表现，帮助、督促其改正不良行为，形成良好习惯。根据未成年犯罪嫌疑人在考验期内的表现和教育挽救的需要，人民检察院作出决定后可以在法定期限范围内适当缩短或延长考验期。

第一百九十五条 人民检察院对被附条件不起诉的未成年犯罪嫌疑人

应当附下列条件：

（一）遵守法律法规，服从监督；

（二）按照考察机关的规定报告自己的活动情况；

（三）离开所居住的市、区（县）或者迁居，应当报经考察机关批准；

（四）按照考察机关的要求接受矫治和教育。

前款第四项“按照考察机关的要求接受矫治和教育”包括以下内容：

（一）完成戒瘾治疗、心理辅导或者其他适当的处遇措施；

（二）向社区或者公益团体提供公益劳动；

（三）不得进入特定场所、与特定的人员会见或者通信、从事特定的活动；

（四）向被害人赔偿损失、赔礼道歉等；

（五）接受相关教育；

（六）遵守其他保护被害人安全以及预防再犯的禁止性规定。

所附条件应当有针对性，注意考虑未成年犯罪嫌疑人的特殊需求，尤其避免对其就学、就业和正常生活造成负面影响。

第一百九十六条　在附条件不起诉的考验期内，人民检察院应当对被附条件不起诉的未成年犯罪嫌疑人进行监督考察。监督未成年犯罪嫌疑人履行义务、接受帮教的情况，并督促未成年犯罪嫌疑人的监护人对未成年犯罪嫌疑人加强管教，配合人民检察院做好监督考察工作。

人民检察院可以会同司法社工、社会观护基地、公益组织或者未成年犯罪嫌疑人所在学校、单位、居住地的村民委员会、居民委员会、未成年人保护组织等相关机构成立考察帮教小组，明确分工及职责，定期进行考察、教育，实施跟踪帮教。

考察帮教小组应当为考察对象制作个人帮教档案，对考察帮教活动情况及时、如实、全面记录，并在考察期届满后三个工作日内对考察对象进行综合评定，出具书面报告。

3. 李某诈骗、传授犯罪方法牛某等人诈骗案*
（检例第 105 号）

【关键词】

涉嫌数罪　听证　认罪认罚从宽　附条件不起诉　家庭教育指导　社会支持

【要旨】

对于一人犯数罪符合起诉条件，但根据其认罪认罚等情况，可能判处一年有期徒刑以下刑罚的，检察机关可以依法适用附条件不起诉。对于涉罪未成年人存在家庭教育缺位或者不当问题的，应当突出加强家庭教育指导，因案因人进行精准帮教。通过个案办理和法律监督，积极推进社会支持体系建设。

【基本案情】

被附条件不起诉人李某，男，作案时 16 周岁，高中学生。

被附条件不起诉人牛某，男，作案时 17 周岁，高中学生。

被附条件不起诉人黄某，男，作案时 17 周岁，高中学生。

被附条件不起诉人关某，男，作案时 16 周岁，高中学生。

被附条件不起诉人包某，男，作案时 17 周岁，高中学生。

2018 年 11 月至 2019 年 3 月，李某利用某电商超市 7 天无理由退货规则，多次在某电商超市网购香皂、洗发水、方便面等日用商品，收到商品后上传虚假退货快递单号，骗取某电商超市退回购物款累计 8445.53 元。后李某将此犯罪方法先后传授给牛某、黄某、关某、包某，并收取 1200 元

* 案例选自最高人民检察院第二十七批指导性案例。

"传授费用"。得知这一方法的牛某、黄某、关某、包某以此方法各自骗取某电商超市15598.86元、8925.19元、6617.71元、6206.73元。

涉案五人虽不是共同犯罪，但犯罪对象和犯罪手段相同，案件之间存在关联，为便于查明案件事实和保障诉讼顺利进行，公安机关采纳检察机关建议，对五人依法并案处理。

【检察机关履职过程】

（一）适用认罪认罚从宽制度，发挥惩教结合优势

审查逮捕期间，检察机关依法分别告知五名未成年犯罪嫌疑人及其法定代理人认罪认罚从宽制度的法律规定，促其认罪认罚。五名犯罪嫌疑人均表达了认罪认罚的意愿，并主动退赃，取得了被害方某电商超市的谅解。检察机关认为五人虽利用网络实施诈骗，但并非针对不特定多数人，系普通诈骗犯罪，且主观恶性不大，犯罪情节较轻，无逮捕必要，加上五人均面临高考，因而依法作出不批准逮捕决定。审查起诉阶段，检察机关通知派驻检察院的值班律师向五人及其法定代理人提供法律帮助，并根据五人犯罪情节，认罪悔罪态度，认为符合附条件不起诉条件，提出适用附条件不起诉的意见，将帮教方案和附带条件作为具结书的内容一并签署。

（二）召开不公开听证会，依法决定附条件不起诉

司法实践中，对犯数罪可否适用附条件不起诉，因缺乏明确的法律规定而很少适用。本案中，李某虽涉嫌诈骗和传授犯罪方法两罪，但综合全案事实、社会调查情况以及犯罪后表现，依据有关量刑指导意见，李某的综合刑期应在一年以下有期徒刑，对其适用附条件不起诉制度，有利于顺利进行特殊预防、教育改造。为此，检察机关专门针对李某涉嫌数罪是否可以适用附条件不起诉召开不公开听证会，邀请了未成年犯管教干部、少年审判法官、律师、心理咨询师、公益组织负责人等担任听证员。经听证评议，听证员一致认为应对李某作附条件不起诉，以最大限度促进其改恶向善、回归正途。通过听证，李某认识到自己行为的严重性，李某父母认识到家庭教育中存在的问题，参加听证的各方面代表达成了协同帮教意向。

2019 年 12 月 23 日，检察机关对李某等五人依法作出附条件不起诉决定，考验期为六个月。

（三）开展家庭教育指导，因人施策精准帮教

针对家庭责任缺位导致五人对法律缺乏认知与敬畏的共性问题，检察官会同司法社工开展了家庭教育指导，要求五人及其法定代理人在监督考察期间定期与心理咨询师沟通、与检察官和司法社工面谈，并分享法律故事、参加预防违法犯罪宣讲活动。同时，针对五人各自特点分别设置了个性化附带条件：鉴于李某父母疏于管教，亲子关系紧张，特别安排追寻家族故事、追忆成长历程以增强家庭认同感和责任感，修复家庭关系；鉴于包某性格内向无主见、极易被误导，安排其参加“您好陌生人”志愿服务队，以走上街头送爱心的方式锻炼与陌生人的沟通能力，同时对其进行“朋辈群体干扰场景模拟”小组训练，通过场景模拟，帮助其向不合理要求勇敢说“不”；鉴于黄某因达不到父母所盼而缺乏自信，鼓励其发挥特长，担任禁毒教育、网络安全等普法活动主持人，使其在学习法律知识的同时，增强个人荣誉感和家庭认同感；鉴于牛某因单亲家庭而自卑，带领其参加照料空巢老人、探访留守儿童等志愿活动，通过培养同理心增强自我认同，实现“爱人以自爱”；鉴于关某沉迷网络游戏挥霍消费，督促其担任家庭记账员，激发其责任意识克制网瘾，养成良好习惯。

（四）联合各类帮教资源，构建社会支持体系

案件办理过程中，引入司法社工全流程参与精准帮教。检察机关充分发挥“3+1”（检察院、未管所、社会组织和涉罪未成年人）帮教工作平台优势，并结合法治进校园“百千万工程”，联合团委、妇联、教育局共同组建“手拉手法治宣讲团”，要求五人及法定代理人定期参加法治教育讲座。检察机关还与辖区内广播电台、敬老院、图书馆、爱心企业签订观护帮教协议，组织五人及法定代理人接受和参与优秀传统文化教育或实践。2020 年 6 月 22 日，检察机关根据五人在附条件不起诉考察期间的表现，均作出不起诉决定。五人在随后的高考中全部考上大学。

【指导意义】

（一）办理未成年人犯罪案件，对于涉嫌数罪但认罪认罚，可能判处一年有期徒刑以下刑罚的，也可以适用附条件不起诉

检察机关应当根据涉罪未成年人的犯罪行为性质、情节、后果，并结合犯罪原因、犯罪前后的表现等，综合评估可能判处的刑罚。“一年有期徒刑以下刑罚”是指将犯罪嫌疑人交付审判，法院对其可能判处的刑罚。目前刑法规定的量刑幅度均是以成年人犯罪为基准设计，检察机关对涉罪未成年人刑罚的预估要充分考虑“教育、感化、挽救”的需要及其量刑方面的特殊性。对于既可以附条件不起诉也可以起诉的，应当优先适用附条件不起诉。存在数罪情形时，要全面综合考量犯罪事实、性质和情节以及认罪认罚等情况，认为并罚后其刑期仍可能为一年有期徒刑以下刑罚的，可以依法适用附条件不起诉，以充分发挥附条件不起诉制度的特殊功能，促使涉罪未成年人及早摆脱致罪因素，顺利回归社会。

（二）加强家庭教育指导，提升考察帮教效果

未成年人犯罪原因往往关联家庭，预防涉罪未成年人再犯，同样需要家长配合。检察机关在办理附条件不起诉案件中，不仅要做好对涉罪未成年人自身的考察帮教，还要通过家庭教育指导，争取家长的信任理解，引导家长转变家庭教育方式，自愿配合监督考察，及时解决问题少年背后的家庭问题，让涉罪未成年人知法悔过的同时，在重温亲情中获取自新力量，真正实现矫治教育预期目的。

（三）依托个案办理整合帮教资源，推动未成年人检察工作社会支持体系建设

检察机关办理未成年人犯罪案件，要在社会调查、人格甄别、认罪教育、不公开听证、监督考察、跟踪帮教等各个环节，及时引入司法社工、心理咨询师等各种专门力量，积极与教育、民政、团委、妇联、关工委等各方联合，依托党委、政府牵头搭建的多元化协作平台，做到专业化办案与社会化支持相结合，最大限度地实现对涉罪未成年人的教育、感化和挽救。

【相关规定】

《中华人民共和国刑法》（2023 年修正）

第二百六十六条 诈骗公私财物，数额较大的，处三年以下有期徒刑、拘役或者管制，并处或者单处罚金；数额巨大或者有其他严重情节的，处三年以上十年以下有期徒刑，并处罚金；数额特别巨大或者有其他特别严重情节的，处十年以上有期徒刑或者无期徒刑，并处罚金或者没收财产。本法另有规定的，依照规定。

第二百九十五条 传授犯罪方法的，处五年以下有期徒刑、拘役或者管制；情节严重的，处五年以上十年以下有期徒刑；情节特别严重的，处十年以上有期徒刑或者无期徒刑。

《中华人民共和国刑事诉讼法》（2018 年修正）

第一百七十三条 人民检察院审查案件，应当讯问犯罪嫌疑人，听取辩护人或者值班律师、被害人及其诉讼代理人的意见，并记录在案。辩护人或者值班律师、被害人及其诉讼代理人提出书面意见的，应当附卷。

犯罪嫌疑人认罪认罚的，人民检察院应当告知其享有的诉讼权利和认罪认罚的法律规定，听取犯罪嫌疑人、辩护人或者值班律师、被害人及其诉讼代理人对下列事项的意见，并记录在案：

（一）涉嫌的犯罪事实、罪名及适用的法律规定；

（二）从轻、减轻或者免除处罚等从宽处罚的建议；

（三）认罪认罚后案件审理适用的程序；

（四）其他需要听取意见的事项。

人民检察院依照前两款规定听取值班律师意见的，应当提前为值班律师了解案件有关情况提供必要的便利。

第二百七十七条 对犯罪的未成年人实行教育、感化、挽救的方针，坚持教育为主、惩罚为辅的原则。

人民法院、人民检察院和公安机关办理未成年人刑事案件，应当保障未成年人行使其诉讼权利，保障未成年人得到法律帮助，并由熟悉未成年人身心特点的审判人员、检察人员、侦查人员承办。

第二百八十二条　对于未成年人涉嫌刑法分则第四章、第五章、第六章规定的犯罪，可能判处一年有期徒刑以下刑罚，符合起诉条件，但有悔罪表现的，人民检察院可以作出附条件不起诉的决定。人民检察院在作出附条件不起诉的决定以前，应当听取公安机关、被害人的意见。

对附条件不起诉的决定，公安机关要求复议、提请复核或者被害人申诉的，适用本法第一百七十九条、第一百八十条的规定。

未成年犯罪嫌疑人及其法定代理人对人民检察院决定附条件不起诉有异议的，人民检察院应当作出起诉的决定。

《人民检察院刑事诉讼规则》（2019年施行）

第十八条　人民检察院办理直接受理侦查的案件涉及公安机关管辖的刑事案件，应当将属于公安机关管辖的刑事案件移送公安机关。如果涉嫌的主罪属于公安机关管辖，由公安机关为主侦查，人民检察院予以配合；如果涉嫌的主罪属于人民检察院管辖，由人民检察院为主侦查，公安机关予以配合。

对于一人犯数罪、共同犯罪、共同犯罪的犯罪嫌疑人还实施其他犯罪、多个犯罪嫌疑人实施的犯罪存在关联，并案处理有利于查明案件事实和诉讼进行的，人民检察院可以在职责范围内对相关犯罪案件并案处理。

第四百五十七条　人民检察院办理未成年人刑事案件，应当贯彻“教育、感化、挽救”方针和“教育为主、惩罚为辅”的原则，坚持优先保护、特殊保护、双向保护，以帮助教育和预防重新犯罪为目的。

人民检察院可以借助社会力量开展帮助教育未成年人的工作。

第四百六十三条　对于罪行较轻，具备有效监护条件或者社会帮教措施，没有社会危险性或者社会危险性较小的未成年犯罪嫌疑人，应当不批准逮捕。

对于罪行比较严重，但主观恶性不大，有悔罪表现，具备有效监护条件或者社会帮教措施，具有下列情形之一，不逮捕不致发生社会危险性的未成年犯罪嫌疑人，可以不批准逮捕：

（一）初次犯罪、过失犯罪的；

（二）犯罪预备、中止、未遂的；

（三）防卫过当、避险过当的；

（四）有自首或者立功表现的；

（五）犯罪后认罪认罚，或者积极退赃，尽力减少和赔偿损失，被害人谅解的；

（六）不属于共同犯罪的主犯或者集团犯罪中的首要分子的；

（七）属于已满十四周岁不满十六周岁的未成年人或者系在校学生的；

（八）其他可以不批准逮捕的情形。

对于没有固定住所、无法提供保证人的未成年犯罪嫌疑人适用取保候审的，可以指定合适的成年人作为保证人。

第四百八十条 被附条件不起诉的未成年犯罪嫌疑人，在考验期内没有本规则第四百七十九条规定的情形，考验期满的，人民检察院应当作出不起诉的决定。

《未成年人刑事检察工作指引（试行）》

第一百七十七条 人民检察院对于社会影响较大或者争议较大的案件，在作出相对不起诉决定前，可以邀请侦查人员、未成年犯罪嫌疑人及其法定代理人、合适成年人、辩护人、被害人及其法定代理人、诉讼代理人、社会调查员、帮教人员等，召开不起诉听证会，充分听取各方的意见和理由，并制作听证笔录，由参与人员签字确认。

不起诉听证会应当不公开进行。人民检察院应当告知参与人员不得泄露涉案信息，注意保护未成年人的隐私。

第一百八十八条 对于公安机关或者被害人对附条件不起诉有异议，或者案件本身争议、社会影响较大等，人民检察院可以举行不公开听证会。具体要求参照本指引第一百七十七条。

《关于适用认罪认罚从宽制度的指导意见》

19. 社会危险性评估。人民法院、人民检察院、公安机关应当将犯罪嫌疑人、被告人认罪认罚作为其是否具有社会危险性的重要考虑因素。对于罪行较轻、采用非羁押性强制措施足以防止发生刑事诉讼法第八十一条第一款规定的社会危险性的犯罪嫌疑人、被告人，根据犯罪性质及可能判处的刑罚，依法可不适用羁押性强制措施。

23. 认罪教育。公安机关在侦查阶段应当同步开展认罪教育工作，但不得强迫犯罪嫌疑人认罪，不得作出具体的从宽承诺。犯罪嫌疑人自愿认罪，愿意接受司法机关处罚的，应当记录在案并附卷。

26. 权利告知。案件移送审查起诉后，人民检察院应当告知犯罪嫌疑人享有的诉讼权利和认罪认罚的法律规定，保障犯罪嫌疑人的程序选择权。告知应当采取书面形式，必要时应当充分释明。

27. 听取意见。犯罪嫌疑人认罪认罚的，人民检察院应当就下列事项听取犯罪嫌疑人、辩护人或者值班律师的意见，记录在案并附卷：

（一）涉嫌的犯罪事实、罪名及适用的法律规定；

（二）从轻、减轻或者免除处罚等从宽处罚的建议；

（三）认罪认罚后案件审理适用的程序；

（四）其他需要听取意见的情形。

人民检察院未采纳辩护人、值班律师意见的，应当说明理由。

28. 自愿性、合法性审查。对侦查阶段认罪认罚的案件，人民检察院应当重点审查以下内容：

（一）犯罪嫌疑人是否自愿认罪认罚，有无因受到暴力、威胁、引诱而违背意愿认罪认罚；

（二）犯罪嫌疑人认罪认罚时的认知能力和精神状态是否正常；

（三）犯罪嫌疑人是否理解认罪认罚的性质和可能导致的法律后果；

（四）侦查机关是否告知犯罪嫌疑人享有的诉讼权利，如实供述自己罪行可以从宽处理和认罪认罚的法律规定，并听取意见；

（五）起诉意见书中是否写明犯罪嫌疑人认罪认罚情况；

（六）犯罪嫌疑人是否真诚悔罪，是否向被害人赔礼道歉。

经审查，犯罪嫌疑人违背意愿认罪认罚的，人民检察院可以重新开展认罪认罚工作。存在刑讯逼供等非法取证行为的，依照法律规定处理。

29. 证据开示。人民检察院可以针对案件具体情况，探索证据开示制度，保障犯罪嫌疑人的知情权和认罪认罚的真实性及自愿性。

30. 不起诉的适用。完善起诉裁量权，充分发挥不起诉的审前分流和过滤作用，逐步扩大相对不起诉在认罪认罚案件中的适用。对认罪认罚后没有争议，不需要判处刑罚的轻微刑事案件，人民检察院可以依法作出不起诉决定。人民检察院应当加强对案件量刑的预判，对其中可能判处免刑的轻微刑事案件，可以依法作出不起诉决定。

对认罪认罚后案件事实不清、证据不足的案件，应当依法作出不起诉决定。

31. 签署具结书。犯罪嫌疑人自愿认罪，同意量刑建议和程序适用的，应当在辩护人或者值班律师在场的情况下签署认罪认罚具结书。犯罪嫌疑人被羁押的，看守所应当为签署具结书提供场所。具结书应当包括犯罪嫌疑人如实供述罪行、同意量刑建议、程序适用等内容，由犯罪嫌疑人、辩护人或者值班律师签名。

犯罪嫌疑人认罪认罚，有下列情形之一的，不需要签署认罪认罚具结书：

（一）犯罪嫌疑人是盲、聋、哑人，或者是尚未完全丧失辨认或者控制自己行为能力的精神病人的；

（二）未成年犯罪嫌疑人的法定代理人、辩护人对未成年人认罪认罚有异议的；

（三）其他不需要签署认罪认罚具结书的情形。

上述情形犯罪嫌疑人未签署认罪认罚具结书的，不影响认罪认罚从宽制度的适用。

4. 牛某非法拘禁案*

（检例第 106 号）

【关键词】

非法拘禁　共同犯罪　补充社会调查　附条件不起诉　异地考察帮教

【要旨】

检察机关对于公安机关移送的社会调查报告应当认真审查，报告内容不能全面反映未成年人成长经历、犯罪原因、监护教育等情况的，可以商请公安机关补充调查，也可以自行或者委托其他有关组织、机构补充调查。对实施犯罪行为时系未成年人但诉讼过程中已满十八周岁的犯罪嫌疑人，符合条件的，可以适用附条件不起诉。对于外地户籍未成年犯罪嫌疑人，办案检察机关可以委托未成年人户籍所在地检察机关开展异地协作考察帮教，两地检察机关要各司其职，密切配合，确保帮教取得实效。

【基本案情】

被附条件不起诉人牛某，女，作案时 17 周岁，初中文化，无业。

2015 年年初，牛某初中三年级辍学后打工，其间，经人介绍加入某传销组织，后随该组织到某市进行传销活动。2016 年 4 月 21 日，被害人瞿某（男，成年人）被其女友卢某（另案处理）骗至该传销组织。4 月 24 日上午，瞿某在听课过程中发现自己进入的是传销组织，便要求卢某与其一同离开。乔某（传销组织负责人，到案前因意外事故死亡）得知情况后，安排牛某与卢某、孙某（另案处理）等人进行阻拦。次日上午，瞿某再次开门欲离开时，在乔某指使下，牛某积极参与对被害人瞿某实施堵门、言语威胁等行为，程某（另案处理）等人在客厅内以打牌名义进行看管。15 时许，瞿

* 案例选自最高人民检察院第二十七批指导性案例。

某在其被拘禁的四楼房间窗户前探身欲呼救时不慎坠至一楼，经法医鉴定，瞿某为重伤二级。

因该案系八名成年人与一名未成年人共同犯罪，公安机关进行分案办理。八名成年人除乔某已死亡外，均被提起公诉，人民法院以非法拘禁罪分别判处被告人有期徒刑一年至三年不等。

【检察机关履职过程】

（一）依法对牛某作出不批准逮捕决定

公安机关对未成年犯罪嫌疑人牛某提请批准逮捕后，检察机关依法讯问牛某，听取其法定代理人、辩护人及被害人的意见。经审查，检察机关认为牛某因被骗加入传销组织后，虽积极参与实施了非法拘禁致被害人重伤的共同犯罪行为，已构成非法拘禁罪，但其在犯罪中起次要作用，且归案后供述稳定，认罪悔罪态度好，愿意尽力赔偿被害人经济损失，采取取保候审足以防止社会危险性的发生，依法对牛某作出不批准逮捕决定，并联合司法社工、家庭教育专家、心理咨询师及其法定代理人组成帮教小组，建立微信群，开展法治教育、心理疏导、就业指导等，预防其再犯。同时，商公安机关对牛某的成长经历、家庭情况、犯罪原因等进行社会调查。

（二）开展补充社会调查

案件移送起诉后，检察机关审查认为，随案移送的社会调查报告不够全面细致。为进一步查明牛某犯罪原因、犯罪后表现等情况，检察机关遂列出详细的社会调查提纲，并通过牛某户籍所在地检察机关委托当地公安机关对牛某的成长经历、犯罪原因、平时表现、社会交往、家庭监护条件、取保候审期间的表现等进行补充社会调查。调查人员通过走访牛某父母、邻居、村委会干部及打工期间的同事了解到，牛某家庭成员共五人，家庭关系融洽，母亲常年在外打工，父亲在家务农，牛某平时表现良好，服从父母管教，村委会愿意协助家庭对其开展帮教。取保候审期间，牛某在一家烧烤店打工，同事评价良好。综合上述情况，检察机关认为牛某能够被社会接纳，具备社会化帮教条件。

（三）促成与被害人和解

本案成年被告人赔偿后，被害人瞿某要求牛某赔偿五万元医药费。牛某及家人虽有赔偿意愿，但因家庭经济困难，无法一次性支付赔偿款。检察机关向被害人详细说明牛某和家人的诚意及困难，并提出先支付部分现金，剩余分期还款的赔偿方案，引导双方减少分歧。经做工作，牛某与被害人接受了检察机关的建议，牛某当面向被害人赔礼道歉，并支付现金两万元，剩余三万元承诺按月还款，两年内付清，被害人为牛某出具了谅解书。

（四）召开听证会，依法作出附条件不起诉决定

鉴于本案涉及传销，造成被害人重伤，社会关注度较高，且牛某在诉讼过程中已满十八周岁，对是否适宜作附条件不起诉存在不同认识，检察机关举行不公开听证会，牛某及其法定代理人、辩护人和侦查人员、帮教人员等参加。听证人员结合具体案情、法律规定和现场提问情况发表意见，一致赞同对牛某附条件不起诉。2018 年 5 月 16 日，检察机关依法对牛某作出附条件不起诉决定。综合考虑其一贯表现和犯罪性质、情节、后果、认罪悔罪表现及尚未完全履行赔偿义务等因素，参考同案人员判决情况以及其被起诉后可能判处的刑期，确定考验期为一年。

（五）开展异地协作考察帮教

鉴于牛某及其家人请求回户籍地接受帮教，办案检察机关决定委托牛某户籍地检察机关开展异地考察帮教，并指派承办检察官专程前往牛某户籍地检察机关进行工作衔接。牛某户籍地检察机关牵头成立了由检察官、司法社工、法定代理人等组成的帮教小组，根据所附条件共同制定帮助牛某提升法律意识和辨别是非能力、树立正确消费观、提高就业技能等方面的个性化帮教方案，要求牛某按照方案内容接受当地检察机关的帮教，定期向帮教检察官汇报思想、生活状况，根据协议按时、足额将赔偿款汇到被害人账户。办案检察机关定期与当地检察机关帮教小组联系，及时掌握对牛某的考察帮教情况。牛某认真接受帮教，并提前还清赔偿款。考验期满，检察机关综合牛某表现，依法作出不起诉决定。经回访，目前牛某工作稳定，各方面表现良好，生活已经走上正轨。

【指导意义】

（一）办理附条件不起诉案件，应当进行社会调查，社会调查报告内容不完整的，应当补充开展社会调查

社会调查报告是检察机关认定未成年犯罪嫌疑人主观恶性大小、是否适合作附条件不起诉以及附什么样的条件、如何制定具体的帮教方案等的重要参考。社会调查报告的内容主要包括涉罪未成年人个人基本情况、家庭情况、成长经历、社会生活状况、犯罪原因、犯罪前后表现、是否具备有效监护条件、社会帮教条件等，应具有个性化和针对性。公安机关、人民检察院、人民法院办理未成年人刑事案件，根据法律规定和案件情况可以进行社会调查。公安机关侦查未成年人犯罪案件，检察机关可以商请公安机关进行社会调查。认为公安机关随案移送的社会调查报告内容不完整、不全面的，可以商请公安机关补充进行社会调查，也可以自行补充开展社会调查。

（二）对于犯罪时系未成年人但诉讼过程中已满十八周岁的犯罪嫌疑人，可以适用附条件不起诉

刑事诉讼法第二百八十二条规定，对于涉嫌刑法分则第四章、第五章、第六章规定的犯罪，可能判处一年有期徒刑以下刑罚，符合起诉条件，但有悔罪表现的未成年人刑事案件，可以作出附条件不起诉决定。未成年人刑事案件是指犯罪嫌疑人实施犯罪时系未成年人的案件。对于实施犯罪行为时未满十八周岁，但诉讼中已经成年的犯罪嫌疑人，符合适用附条件不起诉案件条件的，人民检察院可以作出附条件不起诉决定。

（三）对外地户籍未成年人，可以开展异地协作考察帮教，确保帮教效果

被附条件不起诉人户籍地或经常居住地与办案检察机关属于不同地区，被附条件不起诉人希望返回户籍地或经常居住地生活工作的，办案检察机关可以委托其户籍地或经常居住地检察机关协助进行考察帮教，户籍地或经常居住地检察机关应当予以支持。两地检察机关应当根据被附条件不起诉人的具体情况，共同制定有针对性的帮教方案并积极沟通协作。当地检

察机关履行具体考察帮教职责，重点关注未成年人行踪轨迹、人际交往、思想动态等情况，定期走访被附条件不起诉人的法定代理人以及所在社区、单位，并将考察帮教情况及时反馈办案检察机关。办案检察机关应当根据考察帮教需要提供协助。考验期届满前，当地检察机关应当出具被附条件不起诉人考察帮教情况总结报告，作为办案检察机关对被附条件不起诉人是否作出不起诉决定的重要依据。

【相关规定】

《中华人民共和国刑法》（2023年修正）

第二百三十八条　非法拘禁他人或者以其他方法非法剥夺他人人身自由的，处三年以下有期徒刑、拘役、管制或者剥夺政治权利。具有殴打、侮辱情节的，从重处罚。

犯前款罪，致人重伤的，处三年以上十年以下有期徒刑；致人死亡的，处十年以上有期徒刑。使用暴力致人伤残、死亡的，依照本法第二百三十四条、第二百三十二条的规定定罪处罚。

为索取债务非法扣押、拘禁他人的，依照前两款的规定处罚。

国家机关工作人员利用职权犯前三款罪的，依照前三款的规定从重处罚。

《中华人民共和国刑事诉讼法》（2018年修正）

第二百七十九条　公安机关、人民检察院、人民法院办理未成年人刑事案件，根据情况可以对未成年犯罪嫌疑人、被告人的成长经历、犯罪原因、监护教育等情况进行调查。

第二百八十二条　对于未成年人涉嫌刑法分则第四章、第五章、第六章规定的犯罪，可能判处一年有期徒刑以下刑罚，符合起诉条件，但有悔罪表现的，人民检察院可以作出附条件不起诉的决定。人民检察院在作出附条件不起诉的决定以前，应当听取公安机关、被害人的意见。

对附条件不起诉的决定，公安机关要求复议、提请复核或者被害人申诉的，适用本法第一百七十九条、第一百八十条的规定。

未成年犯罪嫌疑人及其法定代理人对人民检察院决定附条件不起诉有异议的，人民检察院应当作出起诉的决定。

第二百八十三条 在附条件不起诉的考验期内，由人民检察院对被附条件不起诉的未成年犯罪嫌疑人进行监督考察。未成年犯罪嫌疑人的监护人，应当对未成年犯罪嫌疑人加强管教，配合人民检察院做好监督考察工作。

附条件不起诉的考验期为六个月以上一年以下，从人民检察院作出附条件不起诉的决定之日起计算。

被附条件不起诉的未成年犯罪嫌疑人，应当遵守下列规定：

（一）遵守法律法规，服从监督；

（二）按照考察机关的规定报告自己的活动情况；

（三）离开所居住的市、县或者迁居，应当报经考察机关批准；

（四）按照考察机关的要求接受矫治和教育。

第二百八十四条 被附条件不起诉的未成年犯罪嫌疑人，在考验期内有下列情形之一的，人民检察院应当撤销附条件不起诉的决定，提起公诉：

（一）实施新的犯罪或者发现决定附条件不起诉以前还有其他犯罪需要追诉的；

（二）违反治安管理规定或者考察机关有关附条件不起诉的监督管理规定，情节严重的。

被附条件不起诉的未成年犯罪嫌疑人，在考验期内没有上述情形，考验期满的，人民检察院应当作出不起诉的决定。

《人民检察院刑事诉讼规则》（2019年施行）

第四百六十一条 人民检察院根据情况可以对未成年犯罪嫌疑人的成长经历、犯罪原因、监护教育等情况进行调查，并制作社会调查报告，作为办案和教育的参考。

人民检察院开展社会调查，可以委托有关组织和机构进行。开展社会调查应当尊重和保护未成年人隐私，不得向不知情人员泄露未成年犯罪嫌疑人的涉案信息。

人民检察院应当对公安机关移送的社会调查报告进行审查。必要时，可以进行补充调查。

人民检察院制作的社会调查报告应当随案移送人民法院。

第四百六十三条　对于罪行较轻，具备有效监护条件或者社会帮教措施，没有社会危险性或者社会危险性较小的未成年犯罪嫌疑人，应当不批准逮捕。

对于罪行比较严重，但主观恶性不大，有悔罪表现，具备有效监护条件或者社会帮教措施，具有下列情形之一，不逮捕不致发生社会危险性的未成年犯罪嫌疑人，可以不批准逮捕：

（一）初次犯罪、过失犯罪的；

（二）犯罪预备、中止、未遂的；

（三）防卫过当、避险过当的；

（四）有自首或者立功表现的；

（五）犯罪后认罪认罚，或者积极退赃，尽力减少和赔偿损失，被害人谅解的；

（六）不属于共同犯罪的主犯或者集团犯罪中的首要分子的；

（七）属于已满十四周岁不满十六周岁的未成年人或者系在校学生的；

（八）其他可以不批准逮捕的情形。

对于没有固定住所、无法提供保证人的未成年犯罪嫌疑人适用取保候审的，可以指定合适的成年人作为保证人。

第四百九十六条　双方当事人可以自行达成和解，也可以经人民调解委员会、村民委员会、居民委员会、当事人所在单位或者同事、亲友等组织或者个人调解后达成和解。

人民检察院对于本规则第四百九十二条规定的公诉案件，可以建议当事人进行和解，并告知相应的权利义务，必要时可以提供法律咨询。

《人民检察院办理未成年人刑事案件的规定》

第三十条　人民检察院在作出附条件不起诉的决定以前，应当听取公安机关、被害人、未成年犯罪嫌疑人的法定代理人、辩护人的意见，并制作笔录附卷。被害人是未成年人的，还应当听取被害人的法定代理人、诉讼代理人的意见。

第三十一条 公安机关或者被害人对附条件不起诉有异议或争议较大的案件，人民检察院可以召集侦查人员、被害人及其法定代理人、诉讼代理人、未成年犯罪嫌疑人及其法定代理人、辩护人举行不公开听证会，充分听取各方的意见和理由。

对于决定附条件不起诉可能激化矛盾或者引发不稳定因素的，人民检察院应当慎重适用。

第四十条 人民检察院决定附条件不起诉的，应当确定考验期。考验期为六个月以上一年以下，从人民检察院作出附条件不起诉的决定之日起计算。考验期不计入案件审查起诉期限。

考验期的长短应当与未成年犯罪嫌疑人所犯罪行的轻重、主观恶性的大小和人身危险性的大小、一贯表现及帮教条件等相适应，根据未成年犯罪嫌疑人在考验期的表现，可以在法定期限范围内适当缩短或者延长。

第四十四条 未成年犯罪嫌疑人经批准离开所居住的市、县或者迁居，作出附条件不起诉决定的人民检察院可以要求迁入地的人民检察院协助进行考察，并将考察结果函告作出附条件不起诉决定的人民检察院。

《未成年人刑事检察工作指引（试行）》

第二十一条 人民检察院办理未成年人刑事案件，既要注重保护涉罪未成年人的合法权益，也要注重维护社会利益，积极化解矛盾，使被害人得到平等保护，尤其要注重对未成年被害人的权益维护和帮扶救助。

第三十条 对于卷宗中没有证明未成年犯罪嫌疑人的成长经历、犯罪原因、监护教育等情况的材料或者材料不充分的，人民检察院应当要求公安机关提供或者补充提供。

未成年犯罪嫌疑人不讲真实姓名、住址，身份不明，无法进行社会调查的，人民检察院应当要求公安机关出具书面情况说明。无法进行调查的原因消失后，应当督促公安机关开展社会调查。

第六十九条 对于当事人双方自愿达成和解协议的，人民检察院可以依法主持制作和解协议书。

协议书应当包括如下内容：

（一）未成年犯罪嫌疑人认罪并向被害方赔礼道歉；

（二）有赔偿或补偿内容的，明确具体数额、履行方式和具体时间；

（三）被害方（包括未成年被害人）表示对未成年犯罪嫌疑人的谅解，以及对犯罪嫌疑人从宽处理的明确意见。

和解协议书一式三份，当事人及代理人签字、盖章确认后，涉案双方各持一份，另一份附卷。

第一百八十一条　对于符合以下条件的案件，人民检察院可以作出附条件不起诉的决定：

（一）犯罪嫌疑人实施犯罪行为时系未成年人的；

（二）涉嫌刑法分则第四章、第五章、第六章规定的犯罪的；

（三）可能被判处一年有期徒刑以下刑罚的；

（四）犯罪事实清楚，证据确实、充分，符合起诉条件的；

（五）犯罪嫌疑人具有悔罪表现的。

人民检察院可以参照《最高人民法院关于常见犯罪的量刑指导意见》并综合考虑全案情况和量刑情节，衡量是否"可能判处一年有期徒刑以下刑罚"。

具有下列情形之一的，一般认为具有悔罪表现：

（一）犯罪嫌疑人认罪认罚的；

（二）向被害人赔礼道歉、积极退赃、尽力减少或者赔偿损失的；

（三）取得被害人谅解的；

（四）具有自首或者立功表现的；

（五）犯罪中止的；

（六）其他具有悔罪表现的情形。

对于符合附条件不起诉条件，实施犯罪行为时未满十八周岁，但诉讼时已成年的犯罪嫌疑人，人民检察院可以作出附条件不起诉决定。

第一百九十四条　附条件不起诉考验期为六个月以上一年以下，考验期的长短应当与未成年犯罪嫌疑人所犯罪行的性质、情节和主观恶性的大小相适应。可能判处的刑罚在六个月以下的，一般应当将考验期限确定为六个月；可能判处的刑罚在六个月以上的，可以参考未成年犯罪嫌疑人可能判处的刑期确定具体考察期限。

考验期从人民检察院作出附条件不起诉的决定之日起计算。考验期不计入审查起诉期限。

在考验期的前两个月要密切关注被附条件不起诉的未成年犯罪嫌疑人的表现，帮助、督促其改正不良行为，形成良好习惯。根据未成年犯罪嫌疑人在考验期内的表现和教育挽救的需要，人民检察院作出决定后可以在法定期限范围内适当缩短或延长考验期。

第一百九十六条 在附条件不起诉的考验期内，人民检察院应当对被附条件不起诉的未成年犯罪嫌疑人进行监督考察。监督未成年犯罪嫌疑人履行义务、接受帮教的情况，并督促未成年犯罪嫌疑人的监护人对未成年犯罪嫌疑人加强管教，配合人民检察院做好监督考察工作。

人民检察院可以会同司法社工、社会观护基地、公益组织或者未成年犯罪嫌疑人所在学校、单位、居住地的村民委员会、居民委员会、未成年人保护组织等相关机构成立考察帮教小组，明确分工及职责，定期进行考察、教育，实施跟踪帮教。

考察帮教小组应当为考察对象制作个人帮教档案，对考察帮教活动情况及时、如实、全面记录，并在考察期届满后三个工作日内对考察对象进行综合评定，出具书面报告。

5. 唐某等人聚众斗殴案*

（检例第 107 号）

【关键词】

聚众斗殴　违反监督管理规定　撤销附条件不起诉　提起公诉

【要旨】

对于被附条件不起诉人在考验期内多次违反监督管理规定，逃避或脱离矫治和教育，经强化帮教措施后仍无悔改表现，附条件不起诉的挽救功能无法实现，符合“违反考察机关监督管理规定，情节严重”的，应当依法撤销附条件不起诉决定，提起公诉。

【基本案情】

被附条件不起诉人唐某，男，作案时 17 周岁，辍学无业。

2017 年 3 月 15 日，唐某与潘某（男，作案时 14 周岁）因琐事在电话中发生口角，相约至某广场斗殴。唐某纠集十余名未成年人，潘某纠集八名未成年人前往约架地点。上午 8 时许，双方所乘车辆行至某城市主干道红绿灯路口时，唐某等人下车对正在等红绿灯的潘某一方所乘两辆出租车进行拦截，对拦住的一辆车上的四人进行殴打，未造成人员伤亡。

【检察机关履职过程】

（一）依法适用附条件不起诉

2017 年 6 月 20 日，公安机关以唐某涉嫌聚众斗殴罪将该案移送检察机关审查起诉。检察机关审查后认为：（1）唐某涉嫌聚众斗殴罪，可能判处一年有期徒刑以下刑罚。唐某虽系聚众斗殴的纠集者，在上班高峰期的交通要道斗殴，但未造成严重后果，且案发时其不满十八周岁，参照最高人民

* 案例选自最高人民检察院第二十七批指导性案例。

法院量刑指导意见以及当地同类案件已生效判决，评估唐某可能判处有期徒刑八个月至十个月。（2）唐某归案后如实供述犯罪事实，通过亲情会见、心理疏导以及看守所提供的表现良好书面证明材料，综合评估其具有悔罪表现。（3）亲子关系紧张、社会交往不当是唐某涉嫌犯罪的重要原因。唐某的母亲常年外出务工，其与父母缺乏沟通交流；唐某与社会闲散人员交往过密，经常出入夜店，夜不归宿；遇事冲动、爱逞能、好面子，对斗殴行为性质及后果存在认知偏差。（4）具备帮教矫治条件。心理咨询师对唐某进行心理疏导时，其明确表示认识到自己行为的危害性，不再跟以前的朋友来往，并提出想要学厨艺的强烈意愿。对其法定代理人开展家庭教育指导后，其母亲愿意返回家中履行监护职责，唐某明确表示将接受父母的管教和督促。检察机关综合唐某的犯罪情节、悔罪表现、犯罪成因及帮教条件并征求公安机关、法定代理人意见后，认定唐某符合附条件不起诉条件，于2017年7月21日依法对其作出附条件不起诉决定，考验期六个月。

（二）设置可评价考察条件，有针对性地调整强化帮教措施

检察机关成立由检察官、唐某的法定代理人和某酒店负责人组成的帮教小组，开展考察帮教工作。针对唐某的实际情况，为其提供烹饪技能培训，促其参加义务劳动和志愿者活动，要求法定代理人加强监管并禁止其出入特定场所。同时，委托专业心理咨询师对其多次开展心理疏导，对其父母开展家庭教育指导，改善亲子关系。在考验前期，唐某能够遵守各项监督管理规定，表现良好，但后期其开始无故迟到、旷工，还出入酒吧、夜店等娱乐场所。为此，检察机关及时调整强化帮教措施：第一，通过不定时电话访谈、委托公安机关不定期调取其出入网吧、住宿记录等形式监督唐某是否存在违反禁止性规定的行为，一旦发现立即训诫，并通过心理咨询师进行矫治。第二，针对唐某法定代理人监督不力的行为，重申违反考验期规定的严重后果，及时开展家庭教育指导和司法训诫。第三，安排唐某到黄河水上救援队接受先进事迹教育感化，引导其树立正确的价值观，选择与具有正能量的人交往。

（三）认定违反监督管理规定情节严重，依法撤销附条件不起诉决定

因唐某自控能力较差，无法彻底阻断与社会不良人员的交往，法定代理人监管意识和监管能力不足，在经过检察机关多次训诫及心理疏导后，唐某仍擅自离开工作的酒店，并明确表示拒绝接受帮教。检察机关全面评估唐某考验期表现，认为其在考验期内，多次夜不归宿，经常在凌晨出入酒吧、夜店、KTV 等娱乐场所；与他人结伴为涉嫌寻衅滋事犯罪的人员助威；多次醉酒，上班迟到、旷工；未向检察机关和酒店负责人报告，擅自离开帮教单位，经劝说仍拒绝上班。同时，唐某的法定代理人也未如实报告唐某日常表现，在检察机关调查核实时，帮助唐某欺瞒。因此，检察机关认定唐某违反考察机关附条件不起诉的监督管理规定，情节严重。2018 年 1 月 15 日，检察机关依法撤销唐某的附条件不起诉决定。

（四）依法提起公诉，建议不适用缓刑

2018 年 1 月 17 日，检察机关以唐某涉嫌聚众斗殴罪对其提起公诉。法庭审理阶段，公诉人指出应当以聚众斗殴罪追究其刑事责任，且根据附条件不起诉考验期间调查核实的情况，认为唐某虽认罪但没有悔罪表现，且频繁出入娱乐场所，长期与社会闲散人员交往，再犯可能性较高，不适用缓刑。2018 年 3 月 16 日，法院作出一审判决，以被告人唐某犯聚众斗殴罪判处有期徒刑八个月。一审宣判后，被告人唐某未上诉。

【指导意义】

（一）针对被附条件不起诉人的实际表现，及时调整监督矫治措施，加大帮教力度

检察机关对干预矫治的情形和再犯风险应当进行动态评估，发现被附条件不起诉人在考验期内违反帮教协议的相关规定时，要及时分析原因，对仍有帮教可能性的，应当调整措施，通过延长帮教期限、心理疏导、司法训诫、家庭教育指导等多种措施加大帮教力度，及时矫正被附条件不起诉未成年人的行为认知偏差。

（二）准确把握“违反考察机关监督管理规定”行为频次、具体情节、有无继续考察帮教必要等因素，依法认定“情节严重”

检察机关经调查核实、动态评估后发现被附条件不起诉人多次故意违反禁止性监督管理规定，或者进入特定场所后违反治安管理规定，或者违反指示性监督管理规定，经检察机关采取训诫提醒、心理疏导等多种措施后仍无悔改表现，脱离、拒绝帮教矫治，导致通过附条件不起诉促进涉罪未成年人悔过自新、回归社会的功能无法实现时，应当认定为刑事诉讼法第二百八十四条第一款第（二）项规定的“情节严重”，依法撤销附条件不起诉决定，提起公诉。

【相关规定】

《中华人民共和国刑法》（2023年修正）

第二百九十二条 聚众斗殴的，对首要分子和其他积极参加的，处三年以下有期徒刑、拘役或者管制；有下列情形之一的，对首要分子和其他积极参加的，处三年以上十年以下有期徒刑：

（一）多次聚众斗殴的；

（二）聚众斗殴人数多，规模大，社会影响恶劣的；

（三）在公共场所或者交通要道聚众斗殴，造成社会秩序严重混乱的；

（四）持械聚众斗殴的。

聚众斗殴，致人重伤、死亡的，依照本法第二百三十四条、第二百三十二条的规定定罪处罚。

《中华人民共和国刑事诉讼法》（2018年修正）

第一百七十六条 人民检察院认为犯罪嫌疑人的犯罪事实已经查清，证据确实、充分，依法应当追究刑事责任的，应当作出起诉决定，按照审判管辖的规定，向人民法院提起公诉，并将案卷材料、证据移送人民法院。

犯罪嫌疑人认罪认罚的，人民检察院应当就主刑、附加刑、是否适用缓刑等提出量刑建议，并随案移送认罪认罚具结书等材料。

第二百八十二条 对于未成年人涉嫌刑法分则第四章、第五章、第六章规定的犯罪，可能判处一年有期徒刑以下刑罚，符合起诉条件，但有悔罪表现的，人民检察院可以作出附条件不起诉的决定。人民检察院在作出附条件不起诉的决定以前，应当听取公安机关、被害人的意见。

对附条件不起诉的决定，公安机关要求复议、提请复核或者被害人申诉的，适用本法第一百七十九条、第一百八十条的规定。

未成年犯罪嫌疑人及其法定代理人对人民检察院决定附条件不起诉有异议的，人民检察院应当作出起诉的决定。

第二百八十三条　在附条件不起诉的考验期内，由人民检察院对被附条件不起诉的未成年犯罪嫌疑人进行监督考察。未成年犯罪嫌疑人的监护人，应当对未成年犯罪嫌疑人加强管教，配合人民检察院做好监督考察工作。

附条件不起诉的考验期为六个月以上一年以下，从人民检察院作出附条件不起诉的决定之日起计算。

被附条件不起诉的未成年犯罪嫌疑人，应当遵守下列规定：

（一）遵守法律法规，服从监督；

（二）按照考察机关的规定报告自己的活动情况；

（三）离开所居住的市、县或者迁居，应当报经考察机关批准；

（四）按照考察机关的要求接受矫治和教育。

第二百八十四条　被附条件不起诉的未成年犯罪嫌疑人，在考验期内有下列情形之一的，人民检察院应当撤销附条件不起诉的决定，提起公诉：

（一）实施新的犯罪或者发现决定附条件不起诉以前还有其他犯罪需要追诉的；

（二）违反治安管理规定或者考察机关有关附条件不起诉的监督管理规定，情节严重的。

被附条件不起诉的未成年犯罪嫌疑人，在考验期内没有上述情形，考验期满的，人民检察院应当作出不起诉的决定。

《人民检察院刑事诉讼规则》（2019 年施行）

第四百六十三条　对于罪行较轻，具备有效监护条件或者社会帮教措施，没有社会危险性或者社会危险性较小的未成年犯罪嫌疑人，应当不批准逮捕。

对于罪行比较严重，但主观恶性不大，有悔罪表现，具备有效监护条件或者社会帮教措施，具有下列情形之一，不逮捕不致发生社会危险性的未成年犯罪嫌疑人，可以不批准逮捕：

（一）初次犯罪、过失犯罪的；

（二）犯罪预备、中止、未遂的；

（三）防卫过当、避险过当的；

（四）有自首或者立功表现的；

（五）犯罪后认罪认罚，或者积极退赃，尽力减少和赔偿损失，被害人谅解的；

（六）不属于共同犯罪的主犯或者集团犯罪中的首要分子的；

（七）属于已满十四周岁不满十六周岁的未成年人或者系在校学生的；

（八）其他可以不批准逮捕的情形。

对于没有固定住所、无法提供保证人的未成年犯罪嫌疑人适用取保候审的，可以指定合适的成年人作为保证人。

第四百七十九条 被附条件不起诉的未成年犯罪嫌疑人，在考验期内具有下列情形之一的，人民检察院应当撤销附条件不起诉的决定，提起公诉：

（一）实施新的犯罪的；

（二）发现决定附条件不起诉以前还有其他犯罪需要追诉的；

（三）违反治安管理规定，造成严重后果，或者多次违反治安管理规定的；

（四）违反有关附条件不起诉的监督管理规定，造成严重后果，或者多次违反有关附条件不起诉的监督管理规定的。

《未成年人刑事检察工作指引（试行）》

第一百九十四条 附条件不起诉考验期为六个月以上一年以下，考验期的长短应当与未成年犯罪嫌疑人所犯罪行的性质、情节和主观恶性的大小相适应。可能判处的刑罚在六个月以下的，一般应当将考验期限确定为六个月；可能判处的刑罚在六个月以上的，可以参考未成年犯罪嫌疑人可能判处的刑期确定具体考察期限。

考验期从人民检察院作出附条件不起诉的决定之日起计算。考验期不计入审查起诉期限。

在考验期的前两个月要密切关注被附条件不起诉的未成年犯罪嫌疑人的表现，帮助、督促其改正不良行为，形成良好习惯。根据未成年犯罪嫌疑人在考验期内的表现和教育挽救的需要，人民检察院作出决定后可以在法定期限范围内适当缩短或延长考验期。

第一百九十五条　人民检察院对被附条件不起诉的未成年犯罪嫌疑人应当附下列条件：

（一）遵守法律法规，服从监督；

（二）按照考察机关的规定报告自己的活动情况；

（三）离开所居住的市、区（县）或者迁居，应当报经考察机关批准；

（四）按照考察机关的要求接受矫治和教育。

前款第四项“按照考察机关的要求接受矫治和教育”包括以下内容：

（一）完成戒瘾治疗、心理辅导或者其他适当的处遇措施；

（二）向社区或者公益团体提供公益劳动；

（三）不得进入特定场所、与特定的人员会见或者通信、从事特定的活动；

（四）向被害人赔偿损失、赔礼道歉等；

（五）接受相关教育；

（六）遵守其他保护被害人安全以及预防再犯的禁止性规定。

所附条件应当有针对性，注意考虑未成年犯罪嫌疑人的特殊需求，尤其避免对其就学、就业和正常生活造成负面影响。

第一百九十六条　在附条件不起诉的考验期内，人民检察院应当对被附条件不起诉的未成年犯罪嫌疑人进行监督考察。监督未成年犯罪嫌疑人履行义务、接受帮教的情况，并督促未成年犯罪嫌疑人的监护人对未成年犯罪嫌疑人加强管教，配合人民检察院做好监督考察工作。

人民检察院可以会同司法社工、社会观护基地、公益组织或者未成年犯罪嫌疑人所在学校、单位、居住地的村民委员会、居民委员会、未成年人保护组织等相关机构成立考察帮教小组，明确分工及职责，定期进行考察、教育，实施跟踪帮教。

考察帮教小组应当为考察对象制作个人帮教档案，对考察帮教活动情况及时、如实、全面记录，并在考察期届满后三个工作日内对考察对象进行综合评定，出具书面报告。

第二百零四条 在考验期内，发现被附条件不起诉的未成年犯罪嫌疑人有下列情形之一的，案件承办人应当制作附条件不起诉考察意见书，报请检察长或者检察委员会作出撤销附条件不起诉、提起公诉的决定：

（一）实施新的犯罪并经人民检察院查证属实的；

（二）发现决定附条件不起诉以前还有其他犯罪需要追诉并经人民检察院查证属实的；

（三）违反治安管理规定，造成严重后果，或者多次违反治安管理规定的；

（四）违反考察机关有关附条件不起诉的监督管理规定，造成严重后果，或者多次违反的。

未成年犯罪嫌疑人如实供述其他犯罪行为，但因证据不足不予认定，在被作出附条件不起诉决定后查证属实的，可以不作出撤销附条件不起诉、提起公诉的决定。

6. 陈某正当防卫案*
（检例第 45 号）

【关键词】

未成年人　故意伤害　正当防卫　不批准逮捕

【要旨】

在被人殴打、人身权利受到不法侵害的情况下，防卫行为虽然造成了重大损害的客观后果，但是防卫措施并未明显超过必要限度的，不属于防卫过当，依法不负刑事责任。

【基本案情】

陈某，未成年人，某中学学生。

2016 年 1 月初，因陈某在甲的女朋友的网络空间留言示好，甲纠集乙等人，对陈某实施了殴打。

1 月 10 日中午，甲、乙、丙等 6 人（均为未成年人），在陈某就读的中学门口，见陈某从大门内走出，有人提议陈某曾向老师告发他们打架，要去问个说法。甲等人尾随一段路后拦住陈某质问，陈某解释没有告状，甲等人不肯罢休，抓住并围殴陈某。乙的 3 位朋友（均为未成年人）正在附近，见状加入围殴陈某。其中，有人用膝盖顶击陈某的胸口、有人持石块击打陈某的手臂、有人持钢管击打陈某的背部，其他人对陈某或勒脖子或拳打脚踢。陈某掏出随身携带的折叠式水果刀（刀身长 8.5 厘米，不属于管制刀具），乱挥乱刺后逃脱。部分围殴人员继续追打并从后投掷石块，击中陈某的背部和腿部。陈某逃进学校，追打人员被学校保安拦住。陈某在反击过程中刺中了甲、乙和丙，经鉴定，该 3 人的损伤程度均构成重伤二

* 案例选自最高人民检察院第十二批指导性案例。

级。陈某经人身检查，见身体多处软组织损伤。

案发后，陈某所在学校向司法机关提交材料，证实陈某遵守纪律、学习认真、成绩优秀，是一名品学兼优的学生。

公安机关以陈某涉嫌故意伤害罪立案侦查，并对其采取刑事拘留强制措施，后提请检察机关批准逮捕。检察机关根据审查认定的事实，依据刑法第二十条第一款的规定，认为陈某的行为属于正当防卫，不负刑事责任，决定不批准逮捕。公安机关将陈某释放同时要求复议。检察机关经复议，维持原决定。

检察机关在办案过程中积极开展释法说理工作，甲等人的亲属在充分了解事实经过和法律规定后，对检察机关的处理决定表示认可。

【不批准逮捕的理由】

公安机关认为，陈某的行为虽有防卫性质，但已明显超过必要限度，属于防卫过当，涉嫌故意伤害罪。检察机关则认为，陈某的防卫行为没有明显超过必要限度，不属于防卫过当，不构成犯罪。主要理由如下：

第一，陈某面临正在进行的不法侵害，反击行为具有防卫性质。任何人面对正在进行的不法侵害，都有予以制止、依法实施防卫的权利。本案中，甲等人借故拦截陈某并实施围殴，属于正在进行的不法侵害，陈某的反击行为显然具有防卫性质。

第二，陈某随身携带刀具，不影响正当防卫的认定。对认定正当防卫有影响的，并不是防卫人携带了可用于自卫的工具，而是防卫人是否有相互斗殴的故意。陈某在事前没有与对方约架斗殴的意图，被拦住后也是先解释退让，最后在遭到对方围殴时才被迫还手，其随身携带水果刀，无论是日常携带还是事先有所防备，都不影响对正当防卫作出认定。

第三，陈某的防卫措施没有明显超过必要限度，不属于防卫过当。陈某的防卫行为致实施不法侵害的3人重伤，客观上造成了重大损害，但防卫措施并没有明显超过必要限度。陈某被9人围住殴打，其中有人使用了钢管、石块等工具，双方实力相差悬殊，陈某借助水果刀增强防卫能力，在手段强度上合情合理。并且，对方在陈某逃脱时仍持续追打，共同侵害行为没有停止，所以就制止整体不法侵害的实际需要来看，陈某持刀挥刺也没有不相适应之处。综合来看，陈某的防卫行为虽有致多人重伤的客观后果，但防卫措施没有明显超过必要限度，依法不属于防卫过当。

【指导意义】

刑法第二十条第一款规定，“为了使国家、公共利益、本人或者他人的人身、财产和其他权利免受正在进行的不法侵害，而采取的制止不法侵害的行为，对不法侵害人造成损害的，属于正当防卫，不负刑事责任”。司法实践通常称这种正当防卫为“一般防卫”。

一般防卫有限度要求，超过限度的属于防卫过当，需要负刑事责任。刑法规定的限度条件是“明显超过必要限度造成重大损害”，具体而言，行为人的防卫措施虽明显超过必要限度但防卫结果客观上并未造成重大损害，或者防卫结果虽客观上造成重大损害但防卫措施并未明显超过必要限度，均不能认定为防卫过当。本案中，陈某为了保护自己的人身安全而持刀反击，就所要保护的权利性质以及与侵害方的手段强度比较来看，不能认为防卫措施明显超过了必要限度，所以即使防卫结果在客观上造成了重大损害，也不属于防卫过当。

正当防卫既可以是为了保护自己的合法权益，也可以是为了保护他人的合法权益。《中华人民共和国未成年人保护法》第六条第二款也规定，“对侵犯未成年人合法权益的行为，任何组织和个人都有权予以劝阻、制止或者向有关部门提出检举或者控告”。对于未成年人正在遭受侵害的，任何人都有权介入保护，成年人更有责任予以救助。但是，冲突双方均为未成年人的，成年人介入时，应当优先选择劝阻、制止的方式；劝阻、制止无效的，在隔离、控制或制服侵害人时，应当注意手段和行为强度的适度。

检察机关办理正当防卫案件遇到争议时，应当根据《最高人民检察院关于实行检察官以案释法制度的规定》，适时、主动进行释法说理工作。对事实认定、法律适用和办案程序等问题进行答疑解惑，开展法治宣传教育，保障当事人和其他诉讼参与人的合法权利，努力做到案结事了。

人民检察院审查逮捕时，应当严把事实关、证据关和法律适用关。根据查明的事实，犯罪嫌疑人的行为属于正当防卫，不负刑事责任的，应当依法作出不批准逮捕的决定，保障无罪的人不受刑事追究。

【相关规定】

《中华人民共和国刑法》（2023 年修正）

第二十条 为了使国家、公共利益、本人或者他人的人身、财产和其他权利免受正在进行的不法侵害，而采取的制止不法侵害的行为，对不法侵害人造成损害的，属于正当防卫，不负刑事责任。

正当防卫明显超过必要限度造成重大损害的，应当负刑事责任，但是应当减轻或者免除处罚。

对正在进行行凶、杀人、抢劫、强奸、绑架以及其他严重危及人身安全的暴力犯罪，采取防卫行为，造成不法侵害人伤亡的，不属于防卫过当，不负刑事责任。

《中华人民共和国刑事诉讼法》（2018 年修正）

第九十条 人民检察院对于公安机关提请批准逮捕的案件进行审查后，应当根据情况分别作出批准逮捕或者不批准逮捕的决定。对于批准逮捕的决定，公安机关应当立即执行，并且将执行情况及时通知人民检察院。对于不批准逮捕的，人民检察院应当说明理由，需要补充侦查的，应当同时通知公安机关。

第九十二条 公安机关对人民检察院不批准逮捕的决定，认为有错误的时候，可以要求复议，但是必须将被拘留的人立即释放。如果意见不被接受，可以向上一级人民检察院提请复核。上级人民检察院应当立即复核，作出是否变更的决定，通知下级人民检察院和公安机关执行。

7. 张某、沈某某等七人抢劫案*

（检例第 19 号）

【关键词】

第二审程序刑事抗诉　未成年人与成年人共同犯罪　分案起诉　累犯

【基本案情】

被告人沈某某，男，1995 年 1 月出生。2010 年 3 月因抢劫罪被判拘役六个月，缓刑六个月，并处罚金五百元。

被告人胡某某，男，1995 年 4 月出生。

被告人许某，男，1993 年 1 月出生。2008 年 6 月因抢劫罪被判有期徒刑六个月，并处罚金五百元；2010 年 1 月因犯盗窃罪被判有期徒刑七个月，并处罚金一千四百元。

另四名被告人张某、吕某、蒋某、杨某，均为成年人。

被告人张某为牟利，介绍沈某某、胡某某、吕某、蒋某认识，教唆他们以暴力方式劫取助力车，并提供砍刀等犯罪工具，事后负责联系销赃分赃。2010 年 3 月，被告人沈某某、胡某某、吕某、蒋某经被告人张某召集，并伙同被告人许某、杨某等人，经预谋，相互结伙，持砍刀、断线钳、撬棍等作案工具，在上海市内公共场所抢劫助力车。其中，被告人张某、沈某某、胡某某参与抢劫四次；被告人吕某、蒋某参与抢劫三次；被告人许某参与抢劫二次；被告人杨某参与抢劫一次。具体如下：

1. 2010 年 3 月 4 日 11 时许，沈某某、胡某某、吕某、蒋某随身携带砍刀，至上海市长寿路 699 号国美电器商场门口，由吕、沈撬窃停放在该处的一辆黑色本凌牌助力车，当被害人甲制止时，沈、胡、蒋拿出砍刀威胁，沈砍击被害人致其轻伤。后吕、沈等人因撬锁不成，砸坏该车外壳后逃离

* 案例选自最高人民检察院第五批指导性案例。

现场。经鉴定，该助力车价值人民币1930元。

2. 2010年3月4日12时许，沈某某、胡某某、吕某、蒋某随身携带砍刀，结伙至上海市老沪太路万荣路路口的临时菜场门口，由胡、吕撬窃停放在该处的一辆白色南方雅马哈牌助力车，当被害人乙制止时，沈、蒋等人拿出砍刀威胁，沈砍击被害人致其轻微伤，后吕等人撬开锁将车开走。经鉴定，该助力车价值人民币2058元。

3. 2010年3月11日14时许，沈某某、胡某某、吕某、蒋某、许某随身携带砍刀，结伙至上海市胶州路669号东方典当行门口，由沈撬窃停放在该处的一辆黑色宝雕牌助力车，当被害人丙制止时，胡、蒋、沈拿出砍刀将被害人逼退到东方典当行店内，许则在一旁接应，吕上前帮助撬开车锁后由胡将车开走。经鉴定，该助力车价值人民币2660元。

4. 2010年3月18日14时许，沈某某、胡某某、许某、杨某及王某（男，13岁）随身携带砍刀，结伙至上海市上大路沪太路路口地铁七号线出口处的停车点，由胡持砍刀威胁该停车点的看车人员，杨在旁接应，沈、许等人则当场劫得助力车三辆。其中被害人丁的一辆黑色珠峰牌助力车，经鉴定，该助力车价值人民币2090元。

【诉讼过程】

2010年3月、4月，张某、吕某、蒋某、杨某以及三名未成年人沈某某、胡某某、许某因涉嫌抢劫罪先后被刑事拘留、逮捕。2010年6月21日，上海市公安局静安分局侦查终结，以犯罪嫌疑人张某、沈某某、胡某某、吕某、蒋某、许某、杨某等七人涉嫌抢劫罪向静安区人民检察院移送审查起诉。静安区人民检察院经审查认为，本案虽系未成年人与成年人共同犯罪案件，但鉴于本案多名未成年人系共同犯罪中的主犯，不宜分案起诉。2010年9月25日，静安区人民检察院以上述七名被告人犯抢劫罪依法向静安区人民法院提起公诉。

2010年12月15日，静安区人民法院一审认为，七名被告人行为均构成抢劫罪，其中许某系累犯。依法判决：（一）对未成年被告人量刑如下：沈某某判处有期徒刑五年六个月，并处罚金人民币五千元，撤销缓刑，决定执行有期徒刑五年六个月，罚金人民币五千元；胡某某判处有期徒刑七年，并处罚金人民币七千元；许某判处有期徒刑五年，并处罚金人民币五千元。（二）对成年被告人量刑如下：张某判处有期徒刑十四年，剥夺政治权利二年，并处罚金人民币一万五千元；吕某判处有期徒刑十二年六个月，剥夺政治权利一年，并处罚金人民币一万二千元；蒋某判处有期徒刑十二年，剥夺政治权利一年，并处罚金人民币一万二千元；杨某判处有期徒刑二年，并处罚金人民币二千元。2010 年 12 月 30 日，上海市静安区人民检察院认为一审判决适用法律错误，对未成年被告人的量刑不当，遂依法向上海市第二中级人民法院提出抗诉。张某以未参与抢劫，量刑过重为由，提出上诉。2011 年 6 月 16 日，上海市第二中级人民法院二审判决采纳抗诉意见，驳回上诉，撤销原判决对原审被告人沈某某、胡某某、许某抢劫罪量刑部分，依法予以改判。

【抗诉理由】

一审宣判后，上海市静安区人民检察院审查认为，一审判决对犯罪情节相对较轻的胡某某判处七年有期徒刑量刑失衡，对未成年被告人沈某某、胡某某、许某判处罚金刑未依法从宽处罚，属适用法律错误，量刑不当，遂依法向上海市第二中级人民法院提出抗诉；上海市人民检察院第二分院支持抗诉。抗诉和支持抗诉的理由是：

1. 一审判决量刑失衡，对被告人胡某某量刑偏重。本案中，被告人胡某某、沈某某均参与了四次抢劫犯罪，虽然均系主犯，但是被告人胡某某行为的社会危害性及人身危险性均小于被告人沈某某。从犯罪情节看，沈某某实施抢劫过程中直接用砍刀造成一名被害人轻伤，一名被害人轻微伤；被告人胡某某只有持刀威胁及撬车锁的行为。从犯罪时年龄看，沈某某已满十五周岁，胡某某尚未满十五周岁。从人身危险性看，沈某某因抢劫罪于 2010 年 3 月 4 日被判处拘役六个月，缓刑六个月，缓刑期间又犯新罪；胡某某系初犯。一审判决分别以抢劫罪判胡某某有期徒刑七年、沈某某有期徒刑五年六个月，属于量刑不当。

2. 一审判决适用法律错误，对未成年被告人罚金刑的适用既没有体现依法从宽，也没有体现与成年被告人罚金刑适用的区别。根据最高人民法院《关于适用财产刑若干问题的规定》《关于审理未成年人刑事案件具体应用法律若干问题的解释》的规定，对未成年人犯罪应当从轻或者减轻判处罚金。一审判决对未成年被告人判处罚金未依法从宽，均是按照同案成年被告人罚金的标准判处五千元以上的罚金，属于适用法律错误。

此外，2010 年 12 月 21 日一审判决认定未成年被告人许某系累犯正确，但审判后刑法有所修改。根据 2011 年 2 月全国人大常委会通过的《中华人民共和国刑法修正案（八）》和 2011 年 5 月最高人民法院《关于〈中华人民共和国刑法修正案（八）时间效力问题的解释〉》的有关规定，被告人许某实施犯罪时不满十八周岁，依法不构成累犯。

【终审判决】

上海市第二中级人民法院二审认为，原审判决认定抢劫罪事实清楚，定性准确，证据确实、充分。鉴于胡某某在抢劫犯罪中的地位作用略低于沈某某及对未成年犯并处罚金应当从轻或减轻处罚等实际情况，原判对胡某某主刑及对沈某某、胡某某、许某罚金刑的量刑不当，应予纠正。检察机关的抗诉意见正确，应予支持。另依法认定许某不构成累犯。据此，依法判决：撤销一审判决对原审三名未成年被告人沈某某、胡某某、许某的量刑部分；改判沈某某犯抢劫罪，处有期徒刑五年六个月，并处罚金人民币二千元，撤销缓刑，决定执行有期徒刑五年六个月，罚金人民币二千元；胡某某犯抢劫罪，处有期徒刑五年，罚金人民币二千元；许某犯抢劫罪，处有期徒刑四年，罚金人民币一千五百元。

【要旨】

1. 办理未成年人与成年人共同犯罪案件，一般应当将未成年人与成年人分案起诉，但对于未成年人系犯罪集团的组织者或者其他共同犯罪中的主犯，或者具有其他不宜分案起诉情形的，可以不分案起诉。

2. 办理未成年人与成年人共同犯罪案件，应当根据未成年人在共同犯罪中的地位、作用，综合考量未成年人实施犯罪行为的动机和目的、犯罪时的年龄、是否属于初犯、偶犯、犯罪后的悔罪表现、个人成长经历和一贯表现等因素，依法从轻或者减轻处罚。

3. 未成年人犯罪不构成累犯。

【相关规定】

《中华人民共和国刑法》（2023 年修正）

第二百六十三条 以暴力、胁迫或者其他方法抢劫公私财物的，处三年以上十年以下有期徒刑，并处罚金；有下列情形之一的，处十年以上有期徒刑、无期徒刑或者死刑，并处罚金或者没收财产：

（一）入户抢劫的；

（二）在公共交通工具上抢劫的；

（三）抢劫银行或者其他金融机构的；

（四）多次抢劫或者抢劫数额巨大的；

（五）抢劫致人重伤、死亡的；

（六）冒充军警人员抢劫的；

（七）持枪抢劫的；

（八）抢劫军用物资或者抢险、救灾、救济物资的。

第二十五条 共同犯罪是指二人以上共同故意犯罪。

二人以上共同过失犯罪，不以共同犯罪论处；应当负刑事责任的，按照他们所犯的罪分别处罚。

第二十六条 组织、领导犯罪集团进行犯罪活动的或者在共同犯罪中起主要作用的，是主犯。

三人以上为共同实施犯罪而组成的较为固定的犯罪组织，是犯罪集团。

对组织、领导犯罪集团的首要分子，按照集团所犯的全部罪行处罚。

对于第三款规定以外的主犯，应当按照其所参与的或者组织、指挥的全部犯罪处罚。

第六十一条 对于犯罪分子决定刑罚的时候，应当根据犯罪的事实、犯罪的性质、情节和对于社会的危害程度，依照本法的有关规定判处。

第六十五条 被判处有期徒刑以上刑罚的犯罪分子，刑罚执行完毕或者赦免以后，在五年以内再犯应当判处有期徒刑以上刑罚之罪的，是累犯，应当从重处罚，但是过失犯罪和不满十八周岁的人犯罪的除外。

前款规定的期限，对于被假释的犯罪分子，从假释期满之日起计算。

第七十七条 被宣告缓刑的犯罪分子，在缓刑考验期限内犯新罪或者发现判决宣告以前还有其他罪没有判决的，应当撤销缓刑，对新犯的罪或者新发现的罪作出判决，把前罪和后罪所判处的刑罚，依照本法第六十九条的规定，决定执行的刑罚。

被宣告缓刑的犯罪分子，在缓刑考验期限内，违反法律、行政法规或者国务院有关部门关于缓刑的监督管理规定，或者违反人民法院判决中的禁止令，情节严重的，应当撤销缓刑，执行原判刑罚。

《中华人民共和国刑事诉讼法》(2018年修正)

第二百一十七条 适用简易程序审理案件，审判人员应当询问被告人对指控的犯罪事实的意见，告知被告人适用简易程序审理的法律规定，确认被告人是否同意适用简易程序审理。

第二百三十六条 第二审人民法院对不服第一审判决的上诉、抗诉案件，经过审理后，应当按照下列情形分别处理：

(一)原判决认定事实和适用法律正确、量刑适当的，应当裁定驳回上诉或者抗诉，维持原判；

(二)原判决认定事实没有错误，但适用法律有错误，或者量刑不当的，应当改判；

(三)原判决事实不清楚或者证据不足的，可以在查清事实后改判；也可以裁定撤销原判，发回原审人民法院重新审判。

原审人民法院对于依照前款第三项规定发回重新审判的案件作出判决后，被告人提出上诉或者人民检察院提出抗诉的，第二审人民法院应当依法作出判决或者裁定，不得再发回原审人民法院重新审判。

8. 李某涉嫌抢夺罪不捕案*

——提高家庭教育指导针对性　推动严重不良行为未成年人矫治

一、基本案情

犯罪嫌疑人李某，男，作案时14周岁，初中肄业。2021年4月12日，李某驾驶汽车，搭载两名成年犯罪嫌疑人林某、杨某，尾随驾驶二轮摩托车的被害人吴某，伺机夺取财物。在林某伸手抢夺过程中，被害人吴某因失去平衡与李某驾驶的汽车发生碰撞后倒地受伤，随后三名犯罪嫌疑人逃离现场。经鉴定，被害人吴某属轻微伤。因李某未达到法定刑事责任年龄，四川省成都市新都区人民检察院于2021年5月21日对李某依法作出不批准逮捕决定。

二、家庭教育指导做法与成效

（一）深入开展社会调查，准确评估家庭教育状况和问题

对未达刑事责任年龄的未成年人，检察机关没有一放了之。为全面了解导致李某犯罪的深层次原因，成都市新都区人民检察院对李某的成长生活轨迹进行了深入调查，详细询问监护人，走访邻居、教师、社区工作人员，委托心理咨询师对其开展心理测评。经调查发现，李某系弃婴，被养父母抚养长大。幼年时李某常有偷拿家中零钱的不良行为，上初中后缺乏管教沾染不良习气。2020年因盗窃电动车被公安机关抓获，经教育后被其父领回，在此过程中李某得知自己并非亲生，与父母隔阂更为严重，随后长期流浪不归。在对李某抚养监护过程中，李某父母的态度从起初的教育方式简单粗暴逐渐演变为不管不问。心理测评发现李某存在轻度的焦虑、强迫和抑郁，生存能力和心理成熟度欠缺。

* 案例选自《在办理涉未成年人案件中全面开展家庭教育指导工作典型案例》。

（二）制定个性化方案，督促履行监护职责

针对李某的家庭教育问题，检察机关、妇联、关工委召开联席会议，制定个性化家庭教育指导方案。针对李某父母监护缺位和管教方式不当等问题，从调整沟通方式、改善家庭氛围、学习教养知识、改变教养方式、提升教育理念、引导教育发展等六个方面规划具体的家庭教育指导课程，通过家庭心理辅导对李某及其父母进行心理疏导、认知干预和行为矫正，在家庭教育专家引导下，通过亲子游戏等活动辅助修复家庭关系，以有效的沟通重新唤起亲情，影响亲子关系的心结逐渐得以解开。同时，妇联依托“姐妹心理驿站”推介心理咨询师对李某开展心理测评，根据其生存能力和心理成熟度欠缺的测评结果予以引导和干预，关工委组织“五老”志愿者、社工结对关爱，与检察机关共同劝导其父母切实承担对李某的监护责任。

（三）各部门联动协作，实现效果最大化

通过家庭教育指导，李某家庭关系明显改善，但李某长期辍学对其成长极为不利。为帮助李某重返学校，检察机关、妇联、关工委共同拟定工作方案，在安排李某返回户籍所在地与父母团聚后，立即启动家庭教育指导异地协作机制，两地通力合作，检察机关联系教育部门助力，妇联充分发挥妇儿工作平台优势、动员社会力量支持，关工委积极组织离退休老专家、老模范发挥专长帮扶到人，共同为李某提供就学协助。目前，李某回归家庭后表现良好，亲子关系融洽，新学期开学已赴一所初中就学。

三、典型意义

未成年人犯罪通常与成长环境及教育失当有着密切关系。对于因未达法定刑事责任年龄而不予追究刑事责任的未成年人，其父母应切实承担起监督管教的责任。相关部门通过家庭教育指导提升其父母的监护能力、改善家庭环境，是帮助严重不良行为未成年人回归正轨，预防重新犯罪的有效手段。不同家庭情况千差万别，家庭教育指导应坚持因人而异、对症下药。相关部门在开展家庭教育指导工作时，应针对具体问题、契合家庭实际、照顾个体特点，确保工作的针对性和实效性。

9. 与专门学校合作帮教矫治为涉罪未成年人点亮归途*

一、基本案情

2020 年 1 月 11 日 3 时许，黄某某（犯罪时 16 周岁）为了获取上网费用，伙同韦某某（未满 14 周岁）到广西壮族自治区柳州市柳南区某小区楼下，盗走一辆价值人民币 1870 元的电动车。失主次日报案，公安机关通过监控录像锁定嫌疑人，并在某宾馆内将黄某某及其同伙抓获，后黄某某带领侦查人员到藏赃地点找回被盗车辆。案发后，黄某某表示认罪认罚。公安机关将本案移送检察机关审查起诉，柳州市柳北区人民检察院经审查于 2020 年 5 月对黄某某作出附条件不起诉决定，6 个月考验期届满后，柳北区检察院于 2020 年 11 月依法对黄某某作出不起诉决定。

二、履职情况

（一）开展社会调查，依法适用附条件不起诉

案件移送审查起诉后，针对新冠疫情防控期间公安机关未能及时开展社会调查的情况，柳北区检察院主动开展详细的社会调查。经调查发现，黄某某自幼父母离异，父亲因身患重疾对其疏于管教，亲子关系一般；黄某某因无心读书、多次旷课，小学肄业，长期与社会青年混迹，曾因盗窃受过行政处罚。本案中，黄某某犯罪情节轻微，悔罪态度好，依法可附条件不起诉，为使黄某某回归正途，柳北区检察院依法作出附条件不起诉决定，并对其开展帮教考察。

（二）加强部门联动，迷途少年重返校园

对黄某某作出附条件不起诉决定后，针对其家庭管教无力、监管环境差，因长期辍学没有学籍、文化程度低，所在社区缺乏帮教条件等问题，

* 案例选自《〈落实“两法”护航青春〉典型案（事）例》。

柳北区检察院向柳州市检察院汇报，柳州市检察院第一时间与市教育局沟通，了解到柳州地区目前尚无公立专门学校，仅有柳州市某中学一所民办专门学校，且生源已满。柳州市检察院联合教育局、某中学、团委等部门召开联席会议，为黄某某协调衔接入学事宜，研究解决本案考察帮教中存在的疫情防控、学籍对接、学杂费保障、课程设置、心理辅导等系列问题。柳州市教育局为黄某某在某中学设置临时学籍纳入全市管理，柳北区委政法委为黄某某提供入学资金支持，最终让辍学多年的黄某某顺利入读某中学。

（三）持续跟踪帮教，个性化指导效果佳

在黄某某入读某中学期间，检察机关、专门学校、司法社工共同制定个性化帮教考察方案，开展教育矫治工作。某中学为黄某某“量身”开设小学初中相衔接的教育课程，安排其参加劳作实践和公益志愿者活动，对黄某某实施军事化管理，在提高其文化水平的同时，增强团队合作精神和社会责任感。检察官与司法社工一方面定时至学校探访，和黄某某当面交流，提出针对性的改进措施和要求，同时引入专业心理咨询师对其心理辅导；另一方面对黄某某的法定代理人进行家庭教育指导，督促家长加强责任意识，提高履行监护的能力，不断修复亲子关系。经过半年的教育矫治，黄某某在学校表现良好，不仅积极参加柳州市检察院、团市委开展的模拟法庭和公益活动，还成为某中学的“护卫队”成员，有效矫正了黄某某的不良行为，激发其自身向上的潜能。黄某某从某中学“毕业”后，检察官和司法社工为他联系了一份餐饮店服务员的工作，使其尽快融入和回归社会。

（四）探索建立机制，专门学校矫治经验推广

柳州市检察院梳理总结附条件不起诉适用、检察机关与专门学校衔接等方面工作，向市委政法委汇报。柳州市委政法委牵头成立公检法和教育部门组成的专门课题组，于2020年8月形成了《“问题”青少年的教育矫治研究——以柳州市某中学为实例的课题研究报告》，提出加强全市专门教育和专门学校建设的意见建议，获得当地党委政府采纳。柳州市召开专门学校建设工作会议，成立以市委副书记担任主任，政法委、法院、检察院、

公安、司法、教育、民政等15个部门为成员单位的专门教育指导委员会，部署和研究加强专门学校建设。柳州市教育局牵头制定《柳州市专门教育指导委员会工作制度》《专门学校招生及入学程序实施细则》等文件，进一步规范司法机关与专门学校衔接工作机制。目前，新增的公办专门学校即将建设完成投入使用。

三、典型意义

预防未成年人犯罪法规定，国家加强专门学校建设，对有严重不良行为的未成年人进行专门教育。本案中，检察机关加强与教育部门、专门学校合作考察帮教，建立司法机关与专门学校衔接工作机制。同时，检察机关进一步推动与教育部门的协助合作，促进专门学校建设，共同对未达刑事责任年龄涉罪未成年人、有严重不良行为的未成年人进行专门教育，不断提升教育矫治效果，努力解决涉罪未成年人“一判了之”和“一放了之”的现实困境。

10. 罪犯康某假释监督案*

（检例第71号）

【关键词】

未成年罪犯　假释适用　帮教

【要旨】

人民检察院办理未成年罪犯减刑、假释监督案件，应当比照成年罪犯依法适当从宽把握假释条件。对既符合法定减刑条件又符合法定假释条件的，可以建议刑罚执行机关优先适用假释。审查未成年罪犯是否符合假释

* 案例选自最高人民检察院第十九批指导性案例。

条件时，应当结合犯罪的具体情节、原判刑罚情况、刑罚执行中的表现、家庭帮教能力和条件等因素综合认定。

【基本案情】

罪犯康某，男，1999年9月29日出生，汉族，初中文化。2016年12月23日因犯抢劫罪被河南省安阳市中级人民法院终审判处有期徒刑三年，并处罚金人民币1000元，刑期至2018年11月13日。康某因系未成年罪犯，于2017年1月20日被交付到河南省郑州未成年犯管教所执行刑罚。2018年6月，郑州未成年犯管教所在办理减刑过程中，认定康某认真遵守监规，接受教育改造，确有悔改表现，拟对其提请减刑。

【检察机关监督情况】

（一）线索发现

2018年6月，郑州未成年犯管教所就罪犯康某提请减刑征求检察机关意见，郑州市人民检察院审查认为，康某符合法定减刑条件，同时符合法定假释条件，依据相关司法解释规定可以优先适用假释。与对罪犯适用减刑相比，假释更有利于促进罪犯教育改造和融入社会。

（二）调查核实

为了确保监督意见的准确性，派驻检察室根据假释的条件重点开展了以下调查核实工作：一是对康某改造表现进行考量。通过询问罪犯、监管民警及相关人员，查阅计分考核材料，认定康某在服刑期间确有悔改表现。二是对康某原判犯罪情节进行考量。通过审查案卷材料，查明康某虽系抢劫犯罪，但其犯罪时系在校学生，犯罪情节较轻，且罚金刑已履行完毕。三是对康某假释后是否具有再犯罪危险进行考量。结合司法局出具的“关于对康某适用假释调查评估意见书”，走访调取了康某居住地村支书、邻居等人的证言，证实康某犯罪前表现良好，无犯罪前科和劣迹，且上述人员均愿意协助监管帮教康某。四是对康某家庭是否具有监管条件和能力进行考量。通过走访康某原在校班主任，其证实康某在校期间系班干部，学习刻苦，乐于助人，无违反校规校纪情况；康某的父母职业稳定，认识到康某所犯罪行的社会危险性，对康某假释后监管帮教有明确可行的措施和计划。

（三）监督意见

2018 年 6 月 26 日，郑州市人民检察院提出对罪犯康某依法提请假释的检察意见。郑州未成年犯管教所接受检察机关的意见，于 2018 年 6 月 28 日向郑州市中级人民法院提请审核裁定。为增强假释庭审效果，督促罪犯父母协助落实帮教措施，郑州市人民检察院提出让康某的父母参加假释庭审的建议并被郑州市中级人民法院采纳。

（四）监督结果

2018 年 7 月 27 日，郑州市中级人民法院在郑州未成年犯管教所开庭审理罪犯康某假释案。庭审中，检察人员发表了依法对康某假释的检察意见，对康某成长经历、犯罪轨迹、性格特征、原判刑罚执行、假释后监管条件和帮教措施等涉及康某假释的问题进行了说明。康某的父母以及郑州未成年犯管教所百余名未成年服刑罪犯旁听了庭审，康某父母检讨了在教育孩子问题上的不足并提出了假释后的家庭帮教措施，百余名未成年罪犯受到了很好的法治教育。2018 年 7 月 30 日，郑州市中级人民法院依法对罪犯康某裁定假释。

【指导意义】

（一）罪犯既符合法定减刑条件又符合法定假释条件的，可以优先适用假释

减刑、假释都是刑罚变更执行的重要方式，与减刑相比，假释更有利于维护裁判的权威和促进罪犯融入社会、预防罪犯再犯罪。目前，世界其他法治国家多数是实行单一假释制度或者是假释为主、减刑为辅的刑罚变更执行制度。但在我国司法实践中，减刑、假释适用不平衡，罪犯减刑比例一般在百分之二十多，假释比例只有百分之一左右，假释适用率低。人民检察院在办理减刑、假释案件时，应当充分发挥减刑、假释制度的不同价值功能，对既符合法定减刑条件又符合法定假释条件的罪犯，可以建议

刑罚执行机关提请人民法院优先适用假释。

（二）对犯罪时未满十八周岁的罪犯适用假释可以依法从宽掌握，综合各种因素判断罪犯是否符合假释条件

人民检察院办理犯罪时未满十八周岁的罪犯假释案件，应当综合罪犯犯罪情节、原判刑罚、服刑表现、身心特点、监管帮教等因素依法从宽掌握。特别是对初犯、偶犯和在校学生等罪犯，假释后其家庭和社区具有帮教能力和条件的，可以建议刑罚执行机关和人民法院依法适用假释。对罪犯“假释后有无再犯罪危险”的审查判断，人民检察院应当根据相关法律和司法解释的规定，结合未成年罪犯犯罪的具体情节、原判刑罚情况，其在刑罚执行中的一贯表现、帮教条件（包括其身体状况、性格特征、被假释后生活来源以及帮教环境等因素）综合考虑。

（三）对犯罪时未满十八周岁的罪犯假释案件，人民检察院可以建议罪犯的父母参加假释庭审

将未成年人罪犯父母到庭制度引入假释案件审理中，有助于更好地调查假释案件相关情况，客观准确地适用法律，保障罪犯的合法权益，督促罪犯假释后社会帮教责任的落实，有利于发挥司法机关、家庭和社会对罪犯改造帮教的合力作用，促进罪犯的权益保护和改造教育，实现办案的政治效果、法律效果和社会效果相统一。

（四）人民检察院应当做好罪犯监狱刑罚执行和社区矫正法律监督工作的衔接，继续加强对假释的罪犯社区矫正活动的法律监督

监狱罪犯被裁定假释实行社区矫正后，检察机关应当按照《中华人民共和国社区矫正法》的有关规定，监督有关部门做好罪犯的交付、接收等工作，并应当做好对社区矫正机构对罪犯社区矫正活动的监督，督促社区矫正机构对罪犯进行法治、道德等方面的教育，组织其参加公益活动，增强其法治观念，提高其道德素质和社会责任感，帮助其融入社会，预防和减少犯罪。

【相关规定】

《中华人民共和国刑法》（2023年修正）

第八十一条　被判处有期徒刑的犯罪分子，执行原判刑期二分之一以上，被判处无期徒刑的犯罪分子，实际执行十三年以上，如果认真遵守监规，接受教育改造，确有悔改表现，没有再犯罪的危险的，可以假释。如果有特殊情况，经最高人民法院核准，可以不受上述执行刑期的限制。

对累犯以及因故意杀人、强奸、抢劫、绑架、放火、爆炸、投放危险物质或者有组织的暴力性犯罪被判处十年以上有期徒刑、无期徒刑的犯罪分子，不得假释。

对犯罪分子决定假释时，应当考虑其假释后对所居住社区的影响。

第八十二条　对于犯罪分子的假释，依照本法第七十九条规定的程序进行。非经法定程序不得假释。

《中华人民共和国刑事诉讼法》（2018年修正）

第二百七十三条第二款　被判处管制、拘役、有期徒刑或者无期徒刑的罪犯，在执行期间确有悔改或者立功表现，应当依法予以减刑、假释的时候，由执行机关提出建议书，报请人民法院审核裁定，并将建议书副本抄送人民检察院。人民检察院可以向人民法院提出书面意见。

第二百七十四条　人民检察院认为人民法院减刑、假释的裁定不当，应当在收到裁定书副本后二十日以内，向人民法院提出书面纠正意见。人民法院应当在收到纠正意见后一个月以内重新组成合议庭进行审理，作出最终裁定。

《中华人民共和国未成年人保护法》（2024年修正）

第一百条　公安机关、人民检察院、人民法院和司法行政部门应当依法履行职责，保障未成年人合法权益。

《中华人民共和国预防未成年人犯罪法》（2012年修正）

第四十七条[①]

① 本条已修改，现为《中华人民共和国预防未成年人犯罪法》（2020年修订）第五十七条。

《中华人民共和国社区矫正法》

第三十六条 社区矫正机构根据需要，对社区矫正对象进行法治、道德等教育，增强其法治观念，提高其道德素质和悔罪意识。

对社区矫正对象的教育应当根据其个体特征、日常表现等实际情况，充分考虑其工作和生活情况，因人施教。

《最高人民法院关于办理减刑、假释案件具体应用法律的规定》

第二十六条 对下列罪犯适用假释时可以依法从宽掌握：

（一）过失犯罪的罪犯、中止犯罪的罪犯、被胁迫参加犯罪的罪犯；

（二）因防卫过当或者紧急避险过当而被判处有期徒刑以上刑罚的罪犯；

（三）犯罪时未满十八周岁的罪犯；

（四）基本丧失劳动能力、生活难以自理，假释后生活确有着落的老年罪犯、患严重疾病罪犯或者身体残疾罪犯；

（五）服刑期间改造表现特别突出的罪犯；

（六）具有其他可以从宽假释情形的罪犯。

罪犯既符合法定减刑条件，又符合法定假释条件的，可以优先适用假释。

11. 吴某某、杨某某刑事申诉公开听证案*

（检例第159号）

【关键词】

刑事申诉　刑事责任年龄　附带民事诉讼执行监督　司法救助　反向审视

* 案例选自最高人民检察院第三十九批指导性案例。

【要旨】

对于因司法机关依法改变原处理决定，但未对当事人释法说理引起刑事申诉的，检察机关应当充分做好释法说理，必要时组织检察听证，弥补原案办理中的缺陷，促进案结事了。要认真做好检察听证前的准备工作。出现申诉人不信任、不配合等抵触情形的，要做好情绪疏导工作，必要时争取当地有关部门支持配合，共同解开“心结”，确保听证顺利举行。办案过程中发现申诉人因案致困，符合司法救助条件的，应当及时给予救助帮扶。对于反向审视发现的原案办理中履职不到位或者不规范司法等问题，应当促使相关检察机关提出切实可行的整改措施，进一步规范司法行为，提升案件办理质效。

【基本案情】

申诉人吴某某、杨某某，系吴某坚抢劫案被害人吴某辉的近亲属。

2008年1月28日12时许，原审被告人吴某坚携带匕首在广西壮族自治区平南县大将客运中心乘坐被害人吴某辉的二轮摩托车，谎称去平南县官成镇横岭村。当摩托车行驶至平金公路转入横岭村的村级道路时，吴某坚用匕首连续捅刺吴某辉数刀。随后，吴某坚搜吴某辉的身体，抢走吴某辉的诺基亚牌手机1部、现金2元，并抢走吴某辉的二轮摩托车，逃离现场。经法医鉴定，吴某辉系颈动脉离断大出血死亡。2008年10月17日，贵港市人民检察院以吴某坚涉嫌抢劫罪向贵港市中级人民法院提起公诉。2009年8月20日，贵港市中级人民法院以吴某坚犯抢劫罪，判处其有期徒刑十五年。吴某坚以其犯罪时不满14周岁为由提出上诉。2010年7月30日，广西壮族自治区高级人民法院以原判认定事实不清、证据不足为由，裁定撤销原判，发回重审。同年12月28日，贵港市人民检察院以事实、证据有变化为由向贵港市中级人民法院申请撤回起诉，退回公安机关补充侦查。同年12月31日，贵港市中级人民法院裁定准许撤回起诉。2012年1月19日，贵港市中级人民法院经审理由吴某某、杨某某提起的附带民事诉讼，判决赔偿被告人吴某某、杨某某经济损失141075元。吴某某、杨某某不服，提出上诉。2012年5月4日，广西壮族自治区高级人民法院裁定驳回上诉，维持原判。吴某某、杨某某仍不服，以原审被告人吴某坚案发时已年满14周岁，构成抢劫罪为由，提出申诉。广西壮族自治区人民检察院审查认为申诉人的申诉理由不成立，审查结案。申诉人仍不服，向最高人民检察院提出申诉。

【检察听证过程】

（一）听证前准备

经初步审查，本案是否为未成年人作案，存在罪与非罪的重大争议。案件办理过程中未向申诉人充分释法说理，检察机关撤回起诉并退回公安机关补充侦查后长期“挂案”，原审被告人未赔礼道歉、未充分履行民事赔偿义务，申诉人生活非常困难，未能及时获得司法救助，导致申诉人长年信访申诉，不接受司法机关作出的决定。最高人民检察院组成由大检察官为主办检察官的办案组，认真审查申诉材料，调阅了原案全部卷宗，核实相关证据，听取原案承办人意见，围绕案件争议焦点即原审被告人吴某坚作案时是否年满14周岁进行重点调查核实。鉴于本案疑难复杂，办案组决定召开听证会，公开审查此案。

听证会前，办案组检察官两赴案发地，当面听取申诉人意见，实地了解申诉人家庭情况，耐心引导申诉人依法理性维权。在听证会前一天，申诉人突然提出不参加听证会，办案组及时协调当地检察机关和政府部门共同对申诉人开展心理疏导，确保听证会如期召开。针对原审被告人吴某坚案发后未被教育惩戒，未认错悔过等情形，办案组要求当地检察机关找到已经成家立业的吴某坚，对其进行严肃批评教育，吴某坚表示认错悔过，将尽自己所能赔偿被害人经济损失。

（二）公开听证

2021年6月18日，吴某某、杨某某刑事申诉案公开听证会在广西壮族自治区贵港市人民检察院检察听证室举行，办案组主办检察官主持听证会。申诉人及其委托代理人充分阐述申诉理由，原案一审公诉人就审查起诉情况、二审承办检察官就建议法院发回重审情况、二审主审法官就法院决定发回重审情况、重审案件公诉人就发回重审后检察机关撤回起诉情况、广西壮族自治区人民检察院办理申诉案件的检察官就申诉案件审查情况等详尽阐述和举证、示证，认真回应申诉人的诉求，并围绕争议焦点逐一释法说理。

听证会上，办案组检察官就吴某坚作案时是否年满 14 周岁，存在两组证据的情况向申诉人充分予以展示。一组认定吴某坚出生于 1993 年 6 月 24 日（农历端午节），作案时已年满 14 周岁的证据，有吴某坚的供述、嫌疑人信息登记表、在校学生名册、学籍卡、相关证人证言和公安部骨龄鉴定意见等。吴某坚供述系听其母亲讲出生于农历 1993 年 5 月 5 日，但该供述与其母亲的证言相矛盾；嫌疑人信息登记表所载吴某坚出生时间，为犯罪嫌疑人自述时间；在校学生名册、学籍卡所记载吴某坚的出生时间亦为其本人自行填报；一些证人证言表示，不知道吴某坚的具体出生日期；公安部骨龄鉴定意见证实吴某坚年龄为 17 ± 1 岁，即使采信该骨龄鉴定意见认定吴某坚作案时 16 周岁，也与其他证据证实吴某坚作案时不满 15 周岁有较大差距。另一组证实吴某坚出生于 1994 年 6 月 13 日（农历端午节），作案时未满 14 周岁的证据，有证人柯某某（接生吴某坚的人）、王某、吴某成等人证言以及《未落实常住人口登记表》、水文资料等。其中，柯某某证言证实吴某坚是其唯一接生的孩子，因此印象深刻。之所以记得吴某坚出生于 1994 年，是因为当年是其嫁到江口镇以来洪水最大的一年，家里的房子都被洪水冲塌了。贵港市防汛办《贵港市浔江、郁江历次洪水记录》证实，1994 年 7 月该市贵港站经历新中国成立后第一大洪水，该书证与柯某某的证言能够相互印证；证人王某证言证实，其与吴某坚之母同年怀孕，且在吴某坚出生三四个月后其子于 1994 年 10 月出生；证人吴某成证言证实，之所以记得其子与吴某坚同岁（1994 年出生）是因为“我们同祠堂，得男丁的要在清明节的时候抓阉鸡拜祖，所以记得很清楚”;《未落实常住人口登记表》证实，2007 年 12 月人口普查时吴某坚登记出生日期为 1994 年。

五名听证员在充分听取案件事实和证据的基础上，经认真评议，形成听证意见，一致认为本案现有证据不足以证实原审被告人吴某坚作案时已满14周岁，骨龄鉴定意见也未能准确确定案发时吴某坚的真实年龄，而吴某坚在作案时的真实年龄是其应否承担刑事责任的关键，因此不能简单依骨龄鉴定意见认定，而应结合全案证据综合认定。故认定原审被告人吴某坚作案时已满14周岁的证据不足，检察机关撤回起诉并退回公安机关补充侦查的处理决定并无不当。鉴于被害人吴某辉死亡后，其妻子外出打工，下落不明；申诉人吴某某、杨某某以及被害人吴某辉的儿子吴某林祖孙三人目前仅靠每月870元左右的低保和养老金维持生活，无其他经济收入，加上申诉人吴某某、杨某某体弱多病，吴某林目前就读初中，尚未成年，祖孙三人的生活极为困难，符合国家司法救助条件，建议检察机关给予其国家司法救助。

办案组在全面审查案件的基础上，参考听证意见，在听证会上向申诉人说明，由于原审被告人吴某坚未在医院出生，没有出生证明，出生时其父母未向户籍管理部门申报户口，吴某坚的出生年龄无法通过出生证明、户籍证明等材料证实，根据《最高人民法院关于审理未成年人刑事案件具体应用法律若干问题的解释》第四条第一款“对于没有充分证据证明被告人实施被指控的犯罪时已经达到法定刑事责任年龄且确实无法查明的，应当推定其没有达到相应法定刑事责任年龄”的规定，推定吴某坚犯罪时未达到法定刑事责任年龄，故原办案机关综合全案证据所做处理决定，于法有据，并无不当，申诉人的申诉理由不能成立。办案组还当场播放了当地检察机关录制的吴某坚认错悔过和主动表示赔偿被害人经济损失的视频。申诉人表示服从检察机关作出的处理决定，承诺息诉罢访。

（三）后续工作

2021年8月9日，贵港市人民检察院向公安机关发出撤销案件的检察建议书。8月10日，平南县公安局决定撤销此案。当地检察机关还依职权启动附带民事诉讼判决执行监督程序，向人民法院发出检察建议书，建议督促原审被告人吴某坚支付赔偿款。后吴某坚将3万元赔偿款汇至人民法院执行账户，并承诺今后每月履行3300元剩余赔偿款。为解决申诉人实际困难，广西壮族自治区三级检察院联合给予申诉人国家司法救助金，会同当地党委政法委、教委、妇联等部门，给予吴某林相应的民政救助，并开展心理辅导等。

广西壮族自治区人民检察院在全区范围就本案办理过程中，检察机关撤回起诉并退回公安机关补充侦查后长期“挂案”，检察机关既没有依法及时作出不起诉决定，也没有建议公安机关撤销案件；未对法院发回重审以及检察机关撤回起诉的具体理由和依据作出说明；未对被害人家属进行必要的释法说理，并给予帮扶救助；未对原审被告人吴某坚进行帮教，并移送相关部门采取相应的管束措施；未对附带民事诉讼判决执行情况跟进监督，导致赔偿款一直未执行到位，案未结、事未了等办案中的问题，开展专题反向审视，提出整改意见并督促落实，对相关责任人进行了责任追究。最高人民检察院向全国检察机关通报该案办理情况，要求各级检察机关进一步压实首办责任，建立常态化重复信访治理机制。

【指导意义】

（一）人民检察院组织检察听证，应当认真做好各项准备工作

对决定举行检察听证的刑事申诉案件，承办检察官在听证前要全面阅卷，充分了解案件事实、证据及焦点问题，并对相关问题进行调查核实。对于矛盾激化、诉求强烈的申诉案件，应当做好申诉人情绪引导和安抚工作，使其理解和自愿参加听证。

（二）人民检察院办理刑事申诉案件，发现申诉人因案致困，符合司法救助条件的，应当及时给予救助帮扶

在办理刑事申诉案件过程中，发现申诉人因案导致生活困难，经调查核实其经济收入、生活状况后，认为其符合司法救助条件的，应当主动告知其申请救助的方式，及时按程序提供救助。要联合社会各方力量，多渠道、更大力度解决申诉人的实际困难，给予申诉人更多的人文关怀、帮扶救济，让人民群众在司法案件的办理中不仅感受到公平正义，还感受到司法的温度。

（三）人民检察院办理刑事申诉案件，应当通过反向审视，对原案办理中的问题和瑕疵进行针对性整改

办理刑事申诉案件具有检视整个刑事诉讼过程的独特优势。要通过全面审查案件和公开听证，反向审视检察环节存在的履职不到位或者司法不规范等问题和瑕疵，促使相关检察机关提出切实可行的整改措施，并认真落实。要依规依纪追究相关人员司法责任，促进规范司法行为、严格依法办案，提升案件办理质效，增强司法公信力。

【相关规定】

《中华人民共和国刑法》（2023年修正）

第十七条 已满十六周岁的人犯罪，应当负刑事责任。

已满十四周岁不满十六周岁的人，犯故意杀人、故意伤害致人重伤或者死亡、强奸、抢劫、贩卖毒品、放火、爆炸、投放危险物质罪的，应当负刑事责任。

已满十二周岁不满十四周岁的人，犯故意杀人、故意伤害罪，致人死亡或者以特别残忍手段致人重伤造成严重残疾，情节恶劣，经最高人民检察院核准追诉的，应当负刑事责任。

对依照前三款规定追究刑事责任的不满十八周岁的人，应当从轻或者减轻处罚。

因不满十六周岁不予刑事处罚的，责令其父母或者其他监护人加以管教；在必要的时候，依法进行专门矫治教育。

第二百六十三条 以暴力、胁迫或者其他方法抢劫公私财物的，处三年以上十年以下有期徒刑，并处罚金；有下列情形之一的，处十年以上有期徒刑、无期徒刑或者死刑，并处罚金或者没收财产：

（一）入户抢劫的；

（二）在公共交通工具上抢劫的；

（三）抢劫银行或者其他金融机构的；

（四）多次抢劫或者抢劫数额巨大的；

（五）抢劫致人重伤、死亡的；

（六）冒充军警人员抢劫的；

（七）持枪抢劫的；

（八）抢劫军用物资或者抢险、救灾、救济物资的。

《最高人民法院关于执行〈中华人民共和国刑事诉讼法〉若干问题的解释》（1998 年 9 月 8 日施行）

第一百七十七条[①]

《最高人民法院关于审理未成年人刑事案件具体应用法律若干问题的解释》（2006 年 1 月 23 日施行）

第四条　对于没有充分证据证明被告人实施被指控的犯罪时已经达到法定刑事责任年龄且确实无法查明的，应当推定其没有达到相应法定刑事责任年龄。

相关证据足以证明被告人实施被指控的犯罪时已经达到法定刑事责任年龄，但是无法准确查明被告人具体出生日期的，应当认定其达到相应法定刑事责任年龄。

《人民检察院民事诉讼监督规则》

第三十七条　人民检察院在履行职责中发现民事案件有下列情形之一的，应当依职权启动监督程序：

（一）损害国家利益或者社会公共利益的；

（二）审判、执行人员有贪污受贿，徇私舞弊，枉法裁判等违法行为的；

（三）当事人存在虚假诉讼等妨害司法秩序行为的；

（四）人民法院作出的已经发生法律效力的民事公益诉讼判决、裁定、调解书确有错误，审判程序中审判人员存在违法行为，或者执行活动存在违法情形的；

---

① 本条已废止，现为《最高人民法院关于适用〈中华人民共和国刑事诉讼法〉的解释》（2021 年 3 月 1 日施行）第二百九十六条　在开庭后、宣告判决前，人民检察院要求撤回起诉的，人民法院应当审查撤回起诉的理由，作出是否准许的裁定。

（五）依照有关规定需要人民检察院跟进监督的；

（六）具有重大社会影响等确有必要进行监督的情形。

人民检察院对民事案件依职权启动监督程序，不受当事人是否申请再审的限制。

《人民检察院审查案件听证工作规定》（2020年9月14日施行）

第二条 本规定中的听证，是指人民检察院对于符合条件的案件，组织召开听证会，就事实认定、法律适用和案件处理等问题听取听证员和其他参加人意见的案件审查活动。

第四条 人民检察院办理羁押必要性审查案件、拟不起诉案件、刑事申诉案件、民事诉讼监督案件、行政诉讼监督案件、公益诉讼案件等，在事实认定、法律适用、案件处理等方面存在较大争议，或者有重大社会影响，需要当面听取当事人和其他相关人员意见的，经检察长批准，可以召开听证会。

第六条 人民检察院应当根据案件具体情况，确定听证会参加人。听证会参加人除听证员外，可以包括案件当事人及其法定代理人、诉讼代理人、辩护人、第三人、相关办案人员、证人和鉴定人以及其他相关人员。

二、权威解读

（一）案例解读

1. 最高人民检察院第二十七批指导性案例解读

李　峰　张寒玉　盛常红　白　洁*

2021 年 2 月 26 日，经最高人民检察院第十三届检察委员会第六十三次会议决定，最高人民检察院围绕涉罪未成年人附条件不起诉主题发布了第二十七批指导性案例，包括胡某某抢劫案等 5 件案例（检例第 103 号至第 107 号）。为促进指导性案例的理解与适用，现就案例中涉及的主要问题和指导意义进行解读。

一、制发背景和意义

附条件不起诉是 2012 年修改的刑事诉讼法增设“未成年人刑事案件诉讼程序”专章确立的一项特别诉讼制度，是最具未成年人检察特色的办案程序，对于及时依法分流案件，最大限度教育、挽救涉罪未成年人，丰富检察机关的不起诉裁量权等具有重要意义。各地检察机关依法积极适用，取得良好效果。同时，在司法实践中仍然存在不少难点和问题，主要有：一是对附条件不起诉适用条件即刑事诉讼法规定的“可能判处一年有期徒刑以下刑罚”把握不准，机械套用一般量刑规则，造成未成年人涉罪案件起诉后法院判决一年有期徒刑以下刑罚的比率较高；二是与相关诉讼程序

* 李峰，最高人民检察院未成年人检察厅副厅长、二级高级检察官；张寒玉，最高人民检察院未成年人检察厅二级高级检察官；盛常红，最高人民检察院未成年人检察厅二级高级检察官；白洁，最高人民检察院未成年人检察厅三级高级检察官。

混淆，存在对应当适用附条件不起诉的案件直接提起公诉，或者对应当适用附条件不起诉的案件直接作出不起诉决定的情况，甚至为提高附条件不起诉适用率，将可以直接不起诉的案件，按附条件不起诉处理，损害未成年犯罪嫌疑人的合法权益；三是适用附条件不起诉的程序不规范，社会调查流于形式，所附条件缺乏个性化和针对性，社会化支持不足，导致考察帮教难以全程、深入和精准。此外，还有个别检察人员认识上存在偏差，没有认真落实对涉罪未成年人“教育、感化、挽救”的方针和“教育为主、惩罚为辅”的原则，认为监督考察会增加工作量，产生畏难情绪，导致本该适用附条件不起诉的案件没有适用。

为有效解决这些问题，2017年最高人民检察院制发了《未成年人刑事检察工作指引（试行）》，对附条件不起诉的适用条件、附带条件以及附带条件的监督等专门进行了规定。2018年，最高检与共青团中央签署《关于构建未成年人检察工作社会支持体系合作框架协议》，大力推动未成年人检察社会支持体系建设，依托司法社工等专业力量，开展社会调查、心理干预、行为矫正、社会观护等工作，为提升附条件不起诉工作质量和效果提供支撑。此外，有不少地方检察机关积极探索附条件不起诉工作的制度机制和方式方法，创新总结出很多有益经验。为充分发挥附条件不起诉的制度价值，指导各地检察机关依法积极规范适用附条件不起诉制度，进一步提升教育感化挽救涉罪未成年人的效果，引导附条件不起诉工作良性运行，最高检筛选出了该批法律适用准确、办案效果良好、具有较强指导意义的涉罪未成年人附条件不起诉案例发布，供各地参照适用。

二、指导性案例的选取

从整体上看，附条件不起诉案件要把握三个基本要素：一是符合附条件不起诉的适用条件，这是适用附条件不起诉的前提；二是遵守附条件不起诉的适用程序和救济程序，这是保证准确适用附条件不起诉的关键；三是有针对性地“附条件”并在考察期间监督所附条件的执行，这是附条件不起诉的核心工作。只有满足上述三个要素的案件，才是合格的附条件不起诉案件。而指导性案例则是在合格案件中选取的具有一定代表性和指导性的案件。因此，合格案件是成为指导性案例的前提和基础，代表性和指导性是指导性案例的灵魂。

具体来讲，该批指导性案例的选取重点围绕“附条件不起诉与起诉条件把握”“附条件不起诉与相对不起诉条件区分”“如何做好社会调查”“找准‘精准帮教点’设置个性化附带条件”“探索异地协作帮教形式”“考验期的设置与调整”“准确认定撤销附条件不起诉的标准”等内容。同时，从涉嫌罪名看，该批指导性案例包括抢劫罪、敲诈勒索罪、诈骗罪、传授犯罪方法罪、非法拘禁罪、聚众斗殴罪共6个罪名，基本涵盖未成年人常见多发罪名。从类型看，1件系考验期间因表现良好被缩短考验期，1件系异地协作开展帮教，1件系对数罪适用附条件不起诉，1件系对犯罪时未成年、诉讼过程中成年的犯罪嫌疑人适用附条件不起诉，1件系考验期间因违反相关规定被撤销附条件不起诉，重新提起公诉。此外，多件案例涉及社会调查、精准帮教、社会支持体系建设、家庭教育指导等工作，5件案例从不同角度展示了检察机关附条件不起诉工作的程序要求、专业特点和积极效果，具有较强的代表性和指导性。

三、个案分析

（一）胡某某抢劫案

该案的代表性有两点：一是抢劫犯罪在未成年人犯罪中常见、多发；二是在校未成年学生犯罪具有一些共性特点，办案也有其独特规律，要考虑尽可能不使涉罪未成年学生中断学业等。

该案的指导性主要体现在以下几个方面：

一是如何把握附条件不起诉与不起诉的界限。从刑事诉讼法第二百八十二条的规定看，附条件不起诉的适用条件包括：罪名条件，即涉嫌刑法分则第四章、第五章、第六章规定的犯罪；刑罚条件，即“可能判处一年有期徒刑以下刑罚”；可诉条件，即“符合起诉条件”；悔罪条件，即“有悔罪表现”。其中，第一要件、第三要件比较明确，第四要件在《未成年人刑事检察工作指引（试行）》中也有列举，主要包括犯罪嫌疑人认罪认罚，向被害人赔礼道歉、积极退赃、尽力减少或者赔偿损失，取得被害人谅解，具有自首或立功表现，犯罪中止等。在司法实践中，主要是对刑罚条件的理解有困惑，尤其是其与刑事诉讼法第一百七十七条第二款规定的不起诉法定条件“犯罪情节轻微，依照刑法规定不需要判处刑罚或者可以免除刑罚的”如何区别存在较大争议。对于犯罪情节轻微符合不起诉条件的未成年犯罪嫌疑人，应依法适用不起诉，不能以附条件不起诉代替不起诉。对于未成年犯罪嫌疑人涉嫌刑法分则第四章、第五章、第六章规定的犯罪，根据犯罪情节和悔罪表现，尚未达到不需要判处刑罚或者可以免除刑罚程度，综合考虑可能判处一年有期徒刑以下刑罚，适用附条件不起诉能更好地达到矫正效果，促使其再社会化的，应依法适用附条件不起诉。该案在办案过程中亦存在分歧。有观点认为，胡某某罪行较轻，系未成年人，具有犯罪未遂、坦白等情节，认罪悔罪，取得被害人谅解，其犯罪原因主要是身心不成熟，学习压力大导致亲子矛盾处理不当，主观恶性较小，因此可以直接作出不起诉决定。但是，考虑到抢劫罪法定刑为三年有期徒刑以上刑罚，根据各种量刑情节，调节基准刑后测算可能判处有期徒刑十个月至一年，不符合直接作出不起诉决定的条件；同时，胡某某面临的学习压力短期内无法缓解，亲子关系调适需要一个过程，对其附条件不起诉更有利于保障学业、教育管束和预防再犯，能更好地达到矫正效果，因此作出附条件不起诉决定。

二是对在校学生附条件不起诉如何把握办案、帮教与保障学业的关系。未成年人正处于受教育的黄金时期，对涉嫌犯罪的在校学生要尽可能保障其不中断学业，是“教育、感化、挽救”方针的应有之义。在办理附条件不起诉案件中，应坚持最有利于未成年人健康成长原则，立足涉罪在校学生教育矫治和回归社会，尽可能保障其正常学习和生活。在法律规定的办案期限内，检察机关可灵活掌握办案节奏和方式，利用假期和远程方式办案帮教，在心理疏导、隐私保护等方面提供充分保障，实现教育、管束和保护的有机统一。

三是在附条件不起诉考察期间，根据被附条件不起诉人角色转变和个性需求，可动态调整考验期限和帮教内容。根据刑事诉讼法第二百八十三条规定，附条件不起诉设有六个月到一年的考验期，考验期的长短与未成年人所犯罪行的性质、情节和主观恶性大小相适应。但考验期间并非一成不变的，检察机关可以根据被附条件不起诉人教育矫治需求，动态调整考验期限和帮教内容。如该案检察机关针对胡某某成为大学生的角色转变实际，及时对前期考察帮教情况和原定考验期限、帮教措施等进行评估，决定缩短考验期，并对余期帮教内容进行了针对性调整。同样，根据教育矫治需要，检察机关也可以决定延长考察期限。

（二）庄某等人敲诈勒索案

该案的代表性是对于未成年人共同犯罪如何适用附条件不起诉。未成年人结伴需求、互相感染以及容易冲动、从众等特点，决定了未成年人犯罪以共同犯罪居多。参与共同犯罪的未成年人往往在经历、兴趣、价值偏好、社会需求、心理需求等方面具有高度相似性，因此，办理未成年人共同犯罪案件有独特的规律可循。

该案的指导性主要体现在以下几个方面：

一是根据社会调查情况，对未成年人犯罪原因进行认真分析，并根据“矫治点”针对性地设置附条件不起诉的附带条件。在筛选案例过程中发现，不少案件对未成年人犯罪原因作简单化、表面化分析，如家长溺爱、放纵或者家庭监护、教育不到位，本人冲动、法治观念淡薄、沉迷网络游戏等，没有切入本质。该案根据社会调查情况深入分析，查找出认知偏差、行为偏差、不良关系、不良情绪、心理创伤五大类犯罪原因，触及了未成年人违法犯罪的原因本质，并针对性设置附带条件，值得借鉴和进一步研究。

二是对共同犯罪的未成年人附条件不起诉，既要查找带有共性特点的犯罪原因，更要查明每名未成年人需要矫正的“矫治点”，从而设置个性化附带条件。该案中五名未成年犯罪嫌疑人具有共性特点的“矫治点”包括认知偏差、行为偏差、不良“朋友”等，因此在附条件不起诉时均设置了认知调整、不良行为矫正、远离筛选出的不良"朋友"等方面的附带条件。同时，检察机关根据每名未成年人个性化的"矫治点"，如庄某的不良情绪、章某的心理创伤、常某的不良亲子关系等，分别设置学习管理情绪、接受心理创伤处理、修复亲子关系等附带条件。"对症下药"有利于确保附条件不起诉制度教育矫治功能的实现。

三是在征求涉罪未成年人及其法定代理人对附条件不起诉的意见时，就所附条件、考验期限等进行充分沟通、解释。所附条件只有贴合未成年人需要，获得本人及其法定代理人理解、认同，才能使未成年人自愿遵守、切实执行，才能使其法定代理人有效配合，从而真正实现帮教矫治。

四是督促制定执行所附条件的具体计划、步骤，并对执行效果及时评估。法律规定在附条件不起诉考验期内由检察机关负责监督考察，检察机关对所附带条件的执行督促、对执行效果进行评估等，有利于提升帮教效果，实现"教育、感化、挽救"未成年人，预防重新犯罪。该案中，检察官与司法社工共同制定了帮教初期（第 1 周至第 3 周）、帮教中期（第 4 周至第 9 周）和帮教后期（第 10 周至第 26 周）的具体帮教计划。在督促执行过程中，通过每个阶段结束前的心理测评、自评、他评等方式综合评估帮教效果，发现问题及时进行研判、调整，保证附条件不起诉工作取得实效。

（三）李某诈骗、传授犯罪方法牛某等人诈骗案

该案的代表性是未成年人利用网络实施犯罪。未成年人容易沉迷网络，并受到各类有害信息的诱导，在遭遇贫困、暴力、厌学、忽视等各类问题时容易诱发其实施网络犯罪。除电信网络诈骗，以虚假交友、购买游戏装备为名等传统诈骗手法外，近年来出现了利用网络平台监管漏洞虚假充值、骗取运费险及退货款等新型犯罪手段和作案方式。

该案的指导性主要体现在以下几个方面：

一是对涉嫌数罪的未成年人也可依法适用附条件不起诉。对于李某涉嫌诈骗和传授犯罪方法两罪是否可以附条件不起诉，在办案中存在争议。有观点认为，李某涉嫌数罪，主观恶性大，在法律没有明确规定可以适用附条件不起诉的情况下，为慎重起见，不宜适用。经认真分析研判，李某

涉嫌的两罪分别属于刑法分则第五章、第六章规定的犯罪，未超出附条件不起诉的法定范围，依据有关量刑指导意见，综合刑期应判处一年有期徒刑以下刑罚，其又认罪认罚，符合适用附条件不起诉的法定条件。检察机关经不公开听证后，依法对李某作出附条件不起诉决定。

二是在附条件不起诉考察期间开展家庭教育指导工作。未成年人犯罪原因往往关联家庭，预防涉罪未成年人再犯，需要家长配合。该案针对五名涉罪未成年人均存在家庭监护责任缺位的共性问题，检察官会同司法社工开展家庭教育指导，解决问题少年背后的家庭问题，让涉罪未成年人在亲情中获取自新力量，提升矫治教育的效果。

三是注重争取、整合相关社会力量的支持参与。做好附条件不起诉工作，不仅要依托于专业司法队伍的构建，也有赖于未成年人检察工作社会支持体系建设。检察机关在该案办理过程中，针对未成年人心智不成熟、对网络空间缺乏辨别力等特点，及时引入司法社工、心理咨询师等专业力量，在社会调查、人格甄别、认罪教育、不公开听证、监督考察、跟踪帮教等各个环节提供支持和协助，为网络犯罪未成年人提供网络安全教育、心理疏导、法律咨询等社会化服务，引导未成年人正确使用互联网。在办案中推进社会支持体系建设，在推进社会支持体系建设中促进办案，以密切协作实现优势互补，以资源整合实现多赢共赢，有效推进未成年人保护社会治理。

（四）牛某非法拘禁案

该案的代表性主要是如何开展异地协作考察帮教工作。对于犯罪主体系外地户籍未成年人的案件，开展异地协作社会调查、考察帮教，可以切实解决司法实践中的难题，有效提升附条件不起诉在这一群体中的适用率。

该案的指导性主要体现在以下几个方面：

一是开展异地社会调查。刑事诉讼法第二百七十九条规定了社会调查的内容包括未成年犯罪嫌疑人的成长经历、犯罪原因、监护教育等情况。实践中，受制于客观条件，外地户籍未成年人的社会调查报告往往不完整，缺乏其在户籍地的成长历程和家庭环境等信息；即便有所涉及，大多也只是通过与其父母对话了解，缺乏参考价值。因不能完整地了解涉罪未成年人纵向的成长历程以及横向的生活环境，故难以找准致罪因素，“对症下药”进行帮教更无从谈起。该案中，检察机关通过涉罪未成年人户籍地检察机关委托当地公安机关对其成长经历、社会交往、家庭监护条件、取保候审期间表现等进行补充社会调查，获得完整社会调查报告的做法，值得借鉴。

二是开展异地附条件不起诉考察帮教工作。《未成年人刑事检察工作指引（试行）》第十条规定，对于异地检察机关提出协助进行社会调查、附条件不起诉监督考察等请求的，协作地检察机关应当及时予以配合。同时，该指引对委托地检察机关如何委托进行了规定，如需要提供哪些材料等，但对协作地如何选择、具体如何配合等未作明确规定。该案中，委托地检察机关应被附条件不起诉人及其家人回户籍地接受帮教的请求，与协作地检察机关进行工作衔接；协作地检察机关联合成立由检察官、司法社工、法定代理人等组成的帮教小组，负责日常考察帮教工作；建立联系机制，使委托地检察机关能够及时掌握考察帮教情况。上述做法和操作流程值得各地借鉴。

三是促成被害人谅解。该案在成年被告人赔偿后，被害人要求涉罪未成年人牛某赔偿5万元医药费。牛某及其家人虽有赔偿意愿，但因经济困难无法一次性支付，双方和解工作一度陷入僵局。此时，检察机关主动向被害人详细说明牛某及其家人的诚意及困难，建议双方采取先支付部分现金、余款分期赔偿的方案，最终促成双方和解，并将“根据协议按时、足额将赔偿款汇到被害人账户”作为附条件不起诉的一项附带条件。虽然根据刑事诉讼法规定，被害人对检察机关作出的附条件不起诉决定不服，其意见及申诉在法定层面不具有阻断附条件不起诉决定的效力，但如果在被害人强烈反对的情况下，检察机关仍作出附条件不起诉决定，不仅可能激化矛盾、引发新的不稳定因素，而且不利于涉罪未成年人顺利回归社会。因此，检察机关应当尽可能鼓励、说服涉罪未成年人及其法定代理人通过认罪认罚、赔偿损失、赔礼道歉等方式获得被害人谅解，在做好释法说理工作的同时，尽量依法满足被害人合理需求，包括物质、精神损失获得补偿，相关困难得到解决等。需要强调的是，未成年人刑事案件当事人和解不能仅关注赔偿是否到位，更应注重促进涉罪未成年人从认知到情感的社会化，真正起到实质性的唤醒良知的作用。

（五）唐某等人聚众斗殴案

该案的代表性主要是撤销附条件不起诉决定。附条件不起诉的目的是经过一段时间的考察帮教后最终不起诉，实现程序分流、教育挽救失足未成年人，但司法实践中仍存在考验期间因违反相关规定或者重新犯罪被提起公诉的情况。根据刑事诉讼法的规定，撤销附条件不起诉决定的情况有三种：一是实施新的犯罪；二是发现决定附条件不起诉以前还有其他犯罪需要追诉；三是违反治安管理规定或者考察机关有关附条件不起诉的监督管理规定，情节严重的。

该案的指导性主要是对违反考察机关有关附条件不起诉的监督管理规定"情节严重"的把握。对此，该案指出，被附条件不起诉人在考验期内多次故意违反禁止性监督管理规定，或者进入禁止进入的特定场所后违反治安管理规定，或者违反指示性监督管理规定，经检察机关采取训诫提醒等多种措施后仍无悔改表现的，应认定为违反考察机关监督管理规定"情节严重"。具体而言，可以从以下几个方面把握：

一是要考虑被附条件不起诉人在主观上是否故意违反考察机关监督管理规定，如果不是出于故意，则不宜认定，过于苛刻不利于调动其自我改造的积极性。

二是要考虑违反考察机关禁止性监督管理规定的频次，一次两次不宜认定为"情节严重"，但超过三次，一般可以认定，一味容忍不利于教育挽救。所谓禁止性监督管理规定，是指《人民检察院刑事诉讼规则》第四百七十六条第（三）项规定的"不得进入特定场所，与特定的人员会见或者通信，从事特定的活动"，如该案附带条件中的禁止夜不归宿，禁止出入酒吧、夜店、KTV 等娱乐场所。

三是违反禁止性监督管理规定的同时又违反治安管理规定，如进入禁止进入的特定场所后违反治安管理规定，此种情况也可以认定为“情节严重”。

四是违反指示性监督管理规定，经检察机关采取训诫提醒等多种措施后仍无悔改表现的，可以认定为违反考察机关监督管理规定“情节严重”。所谓“指示性监督管理规定”是指《人民检察院刑事诉讼规则》第四百七十六条第（一）项、第（二）项和第（四）项至第（六）项分别规定的“完成戒瘾治疗、心理辅导或者其他适当的处遇措施”“向社区或者公益团体提供公益劳动”“向社区或者公益团体提供公益劳动”“接受相关教育”等。

司法实践中，鉴于办理未成年人刑事案件重点强调“人”而非“行为”，注重个别化处理和承办人的亲历性，因此，对“违反考察机关监督管理规定情节严重”的判断应当避免机械化，需要承办人结合涉案未成年人的具体情况综合把握、裁量。

四、规范适用附条件不起诉制度

附条件不起诉制度经过八年多的运行，取得了明显成效。同时，检察机关也应清醒地看到，与党和人民对未成年人司法保护的更高要求相比，与附条件不起诉制度承载的功能和作用相比，司法实践在适用附条件不起诉制度方面还存在一些问题和不足。

下一步，检察机关应以发布该批指导性案例为抓手，进一步加强附条件不起诉工作。一是提高附条件不起诉案件质量。准确把握适用附条件不起诉的条件，严格规范适用程序，推动解决调查报告形式化、同质化等问题，进一步提升所附条件的针对性。二是依法适用附条件不起诉。对符合附条件不起诉条件的案件，依法适用，尤其是对作相对不起诉处理或者法院判处一年有期徒刑以下刑罚未成年人犯罪案件较多的地方，加强跟踪指导，依法加大适用力度，维护未成年人合法权益。三是加强对附条件不起诉制度的调研分析，为进一步完善附条件不起诉制度提供检察经验和智慧。

2. 宽严相济　重在转化　最大限度发挥附条件不起诉制度优势

——最高检第九检察厅负责人就第二十七批指导性案例答记者问

史卫忠[*]

问：什么是附条件不起诉？适用附条件不起诉需要具备哪些条件？

答：根据刑事诉讼法第二百八十二条规定，对于未成年人涉嫌刑法分则第四章、第五章、第六章规定的犯罪，可能判处一年有期徒刑以下刑罚，符合起诉条件，但有悔罪表现的，检察机关可以作出附条件不起诉决定。

从这个规定可以看出，适用附条件不起诉需要同时满足以下几个条件。一是适用对象是未成年人，成年人犯罪不能适用。对实施犯罪行为时系未成年人但诉讼过程中已满十八周岁的犯罪嫌疑人，符合条件的也可以适用。牛某非法拘禁案就是这样一个例子。二是涉嫌刑法分则第四章、第五章、第六章规定的犯罪，即涉嫌侵犯公民人身权利、民主权利罪，侵犯财产罪、妨害社会管理秩序罪的可以适用，其他类型犯罪比如危害国家安全、公共安全、破坏社会主义经济秩序等犯罪不能适用。三是可能判处一年有期徒刑以下刑罚。“一年有期徒刑以下刑罚”是指可能的宣告刑，而非法定刑，即如果将犯罪嫌疑人交付审判，法院对其可能判处的刑罚。比如，我们发布的胡某某抢劫案，抢劫犯罪法定刑为三年以上有期徒刑，但根据各种量刑情节，调节基准刑后测算胡某某可能判处有期徒刑十个月至一年，因而适用了附条件不起诉。还有，发布的李某诈骗、传授犯罪方法牛某等人诈骗案，李某虽触犯两罪，但综合全案事实、社会调查情况以及犯罪后表现，

---

* 史卫忠，最高人民检察院检察委员会副部级专职委员（最高人民检察院原未成年人检察厅厅长）。

依据有关量刑指导意见，李某的综合刑期应在一年有期徒刑以下，因而也对其附条件不起诉，都取得了比较好的效果。四是符合起诉条件。对于符合刑事诉讼法第一百七十七条第二款规定的不起诉条件，也就是说，如果未成年犯罪嫌疑人属于犯罪情节轻微，依照刑法规定不需要判处刑罚或者免除刑罚条件的，应直接依法适用不起诉，不能以附条件不起诉代替不起诉。五是有悔罪表现。《未成年人刑事检察工作指引（试行）》列举了几种情形，主要包括认罪认罚，向被害人赔礼道歉、积极退赃、尽力减少或者赔偿损失，取得被害人谅解，具有自首或立功表现，犯罪中止，等等。

总之，具备以上五个条件，检察机关可以适用附条件不起诉，但这只是必要条件，而非充分条件。实践中有一些符合这些条件，但因帮教条件不具备等原因而没有被附条件不起诉。今后，我们将继续指导各地依法积极适用附条件不起诉，合理提高附条件不起诉适用率，更好地发挥这一制度的作用。

问：对未成年人附条件不起诉的监督考验期限是如何设置的？是否可以调整？

答：对符合条件的涉罪未成年人作出附条件不起诉决定，根据刑事诉讼法第二百八十三条规定，需要设置六个月到一年的考验期，考验期的长短要与未成年人所犯罪行的性质、情节和主观恶性大小相适应。在此期间，被附条件不起诉的未成年人要遵守相关规定，并按照检察机关的要求接受矫治和教育。检察机关将根据社会调查情况，针对涉罪未成年人的具体犯罪原因和回归社会的具体需求等设置附带条件。考验期间，未成年人实施新的犯罪或者发现漏罪、违反治安管理规定或者检察机关所附条件情节严重的，将撤销附条件不起诉决定，依法提起公诉。唐某等人聚众斗殴案就是因违反考察机关附条件不起诉的监督管理规定被撤销附条件不起诉决定，后被判处有期徒刑八个月。考验期间没有上述情形，考验期满的，检察机关将依法作出不起诉的决定。其余 4 个案例就是这样的情况。

当然，考验期限并非一成不变。检察机关可以根据被附条件不起诉人的不同情况和个性需求，动态调整考验期限和帮教内容。比如，发布的胡某某抢劫案，鉴于胡某某表现良好、考上大学后角色转变等情况，检察机关组织家长、学校、心理咨询师、社区召开“圆桌会议”听取各方意见。经综合评估，各方一致认为原定考验期限和帮教措施已不适应当前教育矫治需求，有必要作出调整。检察机关决定将胡某某的考验期缩短为八个月。同样，根据教育矫治需要，检察机关也可以决定延长考察期限。

问：“按照考察机关的要求接受矫治和教育”具体指什么？

答：按照考察机关的要求接受矫治和教育，是指被附条件不起诉的未成年人要按照人民检察院的要求接受一系列的矫治和教育项目，主要包括：（1）完成戒瘾治疗、心理辅导或者其他适当的处遇措施；（2）向社区或者公益团体提供公益劳动；（3）不得进入特定场所，与特定的人员会见或者通信，从事特定的活动；（4）向被害人赔偿损失、赔礼道歉等；（5）接受相关教育；（6）遵守其他保护被害人安全以及预防再犯的禁止性规定。《人民检察院刑事诉讼规则》第四百七十六条对此作了明确规定。

从上述规定看，矫治和教育项目可大体分为四类，一是矫正类，如接受心理辅导、参加公益活动、接受相关教育等；二是修复类，如赔礼道歉、损害赔偿等；三是限制类，如限制进入特定区域等；四是保护观察类，如戒瘾治疗等，并规定了一个兜底条款，即“（六）遵守其他保护被害人安全以及预防再犯的禁止性规定。”也就是说，检察机关可以根据未成年人的具体情况和帮教需求来设置考察帮教的内容，以保证取得预防被附条件不起诉的未成年人重新犯罪、促进其健康成长的实效。

问：如果被害人不同意检察机关对涉罪未成年人附条件不起诉，检察机关可以作出附条件不起诉吗？如何保护被害人的利益？

答：根据刑事诉讼法第二百八十二条的规定，人民检察院在作出附条件不起诉的决定以前，应当听取被害人的意见，如果被害人对人民检察院作出的附条件不起诉决定不服，可以在收到决定书后七日以内向上一级人民检察院申诉。也就是说，刑事诉讼法赋予了被害人对附条件不起诉的程序参与权，以及通过申诉寻求救济的权利，但其意见及申诉在法定层面不具有阻断附条件不起诉决定的效力，即使被害人不同意，检察机关依然有权从教育、感化、挽救出发，对涉罪未成年人作出附条件不起诉决定。但是，在实践中，检察机关对被害人的意见非常重视，一方面是因为被害人是受犯罪行为侵害的人，在诉讼中是一方当事人，而检察机关负有维护当事人合法权益的职责。被害人的意见对于检察机关而言非常重要，如果没有特别充分的理由，被害人意见检察机关一般是采纳的。另一方面，涉罪未成年人回归社会需要一个和谐的环境，如果在被害人强烈反对的情况下，检察机关仍作出附条件不起诉决定，不仅可能激化矛盾、引发不稳定因素，而且对于涉罪未成年人顺利回归社会也不利。《人民检察院办理未成年人刑事案件的规定》规定："对于决定附条件不起诉可能激化矛盾或者引发不稳定因素的，人民检察院应当慎重适用。"也就是说，被害人的意见对附条件不起诉的决定有重要的影响。这也符合“双向保护原则”，以避免执法的片面性。

实践中，检察机关会尽可能地鼓励、说服涉罪未成年人及其法定代理人通过认罪认罚、赔偿损失、赔礼道歉等方式获得被害人谅解，把保护被害人对附条件不起诉的救济权转化为事前对其权益的关注和尊重，在做好释法说理的同时，尽最大可能依法满足其回归正常生活的需要，包括物质、精神损失获得补偿，相关困难得到解决等。因此，促使被害人对涉罪未成年人谅解或双方达成和解，就成为检察机关作出附条件不起诉决定前的重要工作，实践中便呈现出附条件不起诉制度与刑事和解制度结合适用的局面，二者往往相互影响，在过程中互为条件，在法律后果上相互印证。需要指出的是，在未成年人刑事案件的和解中，不是只看或者重点关注是否赔偿到位，而是更注重促进涉罪未成年人从认知到情感的社会化，真正起到实质性的唤醒良知的作用。未成年人及其法定代理人只要有和解的诚意，即使无力赔偿，检察机关也可以通过司法求助等方式予以解决。

问：附条件不起诉制度整体适用情况怎么样？下一步重点工作是什么？

答：从法律确立附条件不起诉制度以来，检察机关对符合条件的涉罪未成年人积极适用，2015 年以来，适用人数逐年上升，2015 年至 2019 年，适用人数分别为 3779 人、4455 人、5681 人、6624 人、7463 人，占审查起诉未成年人总人数的比率（简称“附条件不起诉适用率”）分别为6.04%、8.00%、10.06%、12.15%、12.51%。特别是2020年以来，最高检指导各地检察机关坚持依法应用尽用原则，前11个月对未成年人决定附条件不起诉9401人，附条件不起诉适用率达19.9%，同比上升7.8个百分点。

同时，附条件不起诉考验期间因违反相关规定或者重新犯罪被提起公诉人数保持在较低水平，2015年至2019年分别为99人、141人、134人、183人、233人，被重新提起公诉人数占附条件不起诉总数的比率基本保持在2.3%至3.2%。2020年前11个月，附条件不起诉后重新起诉232人，占附条件不起诉人数的2.47%，反映附条件不起诉制度整体适用情况良好，且随着适用人数不断增加，教育挽救和监督考察效果非但没有下降，反而有所提升。下一步，我们将以发布本批指导性案例为抓手，进一步加强附条件不起诉工作。

问：在附条件不起诉工作工作中，未成年人检察社会支持体系能够发挥什么作用？

答：从发布的指导性案例可以看出，做好附条件不起诉工作，不仅要依托于专业司法队伍的构建，也有赖于未成年人检察工作社会支持体系建设。这几件指导性案例，一个共同的特点就是，检察机关注重在个案办理的每个环节中，主动争取、整合相关社会力量的支持参与。如有的在审查逮捕、审查起诉中，全程引入司法社工落实社会调查、跟踪帮教等特殊程序；有的在依法讯问、调查核实中，聘请心理专家开展人格甄别、犯罪心理分析等基础性工作；有的在适用认罪认罚、附条件不起诉制度中，借力律师、监管人员等实施认罪教育、矫治教育等措施；有的在做好案件后半篇文章中，争取团委、妇联、民政、教育、关工委等部门支持，建立未成年人犯罪预防机制等。坚持在办案中推进社会支持体系建设，在推进社会支持体系建设中促进办案，以有效的沟通做到靶向发力，以密切的协作实现优势互补，以资源的整合实现多赢共赢，最大限度体现教育、感化、挽救方针，更大程度凸显以人民为中心的司法追求，最终实现司法办案“三个效果”有机统一，有效推进未成年人保护社会治理，推动形成党委领导、政府支持、检察监督、社会协同、公众参与的未成年人检察工作社会化支持体系。

（二）专家解读

1. 聚焦“主业”与“正业”：未成年人犯罪治理的检察特色

姚建龙*

“儿童有他不同的本质和不同的需求，他们需要与成人世界分离并受到保护。”这对于涉罪未成年人也不例外。涉罪未成年人不仅需要与成人刑事司法程序相分离，同时更加需要强调诸多层面保护措施，从而避免刑事司法“生产”终身犯罪人。若是不能把涉罪未成年人教育矫治好，而其不断、继续实施违法犯罪，将是刑事司法与整个社会不能承受之重。而少年司法尤其是未成年人检察通过聚焦“主业”与“正业”，能够为预防和减少未成年人犯罪提供符合未成年人本质与需求的最优治理途径。

一、始终坚持刑事处遇中的未成年人特殊保护

保障犯罪人人权是刑事司法的重要任务之一。而当未成年人涉罪时，保障其人权是基本要求和司法“红线”。进一步而言，由于未成年人作为社会主体的特殊性——主体地位独立而权利行为能力不健全，所以，在成年之前需要得到成人社会的保护。这是刑事处遇中特殊保护涉罪未成年人的最根本理论逻辑。

---

* 姚建龙，上海社会科学院党委副书记兼法学研究所所长、研究员、博士生导师，《政治与法律》主编。

实际上，早在1923年，《儿童权利宪章》被救助儿童国际联盟认可，到1924年，第一份《儿童权利宣言》(《日内瓦宣言》) 诞生。再到1959年联合国大会通过《儿童权利宣言》(即第二份《儿童权利宣言》)，其后从1979年开始起草《儿童权利公约》，历时十年，在1989年的联合国大会上获得一致通过。其中，联合国大会还在1985年专门通过了《少年司法最低限度标准规则》(即《北京规则》)。而中国作为这两个国际公约的缔约国，强调并切实做好刑事处遇中的涉罪未成年人合法权益保护，也是长期以来忠实履行国际公约义务的重要历史逻辑。与此同时，在刑事司法实践中，为了更好地办好涉未成年人案件，我们也逐渐意识到办理未成年人案件不能够直接套用法律中对成人案件的规定，相应地，刑事司法尤其是检察机关办案过程中的一些成熟探索也逐渐为刑事立法所接受，形成了一系列有利于办理未成年人案件的制度机制。这是刑事处遇中坚持未成年人特殊保护的实践逻辑。

从最高检发布的指导性案例来看，坚持刑事处遇中的未成年人特殊保护贯穿始终，对于在办案过程中提前做好涉罪未成年人的挽救、教育、感化起到了重要作用。这也是检察机关的“主业”要求。比如，以张某、沈某某等抢劫案（检例第19号）为例，对于一审法院未对未成年被告人依法从宽处罚、适用累犯、未与成年被告人罚金刑适用区别等错误认定，一审后上级检察机关依法抗诉并全部获得二审法院判决支持。可见，依法、合理“区别对待”实际上也是在挽救涉罪未成年人，避免其得不到司法的宽宥而不利于后期的矫治教育。又如，以未成年犯康某假释监督案（检例第71号）为例，一方面，检察机关在康某既符合减刑条件，又符合假释条件时，选择了更有利于其教育矫治和融入社会的假释；另一方面，在具体适用假释时，根据犯罪时未满十八周岁的，假释认定时从宽把握，来依法作出有利于未成年犯的认定，并且是具体考虑到了身心特点、初犯、偶犯、在校生、帮教环境等情况。上述这些做法有利于在刑事司法中让涉罪未成年人感受到法律既是需要敬畏的，同时法律也是有温度的，对未成年人不搞“一刀切”的成人司法处遇，能够起到“宽容而不纵容”的未成年人犯罪治理效果。

二、预防重新犯罪与消除新的犯罪诱因相结合

预防和减少未成年人犯罪，首要的、能够迅速落实和相对较快见效的重要路径就是预防未成年人再犯。刑事司法要避免“生产”终身犯罪人，除了要在刑事司法程序中体现对涉罪未成年人的宽宥与教育、感化，更为重要的任务就是如何做好针对性的帮教矫治与复归社会提升。前者是要真正把涉罪未成年人矫治好，使其认识到行为的违法性与错误性，不敢、不愿再去犯罪；后者则是提升涉罪未成年人复归社会的能力，避免无法融入社会而再次走上违法犯罪道路。

与此同时，也不能够忽视未成年人犯罪所带来的矛盾隐患，既包括受害方对涉罪未成年人受到的司法处遇的不理解，也包括犯罪行为给受害方带来的生活上的实际困难等。这些现实问题虽然在“案外”，但对于最大程度化解矛盾，防止矛盾升级，避免由此引发新的犯罪，包括新的未成年人“报复性”犯罪，以及让每一个当事人都在司法中感受到实质性的公平正义，都有着积极的作用。因此，这是检察机关尤其是未成年人检察部门的首要“正业”之一。

从实践情况来看，未成年人检察部门在上述“正业”上的工作也相当到位。以检察机关与各方力量携手构建未成年人保护大格局典型案（事）例四为例，检察机关在征得涉罪未成年人李某、张某本人及其法定代理人同意后，联合团委、妇联依托“青禾青少年服务中心”对二人进行了为期三个月的不起诉帮教，使其改掉恶习，回归正常学习与生活。再以案（事）例五为例，对于涉罪未成年人黄某，一方面，检察机关开展社会调查，了解涉罪未成年人的家庭环境、遭受的不良经历，依法作出附条件不起诉。另一方面，检察机关并不是“一放了之”，而是对其开展不起诉帮教，多部门联动，将黄某送入专门学校进行教育矫治，不仅重视融入社会，还注重对黄某学习等潜能的激发。这些机制措施对预防涉罪未成年人再犯从而实现良好的犯罪治理效果具有重要作用。此外，还应当重视的则是未成年

人犯罪中的矛盾化解问题。以吴某、杨某刑事诉讼公开听证案（检例第159号）为例，一方面，对于涉罪未成年人因不满刑事责任年龄不负刑事责任，受害方表示不理解；另一方面，对于“因案致困”的实际问题，受害方无法接受法院判决。对于上述两个方面的现实情况，检察机关通过公开听证，释法说理，让受害方理解法律规定及其原因。与此同时，针对受害方的实际生活困难，进行司法救助，心理辅导，督促涉罪未成年人一方履行民事赔偿责任，最终将矛盾化解到最小化，避免了“案结事不了”所可能诱发的新的社会矛盾甚至是犯罪问题。这也是检察机关做好“主业”和“正业”的重要意义所在。

三、通过家庭教育指导将犯罪治理的端口前移

通过近些年来未成年人犯罪的原因来看，家庭因素往往占据着重要作用。与家人的关系不融洽、家庭教育缺失甚至是监护侵害等，都是诱发未成年人犯罪的关键影响因素。反之，良好、健康的家庭关系和家庭教育，又能够对未成年人犯罪起到立竿见影的抑制作用。概言之，预防和减少未成年人犯罪（包括初犯和再犯），除了通过未成年人本身的教育矫治之外，还应当重视对于未成年人家庭教育的社会调查与不良家庭教育的及时干预，从而通过家庭教育指导方式，将犯罪治理端口前移，这也是坚持源头治理、系统治理与综合治理的要求和重要体现。

参与涉罪未成年人的家庭教育指导工作，同样也是未成年人检察部门的重要“正业”之一。并且，在实际工作中检察机关通过办理涉未成年人案件更是起到了关键的主导和协调作用。尤其最高检协调全国妇联、中国关工委联合印发了《在办理涉未成年人案件中全面开展家庭教育指导工作典型案例》，对于强化涉案未成年人家庭教育指导，对各级检察机关、妇联、关工委提出了具体要求。一方面，对于涉罪的未成年人，对不良的家庭环境和教育进行及时干预，有利于涉罪未成年人的教育矫治和复归社会、复归家庭。另一方面，对于具有不良行为、严重不良行为，甚至是触法行为的未成年人，做好家庭教育指导，能够避免这些行为发展为严重的犯罪，

从而起到在前端上预防和减少未成年人犯罪的关键性作用。此外，实际上，做好家庭教育指导，也是提升家庭预防未成年人被侵害意识和能力的重要工作机制，预防被害，减少不良经历，对于防范未成年人报复性犯罪，具有积极意义。概言之，家庭作为未成年人最为重要的成长场所，督促、指导家庭履行好对未成年人的近距离保护责任至关重要。应当说，健康的家庭教育是预防和减少未成年人犯罪的“一剂良药”。这也正是检察机关不断依法拓展“正业”，做好未成年人检察工作的原因与情怀所在。

2. 以精准帮教推动附条件不起诉制度高质效落实

何　挺*

附条件不起诉制度集中体现了对涉罪未成年人教育、感化、挽救的方针，是目前在我国实现“转处”这一未成年人司法核心理念与制度的最为重要的途径。自 2012 年刑事诉讼法修改正式确立发展至今，该制度取得了显著的实践效果。全国检察机关的未成年人犯罪附条件不起诉率也从 2014 年的 5.31% 提升至 2023 年的 37.4%，并呈现出前期较快提升而近年来趋于稳定的发展态势。近年来，多地检察机关在附条件不起诉监督考察期间和后续跟进中开展精准帮教，取得了良好的实践效果，有力地推动了附条件不起诉制度的高质效落实。

结合最高人民检察院发布的相关案例来看，精准帮教对于附条件不起诉制度高质效落实的推动作用主要体现在四个方面。

第一，精准帮教以全面专业的社会调查为前提，为准确适用附条件不

* 何挺，北京师范大学法学院副院长、教授，北京师范大学未成年人检察研究中心执行主任。

起诉制度奠定了重要基础。社会调查为附条件不起诉所提供的基础，不仅在于确定某一个案中的涉罪未成年人是否能够适用附条件不起诉，也在于为监督考察期间如何对其进行针对性的干预和帮教提供依据。例如，在“胡某某抢劫案”（检例第103号）中，案件提请批准逮捕后，针对公安机关移送的社会调查报告不能充分反映涉罪未成年人胡某某犯罪原因的问题，检察机关及时补充开展社会调查，查明了胡某某的家庭氛围和亲子关系等情况，掌握了胡某某意图制造事端迫使母亲妥协的犯罪动机，既为其适用附条件不起诉奠定了重要的事实基础，也为监督考察期间帮教工作的开展提供了准确的依据。又如在“牛某非法拘禁案”（检例第106号）中，案件移送审查起诉后，检察机关审查认为，随案移送的社会调查报告不够全面细致。为进一步查明涉罪未成年人牛某犯罪原因、犯罪后表现等情况，检察机关列出了详细的社会调查提纲，通过牛某户籍所在地检察机关委托当地公安机关对牛某的成长经历、犯罪原因、平时表现、社会交往、家庭监护条件、取保候审期间的表现等进行补充社会调查，得出了牛某能够被社会接纳，具备社会化帮教条件的调查结论。在此基础上，检察机关依法作出了附条件不起诉的决定，并在监督考察期间采取了适合于牛某的帮教措施。

第二，个性化和针对性的帮教措施是精准帮教的核心内容，也是保障附条件不起诉制度高质效适用的关键所在。例如，在“李某诈骗、传授犯罪方法牛某等人诈骗案”（检例第105号）中，检察机关除了针对涉案未成年人家庭责任缺位等共性问题开展家庭教育指导等措施外，还针对李某父母疏于管教、亲子关系紧张，包某性格内向无主见、极易被误导，黄某因达不到父母所盼而缺乏自信，牛某因单亲家庭而自卑，关某沉迷网络游戏挥霍消费等不同未成年人的各自特点分别设置了个性化附带条件，开展针对性帮教措施，取得了良好的教育矫治效果。又如，在“与专门学校合作帮教矫治 为涉罪未成年人点亮归途”案例中，涉罪未成年人黄某某入读某中学期间，检察机关、专门学校、司法社工共同制定个性化帮教考察方案，开展教育矫治工作；某中学还为黄某某“量身”开设小学初中相衔接的教育课程，安排其参加劳作实践和公益志愿活动。这些“定制性”的措施对帮助黄某某回归社会发挥了重要作用。

第三，动态评估与及时调整是精准帮教的应有之义，也是充分发挥附条件不起诉制度转处功能的有力保障。例如，在“胡某某抢劫案”（检例第 103 号）中，涉罪未成年人胡某某在监督考察期间表现良好并考上了大学。检察机关组织家长、学校、心理咨询师、社区召开“圆桌会议”听取各方意见。经综合评估后，各方一致认为原定考验期限和帮教措施已不适应当前精准帮教的需求，有必要作出调整。基于此，检察机关决定将胡某某的考验期缩短为八个月，并对最后两个月的帮教内容进行了针对性调整。由此，胡某某得以在不影响大学学业的同时，继续接受适当的帮教措施。又如，在“唐某等人聚众斗殴案”（检例第 107 号）中，在考验前期，涉罪未成年人唐某能够遵守各项监督管理规定，表现良好，但后期开始无故迟到、旷工，还出入酒吧、夜店等娱乐场所。为此，检察机关及时调整强化帮教措施，监督唐某是否存在违反禁止性规定的行为，及时开展家庭教育指导和司法训诫，并引导其树立正确的价值观。经多次训诫及心理疏导后，唐某依然继续违反附条件不起诉监督管理规定，最终检察机关依法撤销了唐某的附条件不起诉决定。正是这种动态评估与及时调整的做法，使得检察机关能够准确掌握涉罪未成年人的发展情况，并随之采取恰当措施。

第四，精准帮教所要求的针对性和个性化帮教措施需要大量的社会支持和畅通的多部门联动机制，这为提升附条件不起诉制度的实际效果贡献了重要的推动力。例如，在“庄某等人敲诈勒索案”（检例第 104 号）中，根据五名涉罪未成年人对就学就业的需求，检察机关积极协调教育部门为顾某、章某分别提供声乐、平面设计辅导，联系爱心企业为常某提供模型设计的实习机会，联系人力资源部门为庄某、汪某提供免费的职业培训，使他们各自获得了适合自身情况的发展机会。又如，在“与专门学校合作帮教矫治 为涉罪未成年人点亮归途”案例中，检察机关对涉罪未成年人黄某某作出附条件不起诉决定后，针对其家庭管教无力、监管环境差，因长期辍学没有学籍、文化程度低，所在社区缺乏帮教条件等问题，联合教育行政部门、某中学、团委等部门召开联席会议，为黄某某协调衔接入学事宜。经协调，教育行政部门为黄某某在某中学设置临时学籍，区委政法委为黄某某提供入学资金支持，最终让辍学多年的黄某某顺利入读某中学。这都反映出多部门联动机制所形成的社会支持体系，在为涉罪未成年人链接帮教资源和提供发展机会等方面发挥的重要作用。

从某种意义上来说，附条件不起诉适用数量的增长和适用范围的扩展是与相应的精准帮教能力同频共振的，只有开展相应的精准帮教，才能通过附条件不起诉实现帮助和促使涉罪未成年人复归社会的目的。同样，也只有不断提升精准帮教的能力，发展出更多个性化和针对性的帮教措施，才能使附条件不起诉适用于更多的涉罪未成年人，实现高质效办案。与之相反的是，实践中也存在一些附条件不起诉后“一放了之”缺乏监督考察和精准帮教的情况，导致涉罪未成年人重新违法犯罪等负面后果。因此，为了更好地教育矫治涉罪未成年人和发挥附条件不起诉制度的转处功能，附条件不起诉制度在具体落实中还应当以精准帮教为抓手进一步地优化。具体而言包括如下方面：

一是应当在适用附条件不起诉的过程中进一步细化设置和准确运用附带条件。在目前的司法实践中，依然存在对附带条件的性质定位不清，附带条件的种类较为单一，对附带条件的履行难以监督和未履行时相应惩戒措施不足等问题。为了更好地开展精准帮教，应当在观念上将附带条件及其履行视为附条件不起诉的核心要素之一；在操作上将附带条件的具体内容明确写入附条件不起诉决定书和监督考察协议，并对附带条件的内容进行具体化和个性化设置；同时强化对附带条件履行的监督，完善不履行附带条件的惩戒措施。①

二是检察机关应当进一步加强与涉罪未成年人的监护人以及学校、单

---

① 具体可参见何挺:《附条件不起诉制度实施状况研究》，载《法学研究》2019 年第 6 期。

位、社区等主体的联系与互动。在司法实践中，有的地方检察机关在作出附条件不起诉决定后组建监督考察小组，吸纳上述主体参与监督考察和帮教工作。在监督考察和帮教的过程中，检察机关可能会通过集体会议、一对一沟通、微信群联络等方式，与这些主体进行联系与互动。但实践中，由于这些主体的参与积极性不高等各方面因素，检察机关在监督考察和帮教过程中与他们的互动与合力不足。[①] 然而在日常生活中，涉罪未成年人生活在学校、社会等场景中，与监护人、学校老师、单位工作人员等主体的接触通常最为频繁和密切。如果这些主体不能较好地参与到监督考察和帮教工作中，仅仅依靠与未成年人生活场景距离较远的检察机关和司法社工，难以将监督考察和帮教工作深度融入其日常活动之中。基于此，检察机关应当更加重视监督考察小组的作用，充分发挥家庭教育指导、法治副校长等制度的功能，加强与上述主体的联系与互动。

三是检察机关应当进一步开展社会支持体系建设，关注和解决各地社会支持体系发展不平衡的问题。精准帮教和附条件不起诉制度的高质效落实离不开司法社工、心理咨询师等专业社会力量的有效参与。近年来，我国检察机关高度重视未成年人司法社会支持体系建设，专业社会力量参与附条件不起诉监督考察和帮教工作的广度和深度都不断加强。但是从地域上看，专业社会力量的地区发展不平衡问题依然较为突出，在中西部地区的很多地方，专业的司法社工和心理咨询师依然较为短缺，难以对附条件不起诉制度提供有力支撑，形成精准帮教效果。对此，检察机关应当对社会支持体系发展尚不充分的地区加强扶持力度，在充分考虑当地实际情况的前提下，广泛链接和持续培育相关社会资源，促进社会支持体系的成长和发展。

---

① 检察机关在司法实践中与涉罪未成年人的监护人以及学校、单位、社区等主体联系与互动的具体情况和存在的问题可参见何挺、李珞珈：《附条件不起诉监督考察的主体：基于参与观察的研究》，载《国家检察官学院学报》2017 年第 3 期。

第二部分
未成年人民事、行政案例

一、案　例

1. 张某某探望权执行监督案*

——家庭教育指导助力破解探望难题 多方合力护佑离婚家庭子女健康成长

一、基本案情

2016年3月，王某某、张某某经上海市宝山区人民法院调解离婚，二人所育儿子王某星（2014年生）由父亲王某某抚养，母亲张某某具有探望权。民事调解书生效后，王某某长期不积极履行协助探望义务，以各种理由阻碍张某某探望儿子。张某某为此多次向法院申请强制执行，均未取得根本性改善。

二、家庭教育指导做法与成效

（一）通过家庭教育指导促使监护人转变认识，从根本上解决探望权落实难题

由于探望权长期不能得以实现，2022年1月，张某某向宝山区检察院求助。检察机关调查发现，2016年以来，张某某就探望权问题先后8次向法院申请强制执行。每次执行过程中，王某某均向法官承诺会履行协助探望义务，但实际上却以各种理由阻碍张某某看望儿子，甚至引导儿子远离母亲，不仅侵犯了王某某的探望权，也对王某星的成长造成非常不利的影响。王某星一方面想迎合父亲，另一方面又很思念母亲，在两难之中煎熬，性格变得胆小内向。为有力保护未成年人，宝山区检察院依法启动民事执行监督程序。针对探望权人身属性强，需要长期履行，如果被执行人不主

* 案例选自《在办理涉未成年人案件中全面开展家庭教育指导工作典型案例（第二批）》。

动配合，仅依靠传统强制执行手段难以实现良好效果的情况，2022年2月，宝山区检察院向宝山区法院制发《家庭教育指导建议书》，建议法院在强制执行过程中对被执行人开展家庭教育指导，引导其树立正确的子女抚养理念，从根本上解决探望权“执行难”问题。法院采纳检察机关建议，在向王某某送达《案件执行通知书》的同时送达《家庭教育令》，责令其依法履行协助探望义务，并在指定时间地点接受家庭教育指导。

（二）充分运用心理学理论、手段，有针对性地开展家庭教育指导工作

为有针对性地做好家庭教育指导工作，宝山区检察院委托青少年事务社工和心理咨询专家通过社会调查和心理访谈等方式，进行了深入的调查评估。调查发现，王某某与张某某双方家庭一直存在矛盾，王某某因顾虑老人的态度而阻碍探望。要让王某某从内心上接受并愿意协助离异妻子与儿子联系、交流，必须打开其“心结”。针对这一情况，心理咨询专家制定针对性的工作方案，通过心理照护、情绪疏导和认知改变的方式对王某某进行教育指导，帮助其充分认识自己的行为动机以及父母关系对孩子心理的影响，以及一旦出现“家庭关系三角化”后其将面临的不良后果。通过心理咨询专家分阶段、分层次的介入，王某某最终打开“心结”，放下成见，愿意与前妻共同做好儿子的教育保护工作。

（三）监督与帮助双管齐下，保障家庭保护责任落实

在对王某某开展家庭教育指导的同时，检察机关会同人民法院组织双方召开面谈会，进行释法说理，向王某某阐明不履行探望义务的法律后果。同时，宝山区检察院联合宝山区法院探索建立“探望监督人制度”，委托青少年事务社工作为探望监督人，协调、督促王某某如约安排母子会见，并由女性社工全程陪伴、引导，保障每次探望时间不少于4小时。经过多方引导、帮助和监督，最终王某某与张某某就探望权具体执行方式达成共识。王某某如期协助张某某探望儿子，并在六年来首次邀请张某某陪同儿子过生日，亲子关系逐渐融洽。该案也顺利“案结事了”，张某某未再申请强制执行。

三、典型意义

夫妻双方离婚后，一方拒绝、妨碍、阻挠另一方行使探望权的情况时有发生。父母双方的对立冲突和一方关爱保护的缺失，会对未成年人身心健康造成严重不利影响。孩子在矛盾复杂的父母关系中成为“夹心人”，情感失衡，甚至抑郁焦虑，久而久之，认知和行为会形成偏差。保障探望权稳定、有效行使是保护离婚家庭未成年子女健康成长的重要内容，是司法机关的重要职责。然而，探望权人身属性强，仅靠强制执行难以保障长期效果。因此，有必要通过家庭教育指导帮助未成年人父母转变家庭教育理念，从根本上解决被执行人“不想执行”“不愿执行”的问题。检察机关可将家庭教育指导融入涉未成年人民事执行监督工作中，通过监督与帮助同步实施，推动家庭保护责任落实，为未成年人提供更加全面的司法保护。

2. 支持起诉　协同救助
建立监护侵害案件一体化办案保护机制*

一、基本案情

2017 年 7 月，路某某（男）、袁某（女）将出生仅一个月的非婚生女儿“小红豆”遗弃在上海市儿童医院，并拒绝支付医疗费用，导致“小红豆”长期滞留在医院。2018 年 10 月，儿童医院将上述情况告知上海市普陀区检察院，普陀区检察院立即启动刑事立案监督程序，并协调区民政局将病愈康复的“小红豆”送往区福利院进行临时监护。2019 年 8 月，经普陀区检察院提起公诉，法院以遗弃罪分别判处路某某、袁某有期徒刑八个月和六个月。2019 年 11 月，普陀区检察院支持区福利院提起撤销路某某、袁某监护资格之诉，法院采纳检察机关意见并指定上海市儿童福利院为

* 案例选自《〈落实“两法”护航青春〉典型案（事）例》。

“小红豆”的监护人。2020年1月，普陀区检察院分别支持上海市儿童医院、普陀区福利院向路某某、袁某提起追索因监护侵害行为产生的医药费、抚养费民事诉讼。经调解，路某某、袁某与上述单位达成调解协议。

二、履职情况

（一）构建保护链条，精准打击监护侵害犯罪

普陀区检察院立足辖区儿童救助保护资源相对集中的优势，与区民政局、区卫健委以及儿童医院等单位建立了困境儿童信息互通和协同处置工作机制。依托该工作机制，儿童医院在积极救治照护“小红豆”的同时，将相关情况告知检察机关。检察机关获知线索后，一方面启动立案监督程序，会同公安机关对失职监护人刑事追责；另一方面协同民政部门落实临时监护措施。民政部门专案专办，将“小红豆”安置在区福利院，单独开辟儿童房，配备儿童床铺、洗漱、玩具等物品，并组成以全国劳模为负责人的专业看护团队全天候照料。

（二）撤销监护资格，推动落实监护责任

检察机关办理监护侵害类案件，既要依法严惩犯罪行为，更要妥善解决未成年被害人的监护问题。本案中，“小红豆”父母已符合撤销监护资格的法定情形，为确定其他近亲属是否可以担任监护人，检察机关委托青少年事务社工开展监护资格调查及第三方评估工作，发现“小红豆”的近亲属均不具备监护能力，亦无监护意愿。在没有其他适格监护人的情况下，检察机关支持普陀区福利院向法院提起撤销监护人资格诉讼，法院指定上海市儿童福利院作为监护人。接受指定后，上海市儿童福利院积极履行监护责任，为“小红豆”落实了户籍并启动领养程序。

（三）深化支持起诉，刑民衔接夯实司法保护

民法典及未成年人保护法规定，未成年人的父母被撤销监护权后不免除抚养义务。为督促失格监护人继续履行法定义务，维护“幼有所育”的善良风气，经与检察机关多次沟通，上海市儿童医院和普陀区福利院决定通过民事诉讼向路某某、袁某追索长期拖欠的医疗费和临时监护期间的抚

养费，并申请检察机关支持起诉。根据区检察院与法院共同建立的未成年人案件刑民一体化办案机制，即由同一部门、同一检察官、同一法庭、同一法官办理监护侵害刑事案件以及由此衍生的民事案件，法院指定未成年人综合审判庭和原法官承办案件。检察机关决定支持起诉后，积极协助原告单位确定起诉理由、收集固定证据、合理计算追索费用，并出庭发表支持起诉意见，最终促成双方调解，在惩戒失职父母的同时，为原告单位挽回经济损失。

三、典型意义

未成年人保护法构建了以家庭监护为主，以监护支持、监督和干预为保障，以国家监护为兜底的未成年人监护制度体系。检察机关办理监护侵害案件，应当充分发挥未成年人检察业务统一集中办理优势，主动加强与公安、法院、民政等职能部门的协作，推动构建司法办案、保护救助一体化协同机制，通过刑事追责、民事支持起诉等方式，履行对家庭监护的监督、干预职责，推动实现国家监护的落地落实。

3. 冯某隐私权保护案*

——依法支持未成年人维权

【关键词】

网络隐私侵权　支持起诉　人格权侵害禁令

【基本案情】

2020 年 10 月至 11 月，未成年人邹某偷拍同学冯某的隐私视频，后发送他人，冯某因此遭受精神困扰。同学项某向邹某索要该视频，并通过网

* 案例选自《检察机关加强未成年人网络保护综合履职典型案例》。

络聊天软件对冯某进行言语骚扰。该视频及相关言论传播至冯某所在学校，使冯某学习和生活受到严重影响。

【检察机关履职情况】

（一）依法支持侵权之诉，充分保障诉权行使

冯某及其监护人向浙江省杭州市上城区人民检察院申请支持起诉维护其隐私权。检察机关对隐私视频内容、网络传播情况开展调查，引导女性法律援助律师对损害结果进行取证，确认冯某精神损害情况。同时委托心理医生稳定冯某情绪，防止造成二次伤害。经调查，检察机关依法支持起诉，并协助提供关键证据。法院支持全部诉讼请求，判决邹某立即停止侵害、书面赔礼道歉以及赔偿精神损害赔偿金。

（二）依法支持申请人格权侵害禁令，积极施措有效救济

冯某向检察机关反映项某曾以隐私视频对其进行网络骚扰，担心不及时制止，自身身心健康将继续受到损害，向检察机关申请支持对项某提出人格权侵害禁令申请。检察机关依法支持申请。法院裁定禁止项某以任何形式存储、控制和传播涉案视频，禁止借涉案视频实施一切骚扰、威胁等行为。裁判后，检察机关主动跟进监督，督促邹某、项某及监护人责任履行到位。冯某接受书面道歉、精神赔偿并获得禁令保护，恢复正常学习生活。

（三）多方共护健康成长，协同提升治理成效

为帮助冯某恢复正常学习生活和对侵权学生进行教育，检察机关一方面引入专业医疗力量，对冯某开展心理干预和治疗，直至其精神恢复、返校学习。另一方面落实家庭保护，约谈侵权学生的监护人并制发“督促监护令”，督促监护人依法履行家庭监护责任。同时，多次走访当事人所在学校，制发检察建议帮助学校建立欺凌防控等工作制度。学校对实施校园欺凌、隐私侵权的学生依规进行了教育处理，通过控制传播和保护隐私等措施，最大程度降低事件对冯某的不良影响。检察机关还联合教育、民政等部门出台相关综合保护工作意见，搭建多方共护平台，共同提升未成年人权益保护成效。

【典型意义】

网络传播未成年人隐私，传播速度快、影响范围广、精神损害大，严重侵犯未成年人人格权益。检察机关充分运用支持起诉职能，推动网络保护，既支持未成年人提出隐私侵权之诉维护自身权益，又支持其提出人格权侵害禁令申请，并跟进监督落实，帮助未成年人依法维护自身合法权益。同时，强化源头治理、注重协同共治，制发“督促监护令”督促父母落实家庭保护责任，制发检察建议促推学校健全欺凌防控等工作制度，全方位提升未成年人权益保护成效。

4. 李某某与王某甲抚养纠纷支持起诉案*

——合力开展家庭教育指导

一、基本案情

王某甲与李某某原系夫妻关系，于2007年育有一女王某乙。2020年2月，二人协议离婚，并约定王某乙随王某甲共同生活。

王某甲多次因琐事对王某乙体罚，致王某乙身心受到伤害。

二、履职情况

（一）畅通强制报告平台，迅速联动综合救助

2020年4月，王某乙就读学校通过上海市长宁区“未成年人检察社会服务中心云平台”报告，王某乙多次遭受父亲体罚。检察机关调查核实后，联合公安机关充分听取王某乙意见，将其转移安置至其母李某某处，并对王某甲进行法治宣传和训诫教育。针对王某乙情绪低落状态，联合学校进行心理疏导。

* 案例选自《“检爱同行 共护未来”未成年人保护法律监督专项行动典型案例》。

（二）审慎评估监护能力，支持变更抚养关系

2020年6月，李某某就变更抚养关系事宜向长宁区检察院申请支持起诉。长宁区检察院对王某甲的监护能力进行了为期一个月的跟踪评估，发现王某甲有继续侵害王某乙的危险，遂支持其提起变更抚养关系诉讼，并派员出庭支持起诉，配合法院促成双方达成协议。根据协议，王某乙随李某某共同生活，王某甲每月支付抚养费3000元。

（三）跟踪提供分类指导，督促落实监护责任

长宁区检察院持续开展动态跟踪和家庭教育指导。针对王某甲怠于履行监护职责的情况，2022年1月，长宁区检察院联合长宁区法院开展强制性家庭教育指导，对王某甲进行训诫。针对李某某在外奔波较多、对王某乙情感需求关注不够的情况，长宁区检察院联合妇联、学校、街道开展督促性家庭教育指导，引导其关注王某乙身心健康。该院还联合团区委、关工委，对监护人外出工作时的委托照护人李某某母亲进行家庭教育指导。经过持续开展家庭教育指导，王某甲、李某某和王某乙亲子关系明显改善。

（四）凝聚形成监督合力，构建一体化工作体系

长宁区检察院总结此案联合相关部门开展家庭教育指导的经验，会同区民政局、妇联、关工委出台《关于构建一体化分类家庭教育指导工作体系的意见》，依托未成年人保护工作站和家事关护站设立“检社家宁萌共育坊”，整合全区儿童督导员、儿童主任和青少年事务社工力量，建立家庭教育指导线索收集处置机制，分类开展支持性、督促性、强制性、预防性家庭教育指导工作。

三、典型意义

未成年人保护法在强调父母第一监护责任的同时，明确了国家对家庭监护支持、指导、帮助与监督的责任，并赋予检察机关支持起诉、责令监护人接受家庭教育指导等职能。家庭教育促进法构建了家庭主责、国家支持、社会协同的家庭教育体系，对包括检察机关在内的司法机关的职责作用作出了明确规定。检察机关依法能动履职，针对监护人存在的管教不当、监护缺位等问题，主动加强与法院、民政、妇联、关工委等职能单位的协

作，通过搭建强制报告平台、开展支持起诉、制发督促监护令、分类开展家庭教育指导等方式，推动形成系统化保护合力。

5. 陈某乙与郑某某抚养费纠纷支持起诉案*
——筑牢困境儿童兜底保障

一、基本案情

2009 年 1 月，陈某甲因犯罪被追究刑事责任，妻子郑某某将年仅两岁的陈某乙交给陈某丙（系陈某乙的爷爷）抚养后迁居外地，未支付陈某乙的抚养费。刑满释放的陈某甲因病瘫痪在床，陈某丙年事已高无固定收入，陈某乙处于事实无人抚养状态。

二、履职情况

（一）启动支持起诉，追索抚养费保障事实无人抚养儿童权益

2020 年 8 月，江苏省常州市金坛区检察院在办案过程中发现案件线索，启动民事支持起诉程序。该检察院通过异地协查，找到已迁居外地的郑某某，并固定其具备抚养能力的证据。经多次沟通，郑某某仍拒绝支付抚养费。2020 年 9 月，陈某甲委托区民政局向法院提起诉讼，要求郑某某支付抚养费，并请求检察机关支持起诉。检察机关依法支持起诉，法院采纳检察机关意见，判决郑某某支付抚养费每月 1200 元至陈某乙 18 周岁。

（二）开展专项清查，解决事实无人抚养儿童身份确认难题

2021 年 5 月，金坛区检察院开展事实无人抚养儿童权益维护专项行动，发现辖区内 20 余名事实无人抚养儿童因无法提供失踪父（母）的详细身份信息，未被纳入事实无人抚养儿童范畴。金坛区检察院以制发公益诉讼诉前检察建议的方式，推动民政部门在事实无人抚养儿童身份确认工作中积

* 案例选自《“检爱同行 共护未来”未成年人保护法律监督专项行动典型案例》。

极履职。区民政局迅速回应，先后两次对辖区内未成年人进行全面摸底调查，摸排儿童200余人，根据有关规定确认事实无人抚养儿童22名，发放保障金20余万元。

（三）建立联动机制，开辟特殊情形事实无人抚养儿童维权“绿色通道”

制发检察建议后，金坛区检察院跟踪监督事实无人抚养儿童确认工作，并会同该区民政、公安、团委等召开联席会议，出台《事实无人抚养儿童保护联动工作会议纪要》，建立事实无人抚养儿童保障联动机制，各部门发现线索后及时移送民政部门，当日受理，五日审核，当月发放救助金，缩短事实无人抚养儿童困境时长，确保身份确认渠道畅通。

三、典型意义

事实无人抚养儿童往往因父母监护缺失而陷入生活困境，更需要全面综合保护。未成年人保护法规定，各级人民政府及其有关部门对困境未成年人实施分类保障，采取措施满足其基本需要。检察机关从保护个案未成年人民事权益出发，正视案件背后事实无人抚养儿童身份确认痛点，通过支持起诉、公益诉讼等方式，协同职能部门共同履职，推动事实无人抚养儿童精准认定、获得救助，以司法保护和政府保护的互融互通，有效保障困境儿童权益。

二、权威解读

（一）工作文件

1. 关于在办理涉未成年人案件中开展“督促监护令”工作的意见

各级人民检察院未成年人检察部门：

为深入贯彻习近平法治思想，坚持以人民为中心，实施好新修订的《中华人民共和国未成年人保护法》《中华人民共和国预防未成年人犯罪法》等法律规定，推动筑牢未成年人家庭保护“防线”，更好实现未成年人全面综合司法保护，在总结各地司法实践经验做法基础上，经高检院领导批准，现决定从 2021 年 6 月 1 日起，在办理涉未成年人案件中依法开展“督促监护令”工作。具体要求如下：

一、充分认识开展“督促监护令”工作的重要意义

家庭是儿童社会化的基本单位，对于未成年人的成长具有不可替代的重要作用。习近平总书记对家庭、家教提出了一系列重要论述，强调“家庭是人生的第一个课堂，父母是孩子的第一任老师”。家庭保护是保障未成年人健康成长的基础。未成年人走上违法犯罪道路或遭受不法分子侵害的背后，往往存在家庭监护不力等共性问题。近年来，检察机关结合办案强化对监护权的监督和干预，督促、引导监护人切实履行监护职责，护航未成年人健康成长。其中，福建省福州市等地检察机关探索向监护人发出“督促监护令”，针对性督促监护人有效履职，对于避免未成年人遭受不法侵害，预防和减少未成年人违法犯罪具有积极意义。“督促监护令”作为检察机关加强监护权监督的一项创新工作机制，旨在推动解决涉未成年人案件背后家庭监护不力这个难点问题，促进落实家庭保护责任。各地要从深入贯彻习近平总书记重要指示，认真落实未成年人保护相关法律规定，更好地满足人民群众对未成年人司法保护的需求，为未成年人健康成长提供有力法治保障的高度，充分认识推广开展"督促监护令"工作的重要意义，切实增强工作的自觉性和主动性，以高度的责任心和使命感，积极担当作为，把这项工作扎实抓好。

二、准确把握"督促监护令"工作的内容和要求

（一）"督促监护令"的工作内容

各级人民检察院未成年人检察部门在办理涉未成年人案件过程中，发现未成年人的父母或者其他监护人不依法履行监护职责或者侵犯未成年人合法权益的，应当依法予以训诫，并可以书面督促其依法履行监护职责。结合办案，重点发现并推动解决以下监护问题：监护人不依法履行监护职责导致未成年人违法犯罪或者受到刑事侵害；对未成年人不良行为和违法犯罪行为没有及时预防、管教和制止；不积极协助、配合做好对涉罪未成年人矫治教育；其他未依法履行抚养、教育、保护职责，严重影响未成年人健康成长或者合法权益保障等。

（二）"督促监护令"的工作要求

一是结合办案做好调查评估。要对涉案未成年人的生活环境、家庭教育、监护人监护履职状况等进行调查评估，并制作调查评估报告，作为办案和督促监护的参考。针对不同类型的案件情况，调查评估可以单独或结合对涉案未成年人开展的社会调查工作一并进行。调查评估报告应重点分析未成年人违法犯罪或遭受侵害与监护问题的关联性。二是提出针对性要求。要根据个案不同情况和监护履职中存在的具体问题，向监护人提出针对性要求，指导、支持、帮助和监督监护人履行好监护职责。三是处理好与家庭教育指导的关系。在开展"督促监护令"工作中，可以根据家庭教育相关情况，责令监护人接受家庭教育指导，提升家庭教育能力。监护人提出接受家庭教育指导、学习家庭教育知识需求的，可以协调有关部门或者委托社会组织，为其提供家庭教育指导。四是注重协作联动，形成工作合力。要加强与公安、教育、团委、妇联、关工委等部门和居民委员会、村民委员会等基层群众自治组织的衔接配合，通过部门合作、联席会议、协调机制等，引导多方力量积极参与，发挥合力优势，提升督促监护工作质效。

三、切实推动“督促监护令”工作机制落地见效

（一）加强统筹指导

各地要高度重视，本着科学合理、稳步深入的原则，扎实开展“督促监护令”工作。省、市两级院要切实加强对下指导，掌握工作推进情况，及时帮助协调解决工作中遇到的困难和问题。

（二）完善工作机制

在做好数据统计和分析研判的基础上，认真总结成效经验，逐步细化工作流程和操作规范，促进“督促监护令”工作制度机制不断成熟完善。附后的福建省检察机关开展“督促监护令”工作的有关材料及典型案例，供各地工作中参考。

（三）营造良好氛围

在保护好涉案未成年人个人信息和隐私的前提下，以适当方式做好宣传，赢得社会各界广泛支持，扩大“督促监护令”工作的社会效应，积极营造合力推动未成年人家庭保护的良好氛围。

最高人民检察院未成年人检察厅

2021 年 5 月 26 日

2. 关于在办理涉未成年人案件中全面开展家庭教育指导工作的意见

近年来，未成年人保护和预防未成年人犯罪工作持续加强、成效明显，但性侵害、欺凌、虐待等侵害未成年人犯罪时有发生，未成年人犯罪低龄化等问题比较突出，成为社会关注的痛点和治理的难点。未成年人犯罪和遭受侵害有多方面原因，其中家庭因素的影响不容忽视。为强化家庭监护责任，提升家庭教育能力，切实维护未成年人权益，根据《未成年人保护法》《预防未成年人犯罪法》相关规定，现就在办理涉未成年人案件中全面开展家庭教育指导工作提出如下意见。

一、总体要求

（一）指导思想

坚持以习近平新时代中国特色社会主义思想为指导，全面贯彻党的十九大和十九届二中、三中、四中、五中全会精神，全面贯彻习近平法治思想，深入贯彻习近平总书记关于家庭教育的重要论述精神，以促进未成年人健康成长为出发点和落脚点，立足最有利于未成年人原则，建立健全涉未成年人案件家庭教育指导工作体系，强化家庭教育责任，提升家庭教育能力，为构建健康、文明、和谐的家庭教育环境提供有力支持和保障。

（二）基本原则

——坚持正确方向。全面贯彻党的教育方针，牢牢把握立德树人的根本任务，弘扬社会主义核心价值观和中华民族传统家庭美德，培养未成年人爱党爱国爱人民情怀，增强国家意识和社会责任感，确保家庭教育的正确方向。

——突出问题导向。注意发现总结涉未成年人案件家庭教育存在的主要问题，有针对性地引导父母或者其他监护人改善家庭教育方式。着力解决父母或者其他监护人主体意识不强、责任落实不到位，家庭教育方式不当、教育理念和方法欠缺，家庭成员法治意识淡薄等问题。

——遵循科学规律。尊重未成年人身心发展规律和家庭教育规律，着眼未成年人全面发展，引导未成年人父母或者其他监护人树立正确的人才观、教育观，运用科学的方法和正确的方式抚养教育未成年人。

——坚持标本兼治。既注重个别教育，对办案中发现明显存在问题的未成年人父母或者其他监护人进行及时、有效的家庭教育干预和指导；又着眼源头预防，探索建立常态化预防未成年人犯罪和受侵害家庭教育指导模式。

——坚持创新推动。鼓励家庭教育指导实践探索和理论创新，积极探索行之有效的工作方式方法，形成可复制的经验、模式，推动家庭教育指导和服务水平不断提高。

二、主要任务

各地要结合已有经验和本地实际，重点推动开展以下工作：

（一）涉案未成年人家庭教育指导

对于未成年人出现下列情形之一的，应当对其家庭教育情况进行评估，根据评估结果对未成年人父母或其他监护人提出改进家庭教育意见，必要时可责令其接受家庭教育指导：1. 因犯罪情节轻微被人民检察院作出不起诉决定，或者被人民检察院依法作出附条件不起诉决定的；2. 被依法追究刑事责任或者因未达到刑事责任年龄不予刑事处罚的；3. 遭受父母或其他监护人侵害的；4. 其他应当接受家庭教育指导的。

（二）失管未成年人家庭教育指导

对办案中发现未成年人父母或者其他监护人存在监护教育不当或失管失教问题，尚未导致未成年人行为偏差或遭受侵害后果的，应当提供必要的家庭教育指导和帮助。特别是对于有特殊需求的家庭，如离异和重组家庭、父母长期分离家庭、收养家庭、农村留守未成年人家庭、强制戒毒人员家庭、服刑人员家庭、残疾人家庭、曾遭受违法犯罪侵害未成年人的家庭等，更要加强家庭教育指导帮助。未成年人父母或者其他监护人主动提出指导需求的，应予支持。人员力量不能满足需要的，可以帮助链接专业资源提供个性化家庭教育指导服务。

（三）预防性家庭教育指导

未成年人违法犯罪多发地区，城市流动人口集中、城乡接合部、农村留守儿童集中等重点地区要结合办案广泛开展预防性家庭教育指导工作。通过家庭教育知识进社区、进家庭等活动，深入开展法治宣传和家庭教育宣传，提高父母及其他监护人的监护意识、监护能力和法治观念，营造民主、和谐、温暖的家庭氛围，预防未成年人违法犯罪和遭受侵害问题发生。各地可灵活运用线上直播、新媒体短视频等多种形式，以案释法，扩大家庭教育宣传的覆盖面。

三、工作内容

家庭教育指导内容包括但不限于以下方面：

1. 教育未成年人的父母或者其他监护人培养未成年人法律素养，提高守法意识和自我保护能力；

2. 帮助未成年人的父母或者其他监护人强化监护意识，履行家庭教育主体责任；

3. 帮助未成年人的父母或者其他监护人培养未成年人良好道德行为习惯，树立正确价值观；

4. 教导未成年人的父母或者其他监护人对未成年人采取有效的沟通方式；

5. 引导未成年人的父母或者其他监护人改变不当教育方式；

6. 指导未成年人的父母或者其他监护人重塑良好家庭关系，营造和谐家庭氛围；

7. 协助未成年人的父母或者其他监护人加强对未成年人的心理辅导，促进未成年人健全人格的养成。

四、工作机制

为确保在办理涉未成年人案件中开展家庭教育指导工作的质量和效果，各地要积极推动构建相关长效工作机制。

（一）建立工作衔接机制

各级检察机关、妇联、关工委要加强协作配合，充分发挥各自职能作用，建立家庭教育工作联动机制，共同做好家庭教育指导工作。检察机关在办理案件过程中要主动做好未成年人社会调查和监护状况评估，准确掌握家庭教育指导需求，启动强制家庭教育指导工作，并根据办案需要和具体需求，及时将有关情况通报给本地区妇联、关工委。各级妇联、关工委等群团组织要充分发挥自身优势，动员社会力量，为检察机关在办理涉未成年人案件中开展家庭教育提供社会支持，积极承接、提供或者协助、配合做好家庭教育指导工作。妇联要依托妇女之家、儿童之家等活动场所，为家庭教育指导、服务和宣传提供平台和支持。关工委要组织动员广大老干部、老战士、老专家、老教师、老模范等离退休老同志，协助做好家庭教育指导工作。

（二）完善人才培育机制

要加强家庭教育工作队伍建设，在开展家庭教育指导工作的同时，带动、发现、培养一批业务能力强、理论水平高的家庭教育工作力量。尤其要支持、培育社会力量参与家庭教育工作。通过委托服务、项目合作等多种方式，鼓励社会工作服务机构深入研究、积极开展教育行为矫正、亲子关系改善、家庭跟踪指导等专业工作，培养一支稳定、专业、可靠的专家型家庭教育指导社会力量。

（三）构建成果转化机制

要注意将家庭教育指导工作与罪错未成年人帮教、未成年被害人救助保护等工作有机结合。家庭教育改善成果要体现、运用于未成年人保护工作中。检察机关可探索将家庭教育评估结果作为支持撤销监护权诉讼、附条件不起诉的参考依据。同时，要加强对家庭教育指导实践经验的提炼总结，形成一批可复制、可推广的家庭教育指导工作模式，研发一批高水准、易推广、受欢迎的优质课程。

五、组织保障

（一）加强组织领导

各有关部门要充分认识开展涉未成年人案件家庭教育指导工作的重大意义，将其作为强化未成年人保护和维护社会和谐稳定的重要任务，落实工作责任，细化职责分工，及时研究解决困难问题，确保未成年人家庭教育指导工作顺利推进。

（二）加强沟通配合

各有关部门应建立沟通协调机制，通过设置联络员、召开联席会议等方式，互通信息、研判情况、总结经验，不断提升家庭教育指导工作实效。

（三）加强政策宣传

充分利用报纸、电台、电视、网络等新闻媒体，大力开展家庭教育政策宣传，引导社会大众充分认识家庭教育对未成年人成长成才的重要性，正确看待家庭教育的科学性、专业性，营造重视家庭教育，共护未成年人健康成长的良好氛围。

最高人民检察院

中华全国妇女联合会

中国关心下一代工作委员会

2021 年 5 月 31 日

（二）专家解读

依法履行检察监督职能　保障未成年人健康成长

谢鸿飞　蔡　睿*

未成年人是国家和民族的未来，保护好未成年人，使未成年人能够健康茁壮成长，是国家、社会和家庭不可推卸的责任。自然人从出生到成年，需要经历一个较为漫长的过程。由于未成年人的生理和心理特点所决定，在未成年人成长的过程中，需要有人对其照顾、保护和教育，并代理其实施民事法律行为，为其获取成长所需的各项资源。为此，2020 年颁布的《民法典》构建起“以家庭监护为基础，社会监护为补充，国家监护为兜底”的具有中国特色的未成年人监护体系。

由于监护是一个长时间持续地照顾、保护和教育未成年人的过程，监护人从监护事务中又不能获得直接的物质利益，实践中，监护人怠于履行监护职责的现象并不鲜见，监护人侵害被监护人利益的事件也时有发生。因此，对于监护职责的履行，除了依靠监护人的自觉外，还离不开外部的监督。我国法律虽未系统性地规定监护监督制度，但从《民法典》《未成年人保护法》《家庭教育促进法》《预防未成年人犯罪法》等一系列法律中的规定来看，我国已基本建立起个人监督、社会监督与公权监督相结合的未成年人监护监督体系。

尽管我国法律已经搭建起未成年人监护监督的大体框架，但由于相关规定散见于各部法律中，呈现出碎片化的特征，导致规范与规范之间还存

---

* 谢鸿飞，中国社会科学院法学研究所研究员，中国社会科学院大学法学院教授，博士生导师；蔡睿，中国社会科学院法学研究所助理研究员。

在空白地带有待填补。此外，我国法律将监护监督职责分配给多个主体，既包括村民委员会、居民委员会等基层群众性自治组织，也包括学校、未成年人保护组织等事业单位或社会团体，还包括人民法院、人民检察院、民政部门等国家机关，这些主体在未成年人监护监督中的权限划分和职责分工也有待进一步明确。

从实践来看，目前监护监督制度在运行中常面临以下亟待解决的难题：

一是在监护人选任环节如何确保选任合格的监护人。父母是未成年人的当然监护人，不过，当未成年人的父母丧失监护能力或者死亡时，便存在替未成年人选任新的监护人的问题。对此，《民法典》虽然构建了较为完善的多层次的监护人选任制度，但在实践运行中相关规则仍存在诸多需要进一步细化之处。例如，父母一方通过遗嘱指定监护人的，在遗嘱生效时，如果父或母另一方仍然在世，但其实际上不履行或不能履行监护职责时，该如何确定未成年人的监护人。又如，《民法典》第 27 条虽然规定了法定监护人的顺位，但具有监护资格的人要成为监护人必须具备监护能力，实践中如何判断监护人是否具备监护能力也是一个疑难问题。

二是在监护过程中如何确保监护人始终如一地履行监护职责。未成年人监护人的职责包括人身监护和财产监护两大方面，前者包括抚养、教育未成年人，并保护未成年人的各项人身权益，后者则包括保护、管理未成年人的各项财产，并作为法定代理人代未成年人实施必要的民事法律行为。监护作为一项长期工作，监护人不免存在懈怠的时候，监护人怠于履职可能导致未成年人缺乏教育管教，进而染上恶习，甚至走上犯罪的道路，也可能导致未成年人的人身、财产权利遭受损害。因此，监护监督也是一个长期持续的过程。在这一过程中，如何长期有效地督促监护人尽职履责，又不过分干预私人的生活，是一个值得认真思考的问题。

三是在监护侵害案件中如何保障未成年人受害者的合法权益。未成年人可能遭受监护人的侵害，此类事件发生后，对未成年人提供救济并对监护人进行必要惩戒，应成为监护监督的中心工作。然而，在现有机制下，对监护人的事后监督尚存在一些堵点有待打通。首先，对于遭受家庭暴力的未成年人，法律规定人民法院可制发人身安全保护令保护面临侵害危险的未成年人，但是未成年人缺乏诉讼能力，尽管《中华人民共和国反家庭暴力法》第23条规定相关个人或组织可以代为申请人身安全保护令，不过，由于该条列举的主体众多，反而可能出现旁观者效应，不能及时为未成年人提供救助。其次，对于实施侵害行为的监护人，受害的未成年人尽管在理论上对其享有请求侵权损害赔偿的权利，但由于未成年人缺乏诉讼能力，加害人又是其法定代理人，由此可能导致该权利虚置，未成年人无法及时获得经济赔偿。最后，对于监护人实施严重损害被监护人身心健康的行为，以及怠于履行监护职责或者无法履行监护职责且拒绝将监护职责部分或者全部委托给他人，导致被监护人处于危困状态的情况，应及时启动撤销监护人的法律程序。一方面，撤销监护人资格作为对监护人最为严厉的一项制裁措施，在适用上必须保持克制，仅能适用于确实不宜继续担任监护人的人，细致准确的监护评估必不可少。另一方面，在相关主体确实不宜继续担任监护人时，应及时申请人民法院撤销其监护人资格。对此，《民法典》第36条第2款尽管规定了一系列可以申请人民法院撤销监护人资格的主体，但囿于主客观方面的因素，这些主体可能无法及时提出此类申请。

人民检察院作为宪法和法律规定的国家法律监督机关，对于监护人和其他监护监督人履行法定职责负有监督之责。面对以上难题，人民检察院可以发挥自身优势，通过履行监护监督职责，为未成年人提供全面司法保障。首先，《人民检察院组织法》第21条规定，人民检察院行使法律监督职权，可以进行调查核实。检察机关在履行监护监督职责的过程中，可以自行或委托第三方机构对监护人的监护能力和监护情况进行评估，相关评估结果可提交给人民法院，作为选任或撤销监护人资格的参考。其次，人民检察院可综合运用训诫、制发督促监护令、责令接受家庭教育指导等方式，督促监护人履行职责。并且，在家庭教育指导中，检察机关也可以作为参与方，与有关部门一道，共同做好家庭教育指导工作。最后，《未成年人保护法》第106条规定，未成年人合法权益受到侵犯，相关组织和个人未代为提起诉讼的，人民检察院可以督促、支持其提起诉讼。在监护侵害案件中，如有申请人身安全保护令或撤销监护人的必要，检察机关可通过民事支持起诉的方式，督促、支持有权主体及时向人民法院提出申请。在民事支持起诉中，人民检察院可以通过搜集证据、提供法律咨询、提交支持起诉意见书等形式为未成年一方当事人提供帮助和支持。

近年来，未成年人监护监督工作已得到检察机关的高度重视，在最高人民检察院的部署下，自 2018 年 1 月起，13 个省份开始开展未成年人检察业务由未检部门统一集中办理试点工作，自 2021 年起，涉未成年人刑事、民事、行政、公益诉讼由未检部门统一集中办理的做法在全国推开，其中，未成年人监护权监督，已成为未成年人民事检察业务的重点工作。当前，未成年人监护检察监督工作的开展已初见成效，最高人民检察院未成年人检察厅发布的数起典型案例即为证明。在这些案例中，尤其令人印象深刻的是，检察机关为未成年人提供的综合司法保护，不是“四大检察”简单叠加的“物理组合”，而是实现“化学反应”式的有机融合。例如，在最高人民检察院未成年人检察厅发布的《监护侵害监督典型案例》“武某、叶某监护侵害案”中，检察机关不仅行使公诉职权，以武某涉嫌放火罪对其提起公诉。并且，检察机关以刑事案件的办理作为切入点，依法支持未成年人的祖父提起撤销监护人之诉，一并撤销了武某、叶某的监护人资格，以更好地监护照料、及时保护未成年人。考虑到受害未成年人遭受的心理创伤，检察机关还委托具有国家二级心理咨询师资质的志愿者持续对两名未成年被害人开展心理疏导，帮助其重拾生活信心。此外，考虑到受害未成年人面临的经济困境，检察机关还依照国家司法救助程序向受害未成年人发放救助金人民币 22 万元，推动民政部门尽快将受害未成年人纳入困境儿童救助范围，并联合教育部门解决两未成年人就近入学等问题，为未成年人健康成长提供经济、教育等救助保障。

童年是每一个人必经的人生阶段，童年的成长经历会影响人的一生，保护未成年人的合法权益，使其健康成长，对于塑造健全完善的人格至关重要，对于社会的发展和民族的未来至关重要。未成年人保护是一个系统工程，既离不开监护人自觉履行监护职责，也离不开外部的监督。检察机关作为国家的法律监督机关，监督监护人及其他监护监督人依法履职，是法律所赋予的神圣职责。为此，检察机关勇于任事、敢于担当、主动作为，积极履行未成年人监护监督职责，已逐步构筑起保护未成年人合法权益的防护网。

第三部分
未成年人公益诉讼案例

一、案　例

1. 北京市海淀区人民检察院督促落实未成年人禁烟保护案*

（检例第 88 号）

【关键词】

行政公益诉讼　未成年人司法保护　检察建议　禁烟保护

【要旨】

未成年人合法权益受到侵犯涉及公共利益的，人民检察院应当提起公益诉讼予以司法保护。校园周边存在向未成年人出售烟草制品等违法行为时，检察机关可以采取提出检察建议的方式，督促相关行政部门依法履职，加强校园周边环境整治，推进未成年人权益保护。

【基本案情】

北京市海淀区人民检察院在法治进校园宣传活动中，结合调查核实发现，本区学校周边的部分零售经营场所存在违法出售烟草制品等行为，使得未成年人可轻易获得烟草制品，可能损害未成年人的身心健康，违反《未成年人保护法》《烟草专卖法》等相关法律规定。2019 年 5 月 17 日，海淀区人民检察院决定针对未成年人禁烟保护予以行政公益诉讼立案。经调查核实发现，本区存在违法向未成年人出售烟草制品等明显违法的情形，相关行政监管部门履职不到位。经海淀区人民检察院向区烟草专卖局、区市场监督管理局发出检察建议，两机关高度重视检察建议提出的问题，积极履行监管职责，采取切实有效整改措施消除学校周边可随意购买烟草制品的问题。

* 案例选自最高人民检察院第二十三批指导性案例。

【检察机关履职过程】

（一）调查核实

北京市海淀区人民检察院对该案立案后，组成检察官办案组在一个月内对辖区30多所中小学周边的100余处烟草零售经营场所进行走访调查，发现在涉及未成年人禁烟保护问题上存在以下违法现象：一是学校周围存在经营者向未成年人出售烟草制品的违法行为。二是在未成年人经常出入的便利店等零售场所，经营者未设置不向未成年人出售烟草制品的明显标识。

针对部分经营者存在的违反《未成年人保护法》《烟草专卖法》等现象，海淀区人民检察院研究梳理相关行政监管部门职责认为：区烟草专卖局作为烟草专卖行政主管部门，应当对上述违法行为履行监管职责，责令相关经营者纠正违法行为，并对其处以罚款等行政处罚；区市场监督管理局作为学校周边禁售烟草制品的行政主管部门，应当发挥监管职责，责令经营者停止违法零售业务，并采取没收违法所得、处以罚款等行政处罚。两机关均未依法履职。

经调查核实，海淀区人民检察院认为，应当通过履行行政公益诉讼检察职能督促行政机关依法履行职责，纠正相关市场主体违法行为，切实保护未成年人身心健康。

（二）制发检察建议

2019年5月24日，海淀区人民检察院向区烟草专卖局、区市场监督管理局发出检察建议：一是依法履行监督管理职责，对上述经营者的违法行为进行查处。二是进一步加强对辖区内未成年人禁烟保护问题的监管力度，建立健全长效工作机制，切实保护未成年人身心健康及合法权益。两机关收到检察建议后，迅速制定整改落实方案，并开展联合执法行动，对涉案违法经营者进行查处。海淀区人民检察院全程跟进监督，强化沟通协作，多次监督现场执法检查活动，确保整改效果。

2019年7月，海淀区人民检察院先后收到区烟草专卖局、区市场监管局关于落实检察建议情况的回函。回函称检察建议中的涉案违法行为全部得到整改：对未依法设置标识的违法行为，已责令违法经营者在显著位置张贴了标识；对向未成年人出售烟草制品的违法行为，按法定程序立案审查后，对经营者作出罚款1万元的行政处罚决定，当事人均已缴纳罚款；对学校周边100米内存在违法行为的经营主体分别作出责令停止销售烟草制品、没收违法所得、罚款等处理决定。

（三）健全长效机制

在办理个案的基础上，海淀区人民检察院还与行政机关加大沟通协作力度，切实发挥"以点带面"的示范引领效应，着力构建解决和防范涉案问题的长效机制。一是开展全区类似问题排查。海淀区市场监督管理局对全区中小学校、少年宫等85家单位周边销售烟草制品商户进行全面摸排整治；海淀区烟草专卖局逐户排查是否设置控烟标识，加大对向未成年人出售烟草制品的查处力度。二是在全区范围内开展形式多样的控烟预防活动。开展宣传讲解，建立辖区街道互助小组，聘请第三方机构暗访检查，做到防控"零距离"；两机关还联合召开专项行动约谈会，加强对通过互联网推广和销售烟草制品行为的监测、劝阻和制止。海淀区人民检察院在办案同时注重总结宣传，邀请新华社等主流媒体对案件进行广泛报道，引起较大反响。2019年10月29日，国家卫生健康委等八部门联合印发《关于进一步加强青少年控烟工作的通知》。同年10月30日，国家烟草专卖局和国家市场监督管理总局联合发布《关于进一步保护未成年人免受电子烟侵害的通告》。

【指导意义】

（一）检察机关可以运用公益诉讼的方式，依法保护未成年人权益

未成年人司法保护是未成年人权益保护的重要内容。2020年10月17日第十三届全国人民代表大会常务委员会第二十二次会议修订通过的《未成年人保护法》第五十九条规定："学校、幼儿园周边不得设置烟、酒、彩票销售网点。禁止向未成年人销售烟、酒、彩票或者兑付彩票奖金。烟、酒和彩票经营者应当在显著位置设置不向未成年人销售烟、酒或者彩票的标志；对难以判明是否是未成年人的，应当要求其出示身份证件。"第

一百零六条规定：“未成年人合法权益受到侵犯，相关组织和个人未代为提起诉讼的，人民检察院可以督促、支持其提起诉讼；涉及公共利益的，人民检察院有权提起公益诉讼。”根据法律规定，检察机关可以针对校园周边存在售卖烟、酒制品，销售彩票，售卖不合格食品，不审查未成年人身份即允许未成年人进入网吧等常见的侵犯未成年人权益的问题，依法运用公益诉讼的方式，提出检察建议，督促行政机关依法履职，切断未成年人获取烟酒等的途径，防止未成年人沉迷网络，实现社会问题的前端治理。

（二）检察机关在办案中要注重沟通协作，强化部门联动，确保监督效果

在公益诉讼案件办理过程中，应当通过事前全面调查取证，事中充分沟通协调，事后严格跟踪监督，凝聚各方共识，确保有效发挥公益诉讼检察建议实效，督促行政机关切实依法履职，最大限度提高检察机关办理行政公益诉讼案件的质量和效率。

（三）检察机关就办案中发现的社会问题，要推动建立健全长效工作机制

为切实净化未成年人成长环境，助力未成年人健康成长，检察机关可以结合办理的案件，推动搭建多部门配合协作的平台，实现“检察 + 行政 + 学校 + 社会”的多维度联动协调，形成良性互动的工作机制，推进社会治理的改善。

【相关规定】

《中华人民共和国行政诉讼法》

第二十五条　行政行为的相对人以及其他与行政行为有利害关系的公民、法人或者其他组织，有权提起诉讼。

有权提起诉讼的公民死亡，其近亲属可以提起诉讼。

有权提起诉讼的法人或者其他组织终止，承受其权利的法人或者其他组织可以提起诉讼。

人民检察院在履行职责中发现生态环境和资源保护、食品药品安全、国有财产保护、国有土地使用权出让等领域负有监督管理职责的行政机关违法行使职权或者不作为，致使国家利益或者社会公共利益受到侵害的，应当向行政机关提出检察建议，督促其依法履行职责。行政机关不依法履行职责的，人民检察院依法向人民法院提起诉讼。

《中华人民共和国未成年人保护法》(2024 年修正)

第五十九条　学校、幼儿园周边不得设置烟、酒、彩票销售网点。禁止向未成年人销售烟、酒、彩票或者兑付彩票奖金。烟、酒和彩票经营者应当在显著位置设置不向未成年人销售烟、酒或者彩票的标志；对难以判明是否是未成年人的，应当要求其出示身份证件。

任何人不得在学校、幼儿园和其他未成年人集中活动的公共场所吸烟、饮酒。

第一百零六条　未成年人合法权益受到侵犯，相关组织和个人未代为提起诉讼的，人民检察院可以督促、支持其提起诉讼；涉及公共利益的，人民检察院有权提起公益诉讼。

《中华人民共和国烟草专卖法》

第五条　国家加强对烟草专卖品的科学研究和技术开发，提高烟草制品的质量，降低焦油和其他有害成份的含量。

国家和社会加强吸烟危害健康的宣传教育，禁止或者限制在公共交通工具和公共场所吸烟，劝阻青少年吸烟，禁止中小学生吸烟。

《中华人民共和国烟草专卖法实施条例》(2023 年修订)

第四条　国务院和省、自治区、直辖市的烟草专卖行政主管部门职责及领导体制，依照《烟草专卖法》第四条的规定执行。设有烟草专卖行政主管部门的市、县，由市、县烟草专卖行政主管部门主管本行政区内的烟草专卖工作，受上一级烟草专卖行政主管部门和本级人民政府的双重领导，以上一级烟草专卖行政主管部门的领导为主。

《最高人民法院、最高人民检察院关于检察公益诉讼案件适用法律若干问题的解释》（2020年修正）

第二十一条 人民检察院在履行职责中发现生态环境和资源保护、食品药品安全、国有财产保护、国有土地使用权出让等领域负有监督管理职责的行政机关违法行使职权或者不作为，致使国家利益或者社会公共利益受到侵害的，应当向行政机关提出检察建议，督促其依法履行职责。

行政机关应当在收到检察建议书之日起两个月内依法履行职责，并书面回复人民检察院。出现国家利益或者社会公共利益损害继续扩大等紧急情形的，行政机关应当在十五日内书面回复。

行政机关不依法履行职责的，人民检察院依法向人民法院提起诉讼。

2. 浙江省杭州市余杭区人民检察院对北京某公司侵犯儿童个人信息权益提起民事公益诉讼　北京市人民检察院督促保护儿童个人信息权益行政公益诉讼案*

（检例第141号）

【关键词】

民事公益诉讼　行政公益诉讼　侵犯儿童个人信息权益　综合司法保护　案件管辖

【要旨】

检察机关在办理涉未成年人刑事案件时，应当注意发现公益诉讼案件线索，通过综合发挥未成年人检察职能，促推未成年人保护社会治理。网络运营者未依法履行网络保护义务，相关行政机关监管不到位，侵犯儿童

* 案例选自最高人民检察院第三十五批指导性案例。

个人信息权益的，检察机关可以依法综合开展民事公益诉讼和行政公益诉讼。网络保护公益诉讼案件，在多个检察机关均具有管辖权时，民事公益诉讼应当层报共同的上级检察机关指定管辖，行政公益诉讼一般由互联网企业注册地检察机关管辖。

【基本案情】

某 App 是北京某公司开发运营的一款知名短视频应用类软件。该 App 在未以显著、清晰的方式告知并征得儿童监护人明示同意的情况下，允许儿童注册账号，并收集、存储儿童网络账户、位置、联系方式，以及儿童面部识别特征、声音识别特征等个人敏感信息。在未再次征得儿童监护人明示同意的情况下，运用后台算法，向具有浏览儿童内容视频喜好的用户直接推送含有儿童个人信息的短视频。该 App 未对儿童账号采取区分管理措施，默认用户点击“关注”后即可与儿童账号私信联系，并能获取其地理位置、面部特征等个人信息。2018 年 1 月至 2019 年 5 月，徐某某收到该 App 后台推送的含有儿童个人信息的短视频，通过其私信功能联系多名儿童，并对其中 3 名儿童实施猥亵犯罪。

【检察机关履职过程】

（一）民事公益诉讼案件办理

2020 年 7 月，浙江省杭州市余杭区人民检察院在办理徐某某猥亵儿童案时发现北京某公司侵犯儿童个人信息民事公益诉讼案件线索，遂依托互联网技术开展初步调查。检察机关综合 App 收集处理的个人信息数量、App 用户言词证据等证据材料，以证明 App 收集处理儿童个人信息的事实。对该 App 用户服务协议、隐私权保护政策、应用界面等内容进行手机截图，收集儿童用户未经监护人同意即可注册使用 App 的言词证据；使用“区块链”取证设备证明 App 采取监护人默示同意、一次性授权概括同意等方式收集处理儿童个人信息等，以证明 App 收集处理儿童个人信息行为的侵权性质。收集固定数百名儿童个人信息权益受到侵犯的证据，以证明危害后果。提取固定徐某某供述等，以证明 App 侵权行为与实害后果具有因果关系。

经调查并听取当地网信、公安、法院意见，组织互联网领域法律专家、技术专家进行论证，余杭区人民检察院认为，北京某公司运营的短视频 App 在收集、存储、使用儿童个人信息过程中，未遵循正当必要、知情同意、目的明确、安全保障、依法利用原则，其行为违反了民法总则、未成年人保护法、网络安全法关于未成年人民事行为能力、个人信息保护、对未成年人给予特殊优先保护、网络经营者应当依法收集使用个人信息等相关规定，违反了国家互联网信息办公室《儿童个人信息网络保护规定》中“网络运营者收集、使用、转移、披露儿童个人信息的，应当以显著、清晰的方式告知儿童监护人，并应当征得儿童监护人的同意”“网络运营者因业务需要，确需超出约定的目的、范围使用儿童个人信息的，应当再次征得儿童监护人的同意”等相关规定，属于违法违规收集、使用儿童个人信息、侵犯儿童个人信息的行为。

据该公司提供数据显示，2020 年，平台 14 岁以下实名注册用户数量约为 7.8 万，14 岁至 18 岁实名注册用户数量约为 62 万，18 岁以下未实名注册未成年人用户数量以头像、简介、背景等基础维度模型测算约为 1000 余万。该 App 的行为致使众多儿童个人信息权益被侵犯，相关信息面临被泄露、违法使用的风险，给儿童人身、财产安全造成威胁，严重损害了社会公共利益。

该案为涉互联网案件，北京、浙江等地相关检察机关均具有管辖权。余杭区为徐某某猥亵儿童案发生地，杭州市为杭州互联网法院所在地，考虑到调查取证、诉讼便利等因素，经浙江省检察机关层报最高人民检察院指定管辖，2020 年 9 月，余杭区人民检察院对该线索以民事公益诉讼案件立案。9 月 15 日，余杭区人民检察院发布民事公益诉讼公告，公告期满，没有其他适格主体提起民事公益诉讼。12 月 2 日，余杭区人民检察院向杭州互联网法院提起民事公益诉讼，请求判令：北京某公司立即停止实施利用 App 侵犯儿童个人信息权益的行为，赔礼道歉、消除影响、赔偿损失。

检察机关发布民事公益诉讼公告的同时，将公告送达北京某公司。该公司表达积极整改并希望调解结案的意愿。检察机关依据相关法律法规，推动公司完善管理，提出具体要求。北京某公司积极配合，对所运营App中儿童用户注册环节、儿童个人信息储存、使用和共享环节、儿童网络安全主动性保护等方面细化出34项整改措施，突出落实“监护人明示同意”等规则，重点制定单独的儿童个人信息保护规则、用户协议，建立专门儿童信息保护池、创建推送涉未成年人内容的独立算法等制度机制，并明确落实整改措施时间表。同时，该公司表示将结合整改，完善管理制度，自愿接受网信等部门审查，并愿意公开赔礼道歉、赔偿损失。

2021年2月7日，杭州互联网法院公开开庭审理此案。北京某公司对公益诉讼诉求均予认可，对检察机关依法履行公益诉讼职责、促进企业完善管理表示感谢。在法庭组织下，双方在确认相关事实证据的基础上达成调解协议：一是被告停止对儿童个人信息权益的侵权行为，对涉案App按照双方确认的整改方案、时间推进表执行整改；二是被告完成整改后，对整改情况及效果进行评估，并向公益诉讼起诉人、人民法院出具报告书；三是被告将整改方案及整改完成情况报送网信部门，接受审查；四是被告在《法治日报》及涉案App首页公开赔礼道歉。经30日公告，3月11日，杭州互联网法院出具调解书结案。

（二）行政公益诉讼案件办理

鉴于该案同时反映出相关行政主管机关对北京某公司监管不到位的行政公益诉讼案件线索，经浙江省检察机关请示，2020年10月，最高人民检察院将该线索交北京市人民检察院办理。

10月22日，北京市人民检察院对该案以行政公益诉讼立案，经调查向北京市互联网信息办公室提出依法履行监管职责，全面排查、发现和处置违法情形，推动完善儿童个人信息权益网络保护的特殊条款，落实监护人同意的法律规定等相关建议。

12月4日，北京市网信办将其约谈北京某公司负责人、推进该公司严格落实网络保护责任及提升优化软件等履职监管情况函复北京市人民检察院。根据检察机关工作建议，北京市网信办制定了《关于开展未成年人信息安全保护专项整治的工作方案》，对属地重点直播和短视频平台逐一梳理，压实网站主体责任，并将此次专项整治工作与未成年人网络环境治理等专项工作有效衔接，形成保障未成年人用网安全管理合力。

2021 年 4 月 16 日，最高人民检察院向国家互联网信息办公室通报该案有关情况，提出开展短视频行业侵犯儿童个人信息权益问题专项治理，压实网络运营者未成年人保护责任，促进互联网企业对算法等相关技术规则改进提升，推动行业源头治理，建立健全风险防范长效机制，督促企业依法经营等工作建议，强化对网络空间侵犯未成年人权益行为的监管整治。12 月 31 日，国家网信办、工信部、公安部、市场监管总局联合发布《互联网信息服务算法推荐管理规定》，对应用算法推荐技术提供互联网信息服务的治理和相关监督管理工作作出了进一步规范。

【指导意义】

（一）统筹运用四大检察职能，充分发挥未成年人检察工作优势，为未成年人提供全面综合司法保护

未成年人保护案件中一个侵害行为往往涉及多个法律关系，检察机关应当在办案履职中强化综合司法保护意识，尤其是在办理刑事案件的过程中，要同步审查未成年人其他权益是否遭受损害，推进未成年人刑事案件办理与涉未成年人民事、行政、公益诉讼案件办理相互融合，在线索发现、调查取证、综合治理等方面统筹推动，充分发挥法律监督的能动性、及时性和有效性，以四大检察业务融合发展加大未成年人全面综合司法保护力度。

（二）检察机关可以综合运用民事公益诉讼和行政公益诉讼职能，对网络侵犯未成年人个人信息权益的情形进行监督

不特定人群的个人信息权益具有公益属性。对未成年人个人信息权益应予以特殊、优先保护。针对网络侵犯未成年人个人信息权益的情形，检察机关可以综合开展民事公益诉讼和行政公益诉讼，并注重加强两种诉讼类型的衔接和协同。通过对网络运营者提起民事公益诉讼，使其承担违法行为的民事责任，实现对公共利益的有效救济。通过行政公益诉讼督促行

政主管部门依法充分履行监管职责，实现最大限度保护未成年人合法权益的目的。

（三）对于跨行政区划的未成年人网络保护公益诉讼案件，应综合考虑案件性质、领域、诉讼便利、有利整改等因素，确定管辖机关

涉网络案件通常具有企业注册地、主要营业地、服务覆盖地、侵权行为地、侵害结果地分离的特点。检察机关办理未成年人网络保护公益诉讼案件，在涉及多个行政区划，多个检察院均具有管辖权的情形下，民事公益诉讼案件应当层报共同的上级检察院指定，一般应当由损害结果发生地检察机关管辖；行政公益诉讼案件一般应当由网络企业注册地检察机关管辖，以便利行政监管。

【相关规定】

《中华人民共和国民法典》（2021 年施行）

第一百七十九条　承担民事责任的方式主要有：

（一）停止侵害；

（二）排除妨碍；

（三）消除危险；

（四）返还财产；

（五）恢复原状；

（六）修理、重作、更换；

（七）继续履行；

（八）赔偿损失；

（九）支付违约金；

（十）消除影响、恢复名誉；

（十一）赔礼道歉。

法律规定惩罚性赔偿的，依照其规定。

本条规定的承担民事责任的方式，可以单独适用，也可以合并适用。

第一千零三十四条　自然人的个人信息受法律保护。

个人信息是以电子或者其他方式记录的能够单独或者与其他信息结合识别特定自然人的各种信息，包括自然人的姓名、出生日期、身份证件号码、生物识别信息、住址、电话号码、电子邮箱、健康信息、行踪信息等。

个人信息中的私密信息，适用有关隐私权的规定；没有规定的，适用有关个人信息保护的规定。

第一千零三十五条 处理个人信息的，应当遵循合法、正当、必要原则，不得过度处理，并符合下列条件：

（一）征得该自然人或者其监护人同意，但是法律、行政法规另有规定的除外；

（二）公开处理信息的规则；

（三）明示处理信息的目的、方式和范围；

（四）不违反法律、行政法规的规定和双方的约定。

个人信息的处理包括个人信息的收集、存储、使用、加工、传输、提供、公开等。

第一千一百六十七条 侵权行为危及他人人身、财产安全的，被侵权人有权请求侵权人承担停止侵害、排除妨碍、消除危险等侵权责任。

第一千一百八十二条 侵害他人人身权益造成财产损失的，按照被侵权人因此受到的损失或者侵权人因此获得的利益赔偿；被侵权人因此受到的损失以及侵权人因此获得的利益难以确定，被侵权人和侵权人就赔偿数额协商不一致，向人民法院提起诉讼的，由人民法院根据实际情况确定赔偿数额。

《中华人民共和国未成年人保护法》（2024 年修正）

第一百零六条 未成年人合法权益受到侵犯，相关组织和个人未代为提起诉讼的，人民检察院可以督促、支持其提起诉讼；涉及公共利益的，人民检察院有权提起公益诉讼。

《中华人民共和国网络安全法》（2017 年施行）

第四十一条 网络运营者收集、使用个人信息，应当遵循合法、正当、必要的原则，公开收集、使用规则，明示收集、使用信息的目的、方式和范围，并经被收集者同意。

网络运营者不得收集与其提供的服务无关的个人信息，不得违反法律、行政法规的规定和双方的约定收集、使用个人信息，并应当依照法律、行政法规的规定和与用户的约定，处理其保存的个人信息。

第四十三条　个人发现网络运营者违反法律、行政法规的规定或者双方的约定收集、使用其个人信息的，有权要求网络运营者删除其个人信息；发现网络运营者收集、存储的其个人信息有错误的，有权要求网络运营者予以更正。网络运营者应当采取措施予以删除或者更正。

第七十六条　本法下列用语的含义：

（一）网络，是指由计算机或者其他信息终端及相关设备组成的按照一定的规则和程序对信息进行收集、存储、传输、交换、处理的系统。

（二）网络安全，是指通过采取必要措施，防范对网络的攻击、侵入、干扰、破坏和非法使用以及意外事故，使网络处于稳定可靠运行的状态，以及保障网络数据的完整性、保密性、可用性的能力。

（三）网络运营者，是指网络的所有者、管理者和网络服务提供者。

（四）网络数据，是指通过网络收集、存储、传输、处理和产生的各种电子数据。

（五）个人信息，是指以电子或者其他方式记录的能够单独或者与其他信息结合识别自然人个人身份的各种信息，包括但不限于自然人的姓名、出生日期、身份证件号码、个人生物识别信息、住址、电话号码等。

《中华人民共和国民事诉讼法》（2023 年修订）

第五十八条　对污染环境、侵害众多消费者合法权益等损害社会公共利益的行为，法律规定的机关和有关组织可以向人民法院提起诉讼。

人民检察院在履行职责中发现破坏生态环境和资源保护、食品药品安全领域侵害众多消费者合法权益等损害社会公共利益的行为，在没有前款规定的机关和组织或者前款规定的机关和组织不提起诉讼的情况下，可以向人民法院提起诉讼。前款规定的机关或者组织提起诉讼的，人民检察院可以支持起诉。

《最高人民法院、最高人民检察院关于检察公益诉讼案件适用法律若干问题的解释》(2020年修订)

第十三条 人民检察院在履行职责中发现破坏生态环境和资源保护，食品药品安全领域侵害众多消费者合法权益，侵害英雄烈士等的姓名、肖像、名誉、荣誉等损害社会公共利益的行为，拟提起公益诉讼的，应当依法公告，公告期间为三十日。

公告期满，法律规定的机关和有关组织、英雄烈士等的近亲属不提起诉讼的，人民检察院可以向人民法院提起诉讼。

人民检察院办理侵害英雄烈士等的姓名、肖像、名誉、荣誉的民事公益诉讼案件，也可以直接征询英雄烈士等的近亲属的意见。

《最高人民法院关于互联网法院审理案件若干问题的规定》(2018年施行)

第二条 北京、广州、杭州互联网法院集中管辖所在市的辖区内应当由基层人民法院受理的下列第一审案件：

(一)通过电子商务平台签订或者履行网络购物合同而产生的纠纷；

(二)签订、履行行为均在互联网上完成的网络服务合同纠纷；

(三)签订、履行行为均在互联网上完成的金融借款合同纠纷、小额借款合同纠纷；

(四)在互联网上首次发表作品的著作权或者邻接权权属纠纷；

(五)在互联网上侵害在线发表或者传播作品的著作权或者邻接权而产生的纠纷；

(六)互联网域名权属、侵权及合同纠纷；

(七)在互联网上侵害他人人身权、财产权等民事权益而产生的纠纷；

(八)通过电子商务平台购买的产品，因存在产品缺陷，侵害他人人身、财产权益而产生的产品责任纠纷；

(九)检察机关提起的互联网公益诉讼案件；

(十)因行政机关作出互联网信息服务管理、互联网商品交易及有关服务管理等行政行为而产生的行政纠纷；

（十一）上级人民法院指定管辖的其他互联网民事、行政案件。

国家互联网信息办公室《儿童个人信息网络保护规定》（2019 年施行）

第二条　本规定所称儿童，是指不满十四周岁的未成年人。

第四条　任何组织和个人不得制作、发布、传播侵害儿童个人信息安全的信息。

第七条　网络运营者收集、存储、使用、转移、披露儿童个人信息的，应当遵循正当必要、知情同意、目的明确、安全保障、依法利用的原则。

第八条　网络运营者应当设置专门的儿童个人信息保护规则和用户协议，并指定专人负责儿童个人信息保护。

第九条　网络运营者收集、使用、转移、披露儿童个人信息的，应当以显著、清晰的方式告知儿童监护人，并应当征得儿童监护人的同意。

第十条　网络运营者征得同意时，应当同时提供拒绝选项，并明确告知以下事项：

（一）收集、存储、使用、转移、披露儿童个人信息的目的、方式和范围；

（二）儿童个人信息存储的地点、期限和到期后的处理方式；

（三）儿童个人信息的安全保障措施；

（四）拒绝的后果；

（五）投诉、举报的渠道和方式；

（六）更正、删除儿童个人信息的途径和方法；

（七）其他应当告知的事项。

前款规定的告知事项发生实质性变化的，应当再次征得儿童监护人的同意。

第十一条　网络运营者不得收集与其提供的服务无关的儿童个人信息，不得违反法律、行政法规的规定和双方的约定收集儿童个人信息。

第十三条　网络运营者应当采取加密等措施存储儿童个人信息，确保信息安全。

第十四条 网络运营者使用儿童个人信息，不得违反法律、行政法规的规定和双方约定的目的、范围。因业务需要，确需超出约定的目的、范围使用的，应当再次征得儿童监护人的同意。

3. 江苏省宿迁市人民检察院对章某为未成年人文身提起民事公益诉讼案*

（检例第 142 号）

【关键词】

民事公益诉讼　未成年人文身治理　最有利于未成年人原则　公共利益

【要旨】

为未成年人提供文身服务，损害未成年人身心健康，影响未成年人成长发展，侵犯公共利益，检察机关可以基于最有利于未成年人原则提起公益诉讼。在办理个案的基础上，检察机关可以针对此类问题的监管盲区，提出完善管理的检察建议，推动解决监管缺失问题，健全完善制度，促进社会治理。

【基本案情】

2017 年 6 月以来，章某在江苏省沭阳县沭城街道中华步行街经营某文身馆，累计为数百人提供文身服务，其中未成年人 40 余名。章某还在未取得医疗美容许可证的情况下，为 7 名未成年人清除文身。其间，曾有未成年人家长因反对章某为其子女文身而与其发生纠纷，公安机关介入处理。部分未成年人及父母反映因文身导致就学、就业受阻，文身难以清除，清

* 案例选自最高人民检察院第三十五批指导性案例。

除过程痛苦且易留疤痕，但章某仍然向未成年人提供文身服务。

【检察机关履职过程】

（一）发现线索和调查核实

2020 年 4 月，江苏省沭阳县人民检察院在办理未成年人刑事案件中发现，一些涉案未成年人存在不同程度的文身，且大部分是满臂、满背的大面积文身，有文身馆存在为未成年人提供文身、清除文身服务的行为。其中，章某经营的文身馆先后为 40 余名未成年人文身，并在未取得医疗美容许可证的情况下为 7 名未成年人清除文身。根据卫生部办公厅《医疗美容项目分级管理目录》，清除文身属于医疗美容项目。2020 年 10 月 31 日，沭阳县人民检察院向县卫生健康局发出行政公益诉讼检察建议，建议该局依法履行对无证清除文身行为的监管职责。县卫生健康局联合市场监督管理局、商务局在全县范围内整治无证清除文身乱象，对 5 家文身馆立案，并处以 2.5 万元罚款的行政处罚。

沭阳县人民检察院认为，未成年人文身具有易感染、难复原、就业受限制、易被标签化等危害。章某为未成年人提供文身服务，危害未成年人的身体权、健康权，影响其发展，损害社会公共利益。虽然现行相关规定对文身行业的归类管理不尽完善，对为未成年人文身也没有明确的禁止性规定，但是根据未成年人保护法关于“保护未成年人，应当坚持最有利于未成年人的原则”，以及法律对未成年人给予特殊、优先保护的规定，可以通过履行民事公益诉讼检察职能，禁止文身场所经营者继续向未成年人提供文身服务，切实保护未成年人身心健康。

2020 年 12 月，沭阳县人民检察院立案并开展调查取证工作。围绕提供文身服务时章某主观上是否明知未成年人年龄、危害后果、公共利益属性等，与章某、40 余名未成年人及其法定代理人等开展谈话询问 70 余次；对文身馆开展现场勘查、提取相关物证，拍照固定证据；向案件当事人调取支付凭证、门诊病历、发票等书证，进一步证明文身行为事实；检索文身法医学鉴定实例等文献资料以及《中国人民解放军内务条令（试行）》《关于印发公务员录用体检特殊标准（试行）的通知》等规定，对部分未成年人及父母反映的文身难以清除，导致就学、参军、就业等受阻情况进一步调查核实。

（二）诉讼过程

2020年12月25日，沭阳县人民检察院发布民事公益诉讼公告。公告期满，没有适格主体提起民事公益诉讼。2021年4月12日，沭阳县人民检察院依据民事公益诉讼级别管辖的规定，将案件移送宿迁市人民检察院审查起诉。5月6日，宿迁市人民检察院向宿迁市中级人民法院提起民事公益诉讼，请求判令：章某不得向未成年人提供文身服务，并在国家级媒体向社会公众公开赔礼道歉。

2021年5月24日，宿迁市中级人民法院公开开庭审理本案。检察机关围绕诉讼请求、争议焦点、案件的来源和程序合法性、文身行为事实、文身损害后果等3组13项证据进行多媒体示证，发表质证意见。同时申请了沭阳县中医院美容中心主任医师、南京大学法学院教授作为专家辅助人出庭，证实文身对身体造成创伤，具有不可逆、难以复原等特征；未成年人文身后，易遭社会排斥，给未成年人造成心理创伤，文身行为还会在未成年人群体中产生模仿效应。

被告及其诉讼代理人提出，法律没有禁止给未成年人文身，现行法律没有明确界定公共利益，章某的行为未达到涉及全体或多数未成年人利益的程度，不应认定为侵犯社会公共利益。公益诉讼起诉人提出答辩意见：第一，向未成年人提供文身服务损害社会公共利益。章某对文身对象不进行筛选，对未成年人文身行为予以放任，且文身经营活动具有开放性特征，导致其提供文身服务的未成年人数量众多。文身行为可能在未成年人中随时、随机出现，侵犯未成年人权益，属于侵犯社会公共利益，符合检察机关提起公益诉讼的情形。第二，文身破坏皮肤组织健康且极难清除，清除文身需要多次、反复治疗，容易留下疤痕。文身容易被贴上负面评价的标签，易出现模仿和排斥双重效应，影响未成年人正常学习、生活、就业、社交。第三，未成年人心智尚不成熟，缺乏社会经验，对自身行为甄别能力不足，对行为后果缺乏理性判断，很多未成年人对自己的文身行为表示后悔。未成年人正值生长发育期，对任何可能改变其正常身体发育状态、影响其健康成长的行为均应受到合理规制。《中华人民共和国民法典》对未成年人实施民事法律行为的保护规定，《中华人民共和国未成年人保护法》对未成年人生存权、发展权、受保护权、参与权等权利保护规定，都是体现对未成年人的特殊、优先保护。章某明知未成年人文身的损害后果，仍为未成年人文身，不仅侵犯未成年人的身体权、健康权，也影响未成年人发展。

2021年6月1日，宿迁市中级人民法院作出一审判决，判令章某停止向未成年人提供文身服务，并在判决生效之日起十日内在国家级媒体公开向社会公众书面赔礼道歉。一审宣判后，章某当庭表示不上诉并愿意履行判决确定的义务。2021年6月3日，章某在《中国青年报》发表《公开道歉书》，向文身的未成年人、家人以及社会各界公开赔礼道歉，并表示今后不再为未成年人文身。

针对文身行业归类不明、监管主体不清、对为未成年人文身行政执法依据不足等问题，沭阳县人民检察院推动起草并由沭阳县人大常委会审议出台《关于加强未成年人文身治理工作的决议》，明确文身场所不允许未成年人进入，任何人不得为未成年人提供文身服务，不得强迫、劝诱未成年人文身。同时结合各行政部门的职能，对各部门在文身治理中的职责、任务进行规范，并对为未成年人文身的从业人员从信用记录等方面予以规制，提供可操作性规则，促进问题源头治理。

【指导意义】

（一）为未成年人提供文身服务，侵犯未成年人合法权益，损害社会公共利益，属于检察机关公益诉讼监督范畴

文身对未成年人的身心健康和发展均有不同程度的现实影响和潜在危害。未成年人身心尚未成熟，认知和辨别能力较弱，自护能力不足，对文身给自身成长和未来发展带来的影响缺乏预见和判断。为未成年人提供文身服务，侵犯未成年人合法权益，且侵犯行为具有持续性和反复性，侵犯

结果和范围可能随时扩大，应当认定为侵犯社会公共利益，检察机关可以提起公益诉讼。

（二）在法律规定不够明确具体、未成年人合法权益亟待保护的情况下，基于最有利于未成年人的原则，检察机关可以提起公益诉讼

《中华人民共和国未成年人保护法》确立的最有利于未成年人的原则，是联合国《儿童权利公约》确定的儿童利益最大化原则的中国化表达。检察机关在处理关乎未成年人的问题时，要全方位考虑未成年人的长远利益和根本利益，综合考虑未成年人身心特点和健康发展需要，选择最有利于未成年人的方案，采取最有利于未成年人的措施，给予未成年人特殊、优先保护。在涉及未成年人利益的案件中，当法律规定不够明确具体，各部门、各方责任难以界定，但未成年人的权益受到严重侵犯或面临侵犯危险、公益亟须保护时，检察机关可立足最有利于未成年人的原则，通过公益诉讼方式维护未成年人合法权益。

（三）检察机关可以结合个案办理推动健全制度、完善监管，促进社会治理

检察机关在办理公益诉讼案件过程中，应当用足用好现有法律规定，督促行政机关依法充分履职。对于存在法律、政策不完善、行政监管缺失等问题的，检察机关可以在个案办理的基础上，推动解决因行政监管有限性和社会事务复杂性造成的监管盲区，促进健全制度和完善管理。

【相关规定】

《中华人民共和国民法典》（2021 年施行）

第十九条 八周岁以上的未成年人为限制民事行为能力人，实施民事法律行为由其法定代理人代理或者经其法定代理人同意、追认；但是，可以独立实施纯获利益的民事法律行为或者与其年龄、智力相适应的民事法律行为。

第一百一十条 自然人享有生命权、身体权、健康权、姓名权、肖像权、名誉权、荣誉权、隐私权、婚姻自主权等权利。

法人、非法人组织享有名称权、名誉权和荣誉权。

第一百七十九条　承担民事责任的方式主要有：

（一）停止侵害；

（二）排除妨碍；

（三）消除危险；

（四）返还财产；

（五）恢复原状；

（六）修理、重作、更换；

（七）继续履行；

（八）赔偿损失；

（九）支付违约金；

（十）消除影响、恢复名誉；

（十一）赔礼道歉。

法律规定惩罚性赔偿的，依照其规定。

本条规定的承担民事责任的方式，可以单独适用，也可以合并适用。

《中华人民共和国未成年人保护法》（2024年修正）

第三条　国家保障未成年人的生存权、发展权、受保护权、参与权等权利。

未成年人依法平等地享有各项权利，不因本人及其父母或者其他监护人的民族、种族、性别、户籍、职业、宗教信仰、教育程度、家庭状况、身心健康状况等受到歧视。

第四条　保护未成年人，应当坚持最有利于未成年人的原则。处理涉及未成年人事项，应当符合下列要求：

（一）给予未成年人特殊、优先保护；

（二）尊重未成年人人格尊严；

（三）保护未成年人隐私权和个人信息；

（四）适应未成年人身心健康发展的规律和特点；

（五）听取未成年人的意见；

（六）保护与教育相结合。

第六条 保护未成年人，是国家机关、武装力量、政党、人民团体、企业事业单位、社会组织、城乡基层群众性自治组织、未成年人的监护人以及其他成年人的共同责任。

国家、社会、学校和家庭应当教育和帮助未成年人维护自身合法权益，增强自我保护的意识和能力。

第一百条 公安机关、人民检察院、人民法院和司法行政部门应当依法履行职责，保障未成年人合法权益。

第一百零六条 未成年人合法权益受到侵犯，相关组织和个人未代为提起诉讼的，人民检察院可以督促、支持其提起诉讼；涉及公共利益的，人民检察院有权提起公益诉讼。

《中华人民共和国民事诉讼法》（2023 年修订）

第五十八条 对污染环境、侵害众多消费者合法权益等损害社会公共利益的行为，法律规定的机关和有关组织可以向人民法院提起诉讼。

人民检察院在履行职责中发现破坏生态环境和资源保护、食品药品安全领域侵害众多消费者合法权益等损害社会公共利益的行为，在没有前款规定的机关和组织或者前款规定的机关和组织不提起诉讼的情况下，可以向人民法院提起诉讼。前款规定的机关或者组织提起诉讼的，人民检察院可以支持起诉。

《最高人民法院、最高人民检察院关于检察公益诉讼案件适用法律若干问题的解释》（2020 年修订）

第五条 市（分、州）人民检察院提起的第一审民事公益诉讼案件，由侵权行为地或者被告住所地中级人民法院管辖。

基层人民检察院提起的第一审行政公益诉讼案件，由被诉行政机关所在地基层人民法院管辖。

第十三条 人民检察院在履行职责中发现破坏生态环境和资源保护，食品药品安全领域侵害众多消费者合法权益，侵害英雄烈士等的姓名、肖像、名誉、荣誉等损害社会公共利益的行为，拟提起公益诉讼的，应当依法公告，公告期间为三十日。

公告期满，法律规定的机关和有关组织、英雄烈士等的近亲属不提起诉讼的，人民检察院可以向人民法院提起诉讼。

人民检察院办理侵害英雄烈士等的姓名、肖像、名誉、荣誉的民事公益诉讼案件，也可以直接征询英雄烈士等的近亲属的意见。

《最高人民法院关于适用〈中华人民共和国民法典〉时间效力的若干规定》(法释〔2020〕15号)

第一条　民法典施行后的法律事实引起的民事纠纷案件，适用民法典的规定。

民法典施行前的法律事实引起的民事纠纷案件，适用当时的法律、司法解释的规定，但是法律、司法解释另有规定的除外。

民法典施行前的法律事实持续至民法典施行后，该法律事实引起的民事纠纷案件，适用民法典的规定，但是法律、司法解释另有规定的除外。

第二条　民法典施行前的法律事实引起的民事纠纷案件，当时的法律、司法解释有规定，适用当时的法律、司法解释的规定，但是适用民法典的规定更有利于保护民事主体合法权益，更有利于维护社会和经济秩序，更有利于弘扬社会主义核心价值观的除外。

4. 福建省福清市人民检察院督促消除幼儿园安全隐患行政公益诉讼案*
（检例第143号）

【关键词】

行政公益诉讼　无证办学　公益诉讼检察建议　社会治理检察建议

*　案例选自最高人民检察院第三十五批指导性案例。

【要旨】

教育服务场所存在安全隐患，但行政监管不到位，侵犯未成年人合法权益的，检察机关可以开展行政公益诉讼，督促行政机关依法充分履职。检察机关在办理未成年人保护公益诉讼案件中，可以综合运用不同类型检察建议，推动未成年人权益保护的源头治理和综合治理。检察机关在督促行政机关依法全面履职过程中，应当推动行政机关选择最有利于保护未成年人合法权益的履职方式。

【基本案情】

2018年3月以来，福建省福清市音西街道等7个街道（镇）共有无证幼儿园16所，在园幼儿约1500人。16所幼儿园均未按规定配备消防设施，未经消防审批验收合格。其中部分幼儿园建在加油站、综合汽车站出入口、高压输变线电力走廊等危险路段，部分幼儿园直接租用普通民宅且在高层建筑内办学，部分幼儿园未经教育局审批擅自改变园址，部分幼儿园使用无资质车辆集中接送幼儿并超载，部分幼儿园玩教具配备、室内外设施设备、保健室设施、卫生设施及其他附属设施配置不达标。

【检察机关履职过程】

2018年3月，福建省福清市人民检察院在办理三起“黑校车”危险驾驶案过程中，发现部分涉案幼儿园系无证办学，存在安全隐患。经调查核实，前述16所幼儿园无证办学违反了《中华人民共和国未成年人保护法》《中华人民共和国民办教育促进法》和住房和城乡建设部、国家发改委批准发布的《幼儿园建设标准》等法律法规、部门规章中关于保障幼儿园场所安全、办学许可证及幼儿园选址、消防等方面的规定要求。福清市教育局作为教育主管部门虽多次发出《责令停止办学行为通知书》，并向相关街道（镇）发函要求取缔，但监管手段有限、处罚措施未落到实处，也未能有效推动相关部门解决问题。无证幼儿园所在街道办事处及镇政府未严格执行《福州市学前教育管理办法》关于依法取缔无证幼儿园的规定，使部分无证幼儿园被检查时停办，检查后又复开。相关人民政府、行政机关履职不到位，使无证幼儿园长期存在，影响幼儿的生命权、健康权、受教育权。

2018 年 4 月，福清市人民检察院向福清市教育局、相关街道办事处和镇政府发出行政公益诉讼检察建议：一是疏堵结合，妥善处理无证幼儿园。对缺乏基本办园条件，存在严重安全隐患的无证幼儿园，依法关停、取缔，并妥善分流在园幼儿和从业人员。对经整改后有条件取得办园许可证的无证幼儿园，主动引导，给予支持，积极促进整改以达到获取办学许可证条件，确保在园幼儿安全、健康。二是科学规划，形成合理布局。科学测算辖区内学龄前儿童数量分布，做好统筹规划工作，引导民办幼儿园合理布局，与公办幼儿园互补互惠。三是齐抓共管，落实主体责任。街道办事处、镇政府应当组织专门力量负责对无证幼儿园实施动态监管、指导整改、依法取缔工作，并协调教育、卫健、消防、物价、食药监局等部门齐抓共管，形成治理合力。福清市教育局、相关街道办事处和镇政府表示曾多次对无证幼儿园作出行政处罚并采取取缔措施，但始终无法根治，这与当地学前教育发展不平衡不充分密切相关，需要多个职能部门协同治理，建议由市政府统筹协调。

为提高监督效果，福清市人民检察院向福清市人民政府发出社会治理检察建议，建议市政府牵头，各部门各司其职，齐抓共管，通过落实责任主体和设定绩效考核指标等方式将无证幼儿园治理工作落到实处。检察建议发出后，福清市人民政府会同福清市人民检察院，召集相关街道（镇）、教育、公安、消防、安监等部门举行圆桌会议，制定联合执法方案，针对无证幼儿园选址布局、消防设施、校车营运、设施配备不达标等方面存在的隐患与问题，进行整改落实，同时明确各部门具体分工，全程监督联合执法进展。经整改，福清市教育局及相关街道（镇）回复检察建议落实情况：3 家经整改后符合办学条件的幼儿园已申请并取得办学许可，13 家经整改后不符合办学条件的均已取缔关停，原在园幼儿已妥善分流至附近公办幼儿园或有资质的民办幼儿园就读。福清市人民检察院持续跟进检察建议的落实情况，定期走访、了解、调查无证幼儿园取缔后是否有反弹现象，并建议福清市人民政府定期组织开展“回头看”工作。

检察机关通过案件办理，既推动消除了幼儿园安全隐患，又妥善解决了幼儿就读问题，取得了良好的社会治理效果。此后，福清市未再发现无证民办幼儿园，政府部门持续推动普惠性幼儿园建设，公办幼儿园学额比为66%，较2017年上升6个百分点，全市普惠学额覆盖率达92.62%。

【指导意义】

（一）教育服务场所存在安全隐患，行政机关没有充分履职的，检察机关可以开展行政公益诉讼

对未成年人负有教育、照顾、看护等职责的教育服务场所，明知不符合办学条件，存在安全隐患，仍向未成年人开放，使未成年人合法权益面临风险，行政主管部门未依法充分履职，致使公共利益受到侵犯的，检察机关可以依法开展行政公益诉讼。

（二）不同层级人民政府和多个职能部门均具有与涉案事项相关的法定职责的，检察机关可以向能够发挥统筹作用的人民政府发出检察建议

相关人民政府、行政部门未依法完全充分履职导致公益损害的，检察机关可以通过公益诉讼检察建议督促履职。为提升监督效果，可以向能够发挥统筹作用的人民政府发出社会治理检察建议，推动人民政府对下级政府及相关职能部门进行协调调度，形成治理合力。

（三）检察机关应当建议行政机关采用有效履职方式，推动涉及未成年人合法权益问题实质性解决

行政机关对安全隐患无法消除的教育服务场所依法取缔关停时，检察机关应当建议行政机关疏堵结合、分类治理，根据未成年人及家长实际需要妥善安置受教育的未成年人，保障未成年人继续享有接受教育、照顾、看护、健康发展等权利，落实检察公益诉讼双赢多赢共赢理念。

【相关规定】

《中华人民共和国未成年人保护法》（2024年修正）

第一百零六条 未成年人合法权益受到侵犯，相关组织和个人未代为提起诉讼的，人民检察院可以督促、支持其提起诉讼；涉及公共利益的，

人民检察院有权提起公益诉讼。

第三十五条　学校、幼儿园应当建立安全管理制度，对未成年人进行安全教育，完善安保设施、配备安保人员，保障未成年人在校、在园期间的人身和财产安全。

学校、幼儿园不得在危及未成年人人身安全、身心健康的校舍和其他设施、场所中进行教育教学活动。

学校、幼儿园安排未成年人参加文化娱乐、社会实践等集体活动，应当保护未成年人的身心健康，防止发生人身伤害事故。

第三十六条　使用校车的学校、幼儿园应当建立健全校车安全管理制度，配备安全管理人员，定期对校车进行安全检查，对校车驾驶人进行安全教育，并向未成年人讲解校车安全乘坐知识，培养未成年人校车安全事故应急处理技能。

《中华人民共和国行政诉讼法》（2017年修订）

第二十五条　行政行为的相对人以及其他与行政行为有利害关系的公民、法人或者其他组织，有权提起诉讼。

有权提起诉讼的公民死亡，其近亲属可以提起诉讼。

有权提起诉讼的法人或者其他组织终止，承受其权利的法人或者其他组织可以提起诉讼。

人民检察院在履行职责中发现生态环境和资源保护、食品药品安全、国有财产保护、国有土地使用权出让等领域负有监督管理职责的行政机关违法行使职权或者不作为，致使国家利益或者社会公共利益受到侵害的，应当向行政机关提出检察建议，督促其依法履行职责。行政机关不依法履行职责的，人民检察院依法向人民法院提起诉讼。

《中华人民共和国民办教育促进法》（2018年修正）

第三条　民办教育事业属于公益性事业，是社会主义教育事业的组成部分。

国家对民办教育实行积极鼓励、大力支持、正确引导、依法管理的方针。

各级人民政府应当将民办教育事业纳入国民经济和社会发展规划。

第十二条 举办实施学历教育、学前教育、自学考试助学及其他文化教育的民办学校，由县级以上人民政府教育行政部门按照国家规定的权限审批；举办实施以职业技能为主的职业资格培训、职业技能培训的民办学校，由县级以上人民政府人力资源社会保障行政部门按照国家规定的权限审批，并抄送同级教育行政部门备案。

第十八条 审批机关对批准正式设立的民办学校发给办学许可证。

审批机关对不批准正式设立的，应当说明理由。

第六十四条 违反国家有关规定擅自举办民办学校的，由所在地县级以上地方人民政府教育行政部门或者人力资源社会保障行政部门会同同级公安、民政或者市场监督管理等有关部门责令停止办学、退还所收费用，并对举办者处违法所得一倍以上五倍以下罚款；构成违反治安管理行为的，由公安机关依法给予治安管理处罚；构成犯罪的，依法追究刑事责任。

《最高人民法院、最高人民检察院关于检察公益诉讼案件适用法律若干问题的解释》（2020年修订）

第二十一条 人民检察院在履行职责中发现生态环境和资源保护、食品药品安全、国有财产保护、国有土地使用权出让等领域负有监督管理职责的行政机关违法行使职权或者不作为，致使国家利益或者社会公共利益受到侵害的，应当向行政机关提出检察建议，督促其依法履行职责。

行政机关应当在收到检察建议书之日起两个月内依法履行职责，并书面回复人民检察院。出现国家利益或者社会公共利益损害继续扩大等紧急情形的，行政机关应当在十五日内书面回复。

行政机关不依法履行职责的，人民检察院依法向人民法院提起诉讼。

5. 贵州省沿河土家族自治县人民检察院督促履行食品安全监管职责行政公益诉讼案*

（检例第 144 号）

【关键词】

行政公益诉讼　校园周边食品安全　线索发现　跟进监督　提起诉讼

【要旨】

检察机关在履职中可以通过多种渠道发现未成年人保护公益诉讼案件线索。消除校园周边食品安全隐患，规范校园周边秩序，是未成年人保护公益诉讼检察的重点领域。对于易发多发易反弹的未成年人保护顽疾问题，检察机关应当在检察建议发出后持续跟进监督，对于行政机关未能依法全面、充分履职的，应依法提起诉讼，将公益保护落到实处。

【基本案情】

2018 年秋季学期开学后，贵州省铜仁市沿河土家族自治县（以下简称沿河县）民族小学等 7 所中小学周边存在流动食品经营者占道制售肠粉、炒粉、油炸土豆、奶茶等食品，供周边中小学生食用的问题。流动食品经营者在未依法办理食品经营相关手续的情况下，以车辆为餐饮作业工具，未配备食品经营卫生设施，未按规定公示健康证明，未穿戴清洁的工作衣帽，所售卖食品存在安全隐患，影响中小学生身体健康，同时占道经营行为严重影响交通安全和社会管理秩序。

【检察机关履职过程】

（一）调查核实和督促履职

2018 年 9 月，检察机关接到人大代表和家长师生反映，沿河县民族小学

* 案例选自最高人民检察院第三十五批指导性案例。

等学校周边存在流动食品经营者以车辆为餐饮作业工具，违法向未成年学生售卖食品的现象，影响未成年人食品安全、交通安全和校园周边秩序。获取该线索后，沿河县人民检察院经调查认为：流动食品经营者未经办理经营许可或备案登记等相关手续即以车辆为餐饮作业工具进行食品经营活动，存在食品卫生安全隐患，危害未成年人身体健康，对校园周边交通安全和社会秩序造成影响。沿河县市场监管局怠于履行食品安全监督管理职责，导致食品经营者在中小学校园周边占道经营、制售食品的行为形成多发乱象，侵犯了未成年人合法权益，遂决定作为行政公益诉讼案件予以立案。

9月13日，沿河县人民检察院依法向沿河县市场监管局发出行政公益诉讼检察建议，建议其依法履行职责，依法调查处理城区学校周边的流动食品经营者违法经营行为。11月12日，沿河县市场监管局书面回复称，已取缔了所有学校周边以车辆为餐饮作业工具的食品经营活动，对校园周边环境联合开展了专项执法检查。沿河县人民检察院对检察建议落实情况进行跟踪监督，发现沿河县市场监管局在检察机关发出检察建议后，虽采取了取缔、劝离等措施，但食品经营者以流动作业方式在校园周边向未成年学生制售食品的问题仍时常反弹，未能得到有效遏制，社会公共利益持续处于受侵犯状态。

（二）诉讼过程

2019年8月8日，沿河县人民检察院根据贵州省高级人民法院关于行政案件集中管辖的规定，向贵州省铜仁市思南县人民法院提起行政公益诉讼，请求确认被告沿河县市场监管局对城区校园周边无证食品经营者的违法经营行为怠于履行监督管理职责违法，判决沿河县市场监管局对城区校园周边无证食品经营者的违法经营行为依法履行职责。

12月27日，思南县人民法院公开开庭审理本案。沿河县市场监管局辩称，其不具有划定临时区域和固定时段供食品摊贩经营的职责，无直接管理流动食品摊贩的职权。沿河县人民检察院答辩指出，食品摊贩是食品经营者的类型之一。对食品安全的保护是未成年人保护的重要内容，不应因食品经营者无固定经营场所而放松对食品安全的监管。根据《中华人民共和国食品安全法》《贵州省食品安全条例》及市场监管局“三定”方案等规定，市场监管局承担食品生产经营监督管理职责，负有食品安全监督管理，组织实施食品生产经营许可管理，指导食品生产小作坊、小餐饮登记管理和食品小摊贩备案管理的职责，对违法情形应当由其责令改正、给予警告、处以罚款及没收违法所得等。2020 年 8 月 1 日，思南县人民法院作出判决，支持沿河县人民检察院全部诉讼请求。沿河县市场监管局未提出上诉。

判决生效后，沿河县人民检察院持续监督判决的执行，并促成沿河县人民政府牵头制定《沿河土家族自治县城区校园周边食品安全综合治理实施方案》，组织沿河县市场监管局、城市管理局、公安局、教育局、街道办事处开展城区校园周边食品安全综合治理专项行动，加强法治宣传，划定经营区域，引导流动食品经营者进行备案登记、规范经营。该县中小学校园周边流动食品经营者的经营和生活得到保障，校园周边环境秩序和交通安全得到有效治理。

【指导意义】

（一）全面正确理解“履职中发现”的含义，多渠道拓展案件线索来源

未成年人保护公益诉讼案件线索，既可以在办理其他涉未成年人案件中发现，也可以通过人大代表、政协委员转交、新闻媒体反映以及法治副校长送法进校园、开展未成年人保护主题检察开放日活动、参加未成年人保护联席会议等渠道发现。要立足法律监督职能，注意拓展未成年人保护案件线索发现渠道，通过依法履职，切实维护未成年人合法权益。

（二）校园周边食品安全涉及未成年人合法权益，是未成年人保护检察公益诉讼的工作重点

食品安全事关未成年人身心健康。消除校园周边食品安全隐患，维护校园周边秩序和交通安全，是未成年人保护检察公益诉讼的工作重点。负有监管职责的行政机关不依法充分履职，致社会公共利益持续处于被侵犯状态的，检察机关应当认真分析研究行政机关监管职责，合理确定监督对

象，以促使全面履职、有效整改。

（三）检察机关履行公益诉讼职责，应当持续跟进监督，推动问题整改落实到位

对于校园周边食品安全等易发多发易反弹的未成年人保护顽疾问题，检察机关发出公益诉讼检察建议后，要持续跟进落实。行政机关根据检察建议采取了监督管理措施，但未成年人合法权益受侵犯状态尚未得到有效遏制或隐患尚未消除的，要结合行政机关的职责范围、履职条件、履职方式、履职效果等进行综合分析，行政机关未依照法律规定全面、充分履职的，检察机关应当依法提起诉讼。

【相关规定】

《中华人民共和国未成年人保护法》（2024 年修正）

第一百零六条 未成年人合法权益受到侵犯，相关组织和个人未代为提起诉讼的，人民检察院可以督促、支持其提起诉讼；涉及公共利益的，人民检察院有权提起公益诉讼。

《中华人民共和国食品安全法》（2021 年修订）

第二条 在中华人民共和国境内从事下列活动，应当遵守本法：

（一）食品生产和加工（以下称食品生产），食品销售和餐饮服务（以下称食品经营）；

（二）食品添加剂的生产经营；

（三）用于食品的包装材料、容器、洗涤剂、消毒剂和用于食品生产经营的工具、设备（以下称食品相关产品）的生产经营；

（四）食品生产经营者使用食品添加剂、食品相关产品；

（五）食品的贮存和运输；

（六）对食品、食品添加剂、食品相关产品的安全管理。

供食用的源于农业的初级产品（以下称食用农产品）的质量安全管理，遵守《中华人民共和国农产品质量安全法》的规定。但是，食用农产品的市场销售、有关质量安全标准的制定、有关安全信息的公布和本法对农业

投入品作出规定的，应当遵守本法的规定。

第三十三条　食品生产经营应当符合食品安全标准，并符合下列要求：

（一）具有与生产经营的食品品种、数量相适应的食品原料处理和食品加工、包装、贮存等场所，保持该场所环境整洁，并与有毒、有害场所以及其他污染源保持规定的距离；

（二）具有与生产经营的食品品种、数量相适应的生产经营设备或者设施，有相应的消毒、更衣、盥洗、采光、照明、通风、防腐、防尘、防蝇、防鼠、防虫、洗涤以及处理废水、存放垃圾和废弃物的设备或者设施；

（三）有专职或者兼职的食品安全专业技术人员、食品安全管理人员和保证食品安全的规章制度；

（四）具有合理的设备布局和工艺流程，防止待加工食品与直接入口食品、原料与成品交叉污染，避免食品接触有毒物、不洁物；

（五）餐具、饮具和盛放直接入口食品的容器，使用前应当洗净、消毒，炊具、用具用后应当洗净，保持清洁；

（六）贮存、运输和装卸食品的容器、工具和设备应当安全、无害，保持清洁，防止食品污染，并符合保证食品安全所需的温度、湿度等特殊要求，不得将食品与有毒、有害物品一同贮存、运输；

（七）直接入口的食品应当使用无毒、清洁的包装材料、餐具、饮具和容器；

（八）食品生产经营人员应当保持个人卫生，生产经营食品时，应当将手洗净，穿戴清洁的工作衣、帽等；销售无包装的直接入口食品时，应当使用无毒、清洁的容器、售货工具和设备；

（九）用水应当符合国家规定的生活饮用水卫生标准；

（十）使用的洗涤剂、消毒剂应当对人体安全、无害；

（十一）法律、法规规定的其他要求。

非食品生产经营者从事食品贮存、运输和装卸的，应当符合前款第六项的规定。

第三十五条　国家对食品生产经营实行许可制度。从事食品生产、食品销售、餐饮服务，应当依法取得许可。但是，销售食用农产品和仅销售预包装食品的，不需要取得许可。仅销售预包装食品的，应当报所在地县级以上地方人民政府食品安全监督管理部门备案。

县级以上地方人民政府食品安全监督管理部门应当依照《中华人民共和国行政许可法》的规定，审核申请人提交的本法第三十三条第一款第一项至第四项规定要求的相关资料，必要时对申请人的生产经营场所进行现场核查；对符合规定条件的，准予许可；对不符合规定条件的，不予许可并书面说明理由。

第三十六条 食品生产加工小作坊和食品摊贩等从事食品生产经营活动，应当符合本法规定的与其生产经营规模、条件相适应的食品安全要求，保证所生产经营的食品卫生、无毒、无害，食品安全监督管理部门应当对其加强监督管理。

县级以上地方人民政府应当对食品生产加工小作坊、食品摊贩等进行综合治理，加强服务和统一规划，改善其生产经营环境，鼓励和支持其改进生产经营条件，进入集中交易市场、店铺等固定场所经营，或者在指定的临时经营区域、时段经营。

食品生产加工小作坊和食品摊贩等的具体管理办法由省、自治区、直辖市制定。

第一百二十二条 违反本法规定，未取得食品生产经营许可从事食品生产经营活动，或者未取得食品添加剂生产许可从事食品添加剂生产活动的，由县级以上人民政府食品安全监督管理部门没收违法所得和违法生产经营的食品、食品添加剂以及用于违法生产经营的工具、设备、原料等物品；违法生产经营的食品、食品添加剂货值金额不足一万元的，并处五万元以上十万元以下罚款；货值金额一万元以上的，并处货值金额十倍以上二十倍以下罚款。

明知从事前款规定的违法行为，仍为其提供生产经营场所或者其他条件的，由县级以上人民政府食品安全监督管理部门责令停止违法行为，没收违法所得，并处五万元以上十万元以下罚款；使消费者的合法权益受到损害的，应当与食品、食品添加剂生产经营者承担连带责任。

第一百二十六条　违反本法规定，有下列情形之一的，由县级以上人民政府食品安全监督管理部门责令改正，给予警告；拒不改正的，处五千元以上五万元以下罚款；情节严重的，责令停产停业，直至吊销许可证：

（一）食品、食品添加剂生产者未按规定对采购的食品原料和生产的食品、食品添加剂进行检验；

（二）食品生产经营企业未按规定建立食品安全管理制度，或者未按规定配备或者培训、考核食品安全管理人员；

（三）食品、食品添加剂生产经营者进货时未查验许可证和相关证明文件，或者未按规定建立并遵守进货查验记录、出厂检验记录和销售记录制度；

（四）食品生产经营企业未制定食品安全事故处置方案；

（五）餐具、饮具和盛放直接入口食品的容器，使用前未经洗净、消毒或者清洗消毒不合格，或者餐饮服务设施、设备未按规定定期维护、清洗、校验；

（六）食品生产经营者安排未取得健康证明或者患有国务院卫生行政部门规定的有碍食品安全疾病的人员从事接触直接入口食品的工作；

（七）食品经营者未按规定要求销售食品；

（八）保健食品生产企业未按规定向食品安全监督管理部门备案，或者未按备案的产品配方、生产工艺等技术要求组织生产；

（九）婴幼儿配方食品生产企业未将食品原料、食品添加剂、产品配方、标签等向食品安全监督管理部门备案；

（十）特殊食品生产企业未按规定建立生产质量管理体系并有效运行，或者未定期提交自查报告；

（十一）食品生产经营者未定期对食品安全状况进行检查评价，或者生产经营条件发生变化，未按规定处理；

（十二）学校、托幼机构、养老机构、建筑工地等集中用餐单位未按规定履行食品安全管理责任；

（十三）食品生产企业、餐饮服务提供者未按规定制定、实施生产经营过程控制要求。

餐具、饮具集中消毒服务单位违反本法规定用水，使用洗涤剂、消毒剂，或者出厂的餐具、饮具未按规定检验合格并随附消毒合格证明，或者未按规定在独立包装上标注相关内容的，由县级以上人民政府卫生行政部门依照前款规定给予处罚。

食品相关产品生产者未按规定对生产的食品相关产品进行检验的，由县级以上人民政府食品安全监督管理部门依照第一款规定给予处罚。

食用农产品销售者违反本法第六十五条规定的，由县级以上人民政府食品安全监督管理部门依照第一款规定给予处罚。

《中华人民共和国行政诉讼法》（2017年修订）

第二十五条 行政行为的相对人以及其他与行政行为有利害关系的公民、法人或者其他组织，有权提起诉讼。

有权提起诉讼的公民死亡，其近亲属可以提起诉讼。

有权提起诉讼的法人或者其他组织终止，承受其权利的法人或者其他组织可以提起诉讼。

人民检察院在履行职责中发现生态环境和资源保护、食品药品安全、国有财产保护、国有土地使用权出让等领域负有监督管理职责的行政机关违法行使职权或者不作为，致使国家利益或者社会公共利益受到侵害的，应当向行政机关提出检察建议，督促其依法履行职责。行政机关不依法履行职责的，人民检察院依法向人民法院提起诉讼。

《最高人民法院、最高人民检察院关于检察公益诉讼案件适用法律若干问题的解释》（2020年修订）

第二十一条 人民检察院在履行职责中发现生态环境和资源保护、食品药品安全、国有财产保护、国有土地使用权出让等领域负有监督管理职责的行政机关违法行使职权或者不作为，致使国家利益或者社会公共利益受到侵害的，应当向行政机关提出检察建议，督促其依法履行职责。

行政机关应当在收到检察建议书之日起两个月内依法履行职责，并书面回复人民检察院。出现国家利益或者社会公共利益损害继续扩大等紧急情形的，行政机关应当在十五日内书面回复。

行政机关不依法履行职责的，人民检察院依法向人民法院提起诉讼。

6. 江苏省溧阳市人民检察院督促整治网吧违规接纳未成年人行政公益诉讼案*

（检例第 145 号）

【关键词】

行政公益诉讼　不适宜未成年人活动场所　社会支持体系　综合治理

【要旨】

不适宜未成年人活动场所违规接纳未成年人进入，损害未成年人身心健康，易滋生违法犯罪，侵犯社会公共利益。检察机关应当依法履行公益诉讼职责，推动行政机关落实监管措施。充分发挥未成年人检察工作社会支持体系作用，促进社会综合治理，形成未成年人保护合力。

【基本案情】

2019 年以来，江苏省溧阳市所辖市区及农村地区部分网吧存在违规接纳未成年人上网的问题。有的网吧未在入口处显著位置悬挂未成年人禁入标志，有的网吧经营者在未成年人进入网吧时未要求其出示身份证件并核对年龄，有的网吧经营者发现未成年人进入后，仍然使用成年人身份证帮助其开户上网，家长多次反映但未能得到解决。

【检察机关履职过程】

2019 年 11 月，江苏省溧阳市人民检察院在办理未成年人孟某某盗窃案中发现，溧阳市辖区内多家网吧违规接纳未成年人上网，部分未成年人甚

* 案例选自最高人民检察院第三十五批指导性案例。

至通宵在网吧上网。溧阳市人民检察院通过发放120份调查问卷、调查走访全市所有58家网吧等方式，全面了解辖区内未成年人随意进出网吧的数量和比例，发现120名受访未成年人中曾随意进出网吧未受制止的占32%。未成年人出入网吧影响身心健康，易沾染不良习气，甚至滋生违法犯罪问题。根据《中华人民共和国未成年人保护法》、国务院《互联网上网服务营业场所管理条例》相关规定，市文体广电和旅游局负责对依法设立的互联网上网服务营业场所的经营活动进行监督管理。

2020年3月2日，溧阳市人民检察院向市文旅局发出行政公益诉讼检察建议：一是结合实际情况，处罚涉案网吧；二是联合相关部门，推动专项执法；三是发挥社会力量，加强监督宣传；四是加强监督管理，规范网吧经营；五是完善制度，建立长效机制。

收到检察建议后，市文旅局对涉案网吧分别给予警告并罚款3000元的行政处罚，对相关责任人进行约谈。市文旅局、市公安局运用信息技术，联合推出双重严防系统，在全市所有网吧内全部强制上线运行，将网吧经营管理后台数据接入公安机关，实现对网吧运行数据的有效监控，确保从源头上杜绝网吧违规接纳未成年人现象。市文旅局在全市开展了为期6个月的“清风行动”，通过定期通报、签订承诺书、“文明网吧”创建等形式，推动网吧规范经营。

5月2日，市文旅局向检察机关书面回复检察建议落实情况，提出进一步加强网吧监管的工作措施：一是严格审批，强化退出机制，对违法违规的网吧一律列入黑名单；二是对照标准，完善监管体系，会同公安机关建设信息化监管平台；三是依法管理，推进社会监督，聘请200余名市场监督员对网吧进行监督；四是定人定岗，实行网格监管，全市每个网吧均有对应的管理执法人员，进行滚动式巡查；五是严管重罚，在寒假、暑假和法定节假日开展专项治理。

溧阳市人民检察院与市文旅局、市公安局召开联席会议，从2020年6月开始开展三个月的“回头看”工作。检察机关将办案中发现的放任未成年人进入营业性娱乐场所、酒吧、网吧的未成年人父母或其他监护人情况，向妇联、关工委等通报，推动妇联、关工委发挥自身优势，动员社会力量，开展家庭教育指导。积极协同相关职能部门，链接司法社工、“五老”、社区网格员、志愿者等多方资源力量，推动构建常态化监管网络体系，有效防止网吧违规接纳未成年人进入的问题复发和反弹。溧阳市人民检察院注重延伸办案效果，扩大保护范围，牵头与市教育局、公安局、司法局、团市委、卫健局、妇联等6家单位会签《关于加强未成年人权益保护的意见》，建立市青少年法治教育基地，推动形成全市未成年人保护大格局。

【指导意义】

（一）不适宜未成年人活动的场所多次违规接纳未成年人进入，行政监管不到位的，检察机关可以通过行政公益诉讼督促监管履职

营业性娱乐场所、酒吧、网吧等不适宜未成年人活动场所违规接纳未成年人，以及旅馆、宾馆、酒店等住宿经营者违规接待未成年人入住等，易对未成年人身心健康造成不良影响甚至诱发违法犯罪。上述违规行为发现难、监管难、易反弹，检察机关发现行政机关未依法充分履行监管执法职责的，可以通过行政公益诉讼，督促和支持行政机关依法履职，及时查处违规接纳未成年人的行为，避免出现侵犯未成年人合法权益和诱发违法犯罪等危害后果。

（二）充分发挥未成年人检察工作社会支持体系作用，促进构建未成年人保护大格局

检察机关在积极履行未成年人司法保护职责的同时，应当充分发挥未成年人检察工作社会支持体系优势，加强跨部门协同协作，引入并汇聚更多社会资源和专业力量参与，深入推进未成年人检察办案与社会化保护优势互补，促进齐抓共管和协同治理，以更强的综合保护合力，促进未成年人保护法律规定不折不扣地落到实处。

【相关规定】

《中华人民共和国未成年人保护法》（2024年修正）

第一百零六条　未成年人合法权益受到侵犯，相关组织和个人未代为

提起诉讼的，人民检察院可以督促、支持其提起诉讼；涉及公共利益的，人民检察院有权提起公益诉讼。

《中华人民共和国未成年人保护法》（2020年修订）

第五十八条 学校、幼儿园周边不得设置营业性娱乐场所、酒吧、互联网上网服务营业场所等不适宜未成年人活动的场所。营业性歌舞娱乐场所、酒吧、互联网上网服务营业场所等不适宜未成年人活动场所的经营者，不得允许未成年人进入；游艺娱乐场所设置的电子游戏设备，除国家法定节假日外，不得向未成年人提供。经营者应当在显著位置设置未成年人禁入、限入标志；对难以判明是否是未成年人的，应当要求其出示身份证件。

第一百二十三条 相关经营者违反本法第五十八条、第五十九条第一款、第六十条规定的，由文化和旅游、市场监督管理、烟草专卖、公安等部门按照职责分工责令限期改正，给予警告，没收违法所得，可以并处五万元以下罚款；拒不改正或者情节严重的，责令停业整顿或者吊销营业执照、吊销相关许可证，可以并处五万元以上五十万元以下罚款。

《中华人民共和国行政诉讼法》（2017年修订）

第二十五条 行政行为的相对人以及其他与行政行为有利害关系的公民、法人或者其他组织，有权提起诉讼。

有权提起诉讼的公民死亡，其近亲属可以提起诉讼。

有权提起诉讼的法人或者其他组织终止，承受其权利的法人或者其他组织可以提起诉讼。

人民检察院在履行职责中发现生态环境和资源保护、食品药品安全、国有财产保护、国有土地使用权出让等领域负有监督管理职责的行政机关违法行使职权或者不作为，致使国家利益或者社会公共利益受到侵害的，应当向行政机关提出检察建议，督促其依法履行职责。行政机关不依法履行职责的，人民检察院依法向人民法院提起诉讼。

《互联网上网服务营业场所管理条例》（2024年修订）

第二十一条 互联网上网服务营业场所经营单位不得接纳未成年人进入营业场所。

互联网上网服务营业场所经营单位应当在营业场所入口处的显著位置悬挂未成年人禁入标志。

第三十一条　互联网上网服务营业场所经营单位违反本条例的规定，有下列行为之一的，由文化行政部门、公安机关依据各自职权给予警告，可以并处15000元以下的罚款；情节严重的，责令停业整顿，直至由文化行政部门吊销《网络文化经营许可证》：

（一）向上网消费者提供的计算机未通过局域网的方式接入互联网的；

（二）未建立场内巡查制度，或者发现上网消费者的违法行为未予制止并向文化行政部门、公安机关举报的；

（三）未按规定核对、登记上网消费者的有效身份证件或者记录有关上网信息的；

（四）未按规定时间保存登记内容、记录备份，或者在保存期内修改、删除登记内容、记录备份的；

（五）变更名称、住所、法定代表人或者主要负责人、注册资本、网络地址或者终止经营活动，未向文化行政部门、公安机关办理有关手续或者备案的。

《最高人民法院、最高人民检察院关于检察公益诉讼案件适用法律若干问题的解释》（2020年修订）

第二十一条　人民检察院在履行职责中发现生态环境和资源保护、食品药品安全、国有财产保护、国有土地使用权出让等领域负有监督管理职责的行政机关违法行使职权或者不作为，致使国家利益或者社会公共利益受到侵害的，应当向行政机关提出检察建议，督促其依法履行职责。

行政机关应当在收到检察建议书之日起两个月内依法履行职责，并书面回复人民检察院。出现国家利益或者社会公共利益损害继续扩大等紧急情形的，行政机关应当在十五日内书面回复。

行政机关不依法履行职责的，人民检察院依法向人民法院提起诉讼。

7. 上海市检察机关督促履行点播影院监管职责行政公益诉讼案*

【关键词】

点播影院　行政公益诉讼　一体化履职　行业治理

【要旨】

针对点播影院在未成年人保护方面存在经营不规范、制度不完善、安防措施不健全等突出问题，检察机关发挥一体化优势，公开宣告送达检察建议，推动行政监管部门各司其职、齐抓共管，促进类案监督和源头治理，同时促进行业自律自治，实现未成年人保护与保障新兴业态健康发展的双赢多赢共赢。

【基本案情】

上海市检察机关在办案中发现，2020 年 1 至 6 月，有部分性侵未成年人案件发生在点播影院内。经选取 30 余家点播影院进行抽样调查发现，点播影院普遍存在登记备案制度落实不到位、治安措施不完善、行业规范不健全、未成年人保护措施落实不到位等问题，侵犯未成年人合法权益。

【检察机关履职情况】

上海市奉贤区人民检察院在办理沈某某强奸案中发现，沈某某有两次性侵行为发生的场所均为点播影院。经调查发现，点播影院在数量快速增长并受到未成年人追捧的同时，普遍存在未依法登记备案、包间高度私密、变相提供住宿服务、未成年人无须身份验证可随意进出等情形，存在未成年人遭受性侵或其他违法犯罪行为侵害的隐患。电影、文化执法等行政主管、监管部门没有充分履行对点播影院的监管职责，违反了《中华人民共

* 案例选自《新兴业态治理未成年人保护检察公益诉讼典型案例》。

和国未成年人保护法》《点播影院、点播院线管理规定》《旅馆业治安管理办法》等法律法规，导致对点播影院监管治理不到位，影响未成年人身心健康，侵犯社会公共利益。

2021年4月，奉贤区人民检察院以行政公益诉讼立案，在实地摸排、走访行政监管部门、召开座谈研讨等工作的基础上，于4月15日分别向区文化执法大队、区新闻出版和电影管理办公室制发检察建议，提出探索建立点播影院接待未成年人管理制度、开展行业专项检查、加强信息沟通形成监管合力等意见。两家被建议单位高度重视，全面采纳检察建议内容，组成联合检查小组对全区点播影院进行检查，并联合区检察院、公安分局出台《奉贤区未成年人出入点播影院五项规定》。5月，区文化执法大队、区新闻出版和电影管理办公室分别对检察建议落实情况向奉贤区人民检察院书面回复。

针对点播影院监管不到位问题，上海市浦东、静安、长宁等区人民检察院也结合各区实际，通过办理公益诉讼案件等方式，推动综合治理。在此基础上，2021年9月，上海市人民检察院向上海市电影局制发检察建议书，提出深入推进点播影院市场规范整治活动、明确点播影院经营监管规范、完善未成年人保护措施、指导点播影院加强行业自治等几方面建议，并同步抄送市文化和旅游局执法总队、市场监督管理局，推动多部门协同履职，齐抓共管。为进一步凝聚共识，唤起社会各方对点播影院涉未成年人保护问题的重视，上海市人民检察院举行了检察建议公开宣告送达活动，邀请被建议单位、被抄送单位相关部门负责人以及部分市人大代表、政协委员、市检察院人民监督员、特邀监督员共同参与，听取相关单位关于整改方案和初步落实情况的介绍，并共商治理措施。

收到检察建议后，各被建议单位高度重视，采取有效措施规范点播影院行业治理。在上海市人民检察院的积极推动下，上海市电影局、文化和旅游局执法总队协同公安局、市场监督管理局集中开展了全市点播影院市场规范整治活动，累计检查相关场所1400余家次，立案处罚11件、关停240余家不合格影院，点播影院市场规范程度显著提升。市电影局还指导上海市电影发行放映行业协会成立了全国首个点播影院专业管理委员会，出台行业规范，就场所治安管理、未成年人保护措施、强制报告制度落实等统一规范，补齐法规空白，引领点播影院这一经营模式走上法治化发展的轨道。

【典型意义】

点播影院作为文化娱乐新模式，在满足人民群众日益增长的文化生活需要的同时，其中隐含的未成年人保护风险也应引起重视。上海市检察机关充分发挥上下级院一体履职的优势，在依法惩治性侵未成年人犯罪类案的同时，敏锐发现公益诉讼案件线索，在依据实际确定监管对象的基础上，通过采取公开宣告送达、将检察建议主送行业主管部门，抄送其他行政执法部门的方式，促进相关职能部门明确权责，齐抓共管。并推动成立全国首个点播影院专业管理委员会，出台行业自治规范，引导企业合规经营，实现了未成年人保护与新兴业态健康发展的双赢多赢共赢。

8. 浙江省诸暨市人民检察院督促履行电竞酒店监管职责行政公益诉讼案*

【关键词】

电竞酒店　行政公益诉讼　公开听证　专项监督

【要旨】

电竞酒店违规接纳未成年人，易滋生未成年人违法犯罪，损害未成年人身心健康。检察机关积极履职，通过公开听证厘清争议焦点，出台类案办理规则，明确完善监管路径，督促行政机关落实监管责任，推动相关部门协同加强对电竞酒店监管。依托数字赋能，搭建监督建模，创新研发应

* 案例选自《新兴业态治理未成年人保护检察公益诉讼典型案例》。

用，实现对新兴业态行业的源头治理、系统治理。

【基本案情】

2021 年，浙江省诸暨市人民检察院发现，在网吧等单一业态的互联网营业场所监管日益规范的背景下，电竞酒店以“住宿＋上网”的混业经营模式，以酒店住宿的方式接纳多名未成年人无限制上网，并引发多起涉未成年人违法犯罪案件。

【检察机关履职情况】

诸暨市人民检察院在办理未成年犯罪嫌疑人陈某某等人盗窃案中发现，陈某某等人冒用成年人身份入住某电竞酒店，实施无限制上网、在酒店房间实施盗窃、购买烟酒等行为。电竞酒店存在经营管理漏洞，未能严格执行身份查验、履行未成年人网络保护义务，且存在无证经营并违规向未成年人出售烟酒等问题，危害未成年人身心健康。

发现线索后，诸暨市人民检察院于 2022 年 2 月以行政公益诉讼立案。在全市范围内经采取实地勘查、询问入住及服务人员、发放问卷调查等方式开展梳理调查发现，2021 年以来诸暨市共有电竞酒店 11 家，内设电竞房 190 间、上网电脑 480 台；电竞酒店持有旅馆业特种行业许可证，但均以配置高端电脑、可多人玩网游等互联网上网服务作为主要招揽手段；部分电竞酒店为方便未成年人入住电竞酒店和随意上网，存在他人代开房、一人开房多人上网等现象；部分电竞酒店违规向未成年人出售烟酒等。由此引发未成年人沉迷网络、夜不归宿、逃学辍学等不良行为，严重危害未成年人身心健康，亟须加强监管。

依据现有规定，电竞酒店为混业经营模式，经营性质及监管主体不甚明晰。为凝聚多方共识，寻找监管路径，诸暨市人民检察院召开公开听证会，邀请市文化广电旅游局、市场监管局等行政机关代表、专家学者、人大代表、政协委员、公益诉讼观察员担任听证员。会上，听证员围绕法律适用争议及实践困境等方面充分发表意见，对电竞酒店应当按照旅馆住宿及互联网上网服务营业场所进行双重管理达成共识，一致认为各部门应当形成监管合力，主动加强对新兴业态监督管理。在此基础上，诸暨市人民检察院向市文化广电旅游局制发行政公益诉讼检察建议，向市公安局制发社会治理检察建议。建议其依法全面履行监管职责，在对电竞酒店住宿进行监管的同时，重点对电竞酒店接纳未成年人无限制上网问题加强监管。收到检察建议后，相关职能部门及时督促整改，2022 年 4 月，均回复诸暨市人民检察院，积极采纳、全面落实检察建议内容，依法处罚电竞酒店 16 家 / 次，对电竞酒店实行“住宿 + 上网”双登记制度，为全市电竞酒店的电脑安装了上网登记管理软件，有效对未成年人无限制上网问题进行监管治理。

在个案办理的基础上，为构建机制促推系统治理，2022 年 3 月 18 日，诸暨市人民检察院在诸暨市政法委牵头下，推动市文广旅游局、市市场监管局等十部门出台《“电竞酒店”新业态专项治理工作实施方案》，细化责任分工和目标任务，建立联席会议、信息互通、线索移送、协同治理等机制；并推动市商务局、市公安局、市文广旅游局、市场监管局四部门出台《“电竞酒店”行业管理规范（试行）》，促推行业长效治理。

在通过案件办理促推电竞酒店治理过程中，诸暨市人民检察院充分发挥数字检察优势，通过数字建模，以大数据赋能未成年人保护，全面筑牢治理防护网。一是构建数字监督模型。通过归集涉未成年人违法犯罪案件发生地信息、电竞酒店经营信息、未成年人住宿登记信息等核心数据，在浙江检察数据应用平台构建“电竞酒店新业态监督治理模型”，通过对上述数据的比对分析，梳理出电竞酒店违规接纳未成年人及电竞酒店发生未成年人违法犯罪情况。二是加强对重点人员和设备的数字监管。通过对电竞酒店入住人员登记数据与未成年人违法犯罪数据碰撞，梳理出经常出入电竞酒店沉迷网络、夜不归宿的罪错未成年人 46 名，将其纳入诸暨市人民检察院自主研发的“星海守望”未成年人违法犯罪预防治理平台开展教育矫治、分级干预。推动相关部门为全市 11 家电竞酒店的电脑安装上网登记管理软件，该软件安装后，需经实名登记并人脸识别后才可开卡上网。三是研发应用完善治理路径。研发“电竞酒店数字化监管应用”，利用旅馆住宿登记数据、上网登记数据、罪错未成年人数据碰撞比对，实现电竞酒店后续接纳未成年人入住、上网异常情形的实时预警，以数字化手段督促行政机关加强监管，完善“个案办理—类案监督—系统治理”的长效治理路径。

【典型意义】

作为近年来迅速发展的新兴业态，电竞酒店受到众多未成年人青睐。检察机关积极探索符合数字文明的未成年人司法保护工作路径，通过数字化监督系统发现问题，通过数字化应用靶向施治，一体推进电竞酒店涉未成年人保护线索发现、调查核实、检察监督、综合治理。同时积极凝聚未成年人保护工作合力，将个案办理经验上升为类案治理规则，有效堵塞新兴业态监管漏洞，推动未成年人综合司法保护。

9. 江苏省宿迁市人民检察院对 Z 电竞酒店提起民事公益诉讼案*

——共促电竞酒店新业态监管治理

一、基本案情

江苏省宿迁市宿城区人民检察院在办理涉未成年人犯罪案件中发现，当地电竞酒店存在接纳未成年无限制上网现象，且一房多人、他人代开、男女混住等情况多发，甚至引发违法犯罪。在文旅等部门开展电竞酒店专项排查整治后，Z 电竞酒店仍持续违规接纳众多未成年人入住并提供上网服务，影响未成年人身心健康，损害社会公共利益。

二、履职情况

（一）发挥未成年人检察统一集中办理优势，在履职中敏锐发现案件线索

宿城区检察院在开展“法治进校园”活动、参加未成年人保护联席会

* 案例选自《“检爱同行 共护未来”未成年人保护法律监督专项行动典型案例》。

议过程中，多次收到涉电竞酒店侵害未成年人权益案件的线索。2021 年 5 月，宿城区检察院在办理刑事案件中了解到，有的未成年人为了支付入住电竞酒店的高额费用，实施盗窃等违法犯罪行为。经进一步调研和走访调查发现，作为近年来迅速发展的新兴业态，入住电竞酒店在青少年中逐渐成为风尚，但许多电竞酒店存在以旅馆住宿之名接纳大量未成年人无限制上网现象。宿城区 12 家电竞酒店住宿登记系统存在接纳未成年人入住记录达 800 余条，其中 Z 酒店就达 380 余条。

（二）多方研讨论证，督促开展专项治理

宿城区检察院与区文旅局、市场监督管理局、公安等 6 家单位召开未成年人网络公益保护联席会议 3 次，就电竞酒店属性、危害、执法依据等问题进行研究。2021 年 5 月，宿城区检察院与区文旅等部门联合会签《宿城区关于推进未成年人网络保护工作实施意见》，督促相关行政机关以开通电竞酒店接纳未成年人上网专门线索受理渠道、在辖区内开展为期三个月的电竞酒店专项排查、对电竞酒店经营者违规接纳未成年人入住行为进行训诫等方式，开展专项治理。

（三）持续跟进监督，启动民事公益诉讼

专项治理后，检察机关跟进监督发现，Z 酒店仍持续接纳未成年人并为其提供上网服务，经进一步调查取证，截至 2021 年 6 月，该酒店住宿登记系统可查的未成年人入住记录多达 387 条，且为躲避检查采取未成年人入住不予登记等规避手段。Z 酒店在未取得互联网上网服务经营许可的情况下，接纳未成年人并为其提供互联网上网服务，侵犯了未成年人的健康权，给未成年人的发展、受保护等权益造成了较大影响，侵犯社会公共利益。2022 年 1 月，宿城区检察院对 Z 酒店以民事公益诉讼案件立案调查并履行公告程序。3 月 2 日，案件移送宿迁市检察院。3 月 22 日，宿迁市检察院将案件诉至宿迁市中级法院，请求判令 Z 酒店禁止向未成年人提供互联网上网服务，并在国家级媒体上公开赔礼道歉。

（四）专家辅助人出庭，以司法保护推进电竞酒店未成年人保护综合治理

5 月 12 日，宿迁市中级人民法院公开开庭审理本案。中国政法大学未成年人司法专家就未成年人网络保护、电竞酒店的功能属性等通过视频发表意见，有力支持了检察机关诉讼请求。案件当庭宣判，检察机关的全部诉讼请求均获法院支持。庭审结束后，宿迁市检察院联合宿迁市中级人民法院对涉案未成年人父母进行训诫，并联合市文旅局、市场监督管理局、公安局等 9 家单位召开新业态下未成年人保护座谈会，共促新业态领域的监管与治理。

三、典型意义

以“电竞 + 住宿”为卖点的电竞酒店近年来备受未成年人青睐，但存在行业归属不明晰、不如实登记入住人员身份信息、违规向未成年人出售烟酒等问题，成为未成年人保护盲区。检察机关贯彻最有利于未成年人原则，积极稳妥发挥未成年人保护公益诉讼检察职能，在整治电竞酒店违规接纳未成年人方面开展探索，通过行使民事公益诉讼职责，督促电竞酒店经营者履行社会责任。同时，通过与行政机关加强协作配合、建立长效机制、开展专项治理等形式，推动形成新兴业态领域未成年人保护合力。

10. 河北省任丘市人民检察院督促履行盲盒市场监管职责行政公益诉讼案 *

【关键词】

盲盒市场　行政公益诉讼　公开听证　校园周边　综合保护

* 案例选自《新兴业态治理未成年人保护检察公益诉讼典型案例》。

【要旨】

针对校园周边盲盒销售侵害未成年人权益问题，检察机关切实履行司法保护职责，综合运用公益诉讼和社会治理检察建议，以司法保护助推政府、学校、社会、家庭保护协同发力，切实保障未成年人合法权益。

【基本案情】

近年来，河北省任丘市人民检察院在履职中发现，门类多样的盲盒充斥校园周边市场。经营者针对未成年人消费盲目性强、易沉迷等特点，诱导未成年人冲动消费，借机向未成年人销售质量不合格、真实产品与包装宣传不符、内容不适宜未成年人等问题盲盒产品，侵犯未成年人合法权益，损害社会公共利益。

【检察机关履职情况】

2022年3月，河北省任丘市人民检察院通过央视“3·15”晚会关注到，许多中小学校园周边有盲盒销售盛行的现象。部分家长也反映孩子沉迷盲盒消费，影响身心健康。发现该未成年人保护案件线索后，任丘市人民检察院对本地校园周边盲盒销售情况展开调查，发现4所学校周边13家文具店均有大量问题盲盒在售，涵盖文具、玩具、卡片等多种类型，且全部针对未成年人喜好设计。盲盒乱象对未成年人的影响主要集中在四个方面：一是质量低劣，大量来源不明的“三无”玩具、文具被做成盲盒专门向未成年人销售；二是虚假宣传，大量盲盒外包装与内部实物严重不符；三是内容不适宜，大量产品外包装使用了未获授权的照片、图片，部分产品印有不适宜未成年人的宣传词汇；四是易诱导冲动消费，盲盒产品的不确定性易诱发未成年人冲动消费，并因大量重复购买造成资源浪费。根据《中华人民共和国未成年人保护法》《中华人民共和国产品质量法》《中华人民共和国消费者权益保护法》等相关法律规定，针对盲盒销售监管不到位的问题，在初步调查的基础上，任丘市人民检察院于2022年3月18日以行政公益诉讼立案。

为进一步凝聚共识，2022年3月25日，任丘市人民检察院召开公开听证会，邀请人大代表、政协委员、人民监督员作为听证员，并邀请市人大常委会、团委、教体局、市场监管局等相关单位负责人及部分中小学校教师共同参与，对当前盲盒乱象涉及的相关违法问题、未成年人合法权益所受侵害及如何推进盲盒问题治理进行深入探讨，达成治理共识。听证会后，任丘市人民检察院向市场监督管理局公开宣告送达行政公益诉讼检察建议，建议对全市盲盒市场开展专项执法检查，依法查处不合格盲盒产品；进一步规范盲盒经营者的经营行为，经营者向不满 8 周岁的未成年人销售盲盒应事先征得监护人同意；加强与教育部门联系配合，对校园周边盲盒销售场所实施长效监管；畅通举报渠道，公布举报电话、平台，鼓励线索举报；加大宣传教育，引导经营者知法守法、合规经营。

市场监督管理局收到检察建议书后高度重视，制定《任丘市市场监督管理局开展盲盒经营专项整治行动方案》，针对货源批发市场和校园周边零售商铺两个重点区域开展拉网式检查，涉及商铺 630 余户，下架不合格盲盒产品 69 类 3500 余件，并向盲盒销售商铺印发关于整治盲盒等市场秩序的告知书，明确向未成年人销售盲盒背后存在的常见违法问题，引导经营者守法经营。5 月底，市场监督管理局将检察建议整改落实情况书面回复任丘市检察院。

同时，任丘市人民检察院向当地教育部门制发社会治理类检察建议，针对学生购买盲盒普遍、盲盒销售广泛存在于学校周边的问题，建议教育部门加强与市场监管部门的联动合作，指导学校切实履行保护职责，关注校园周边盲盒销售乱象，及时发现并移交线索；加强对在校学生的风险提示和引导教育，维护学生合法权益。任丘市人民检察院联合当地教育部门制作《致家长的一封信》，呼吁家长与学校共同关注未成年人消费状况，帮助未成年人养成良好的消费习惯，及时举报侵犯未成年人合法权益的行为。各所学校及时加强对学生消费观念的引导教育，部分学校专门开设财商小课堂，帮助学生培养正确消费观念，实现学校保护与家庭保护同频共振、同向发力。以司法推动社会、政府、学校与家庭同向发力，促进盲盒问题治理。

为保障治理效果，任丘市人民检察院持续跟进，分别于 2022 年 6 月和 9 月对校园周边盲盒销售情况两次开展“回头看”，临时抽查 53 家盲盒商家，各类不合格盲盒产品在相关商铺中已下架，盲盒产品摆放货架的显著位置张贴有“理性消费”“禁止不满 8 周岁未成年人独自购买”等警示标识，经营者守法意识显著增强，社会保护力量得到有效激活，学生扎堆购买盲盒的现象得到有效改观。

【典型意义】

校园周边盲盒乱象侵犯广大未成年人合法权益。检察机关聚焦未成年人保护难题，以检察公益诉讼案件办理为抓手，推动社会、政府、学校、家庭协同发力，以“我管”促“都管”，形成共治格局，使当地盲盒市场秩序得到有力净化，长效治理机制得以初步建立，有力践行了“以司法保护助推其他五大保护落实落地”的未检工作理念。

11. 上海市闵行区人民检察院督促履行密室剧本杀监管职责行政公益诉讼案 *

【关键词】

密室剧本杀　行政公益诉讼　分类施策　源头治理

【要旨】

针对密室、剧本杀行业的监管难题，检察机关聚焦不同问题分类施策，推动相关部门立足职能，联合整治。检察机关可以通过推动行业自治、联合行政执法单位建章立制等方式，促推全国行业监管制度的完善，促进对新兴业态的良法善治。

* 案例选自《新兴业态治理未成年人保护检察公益诉讼典型案例》。

【基本案情】

上海市密室、剧本杀门店数量位居全国第一，门店选址位于学校周边的占比12%，但由于该行业属性不明，准入门槛低，装修设计缺乏标准，存在疏散通道狭小或封闭，消防器材缺失等问题，容易引发火灾等安全隐患。部分剧本包含有血腥、暴力、迷信等违禁内容，容易诱发未成年人心理不适甚至模仿违法犯罪行为。大部分商家未根据内容向未成年人作出提示，无时长限制接纳未成年人游玩，严重影响未成年人的身心健康。

【检察机关履职情况】

2021年8月，闵行区人民检察院在办案中发现，部分涉案未成年人热衷参与密室、剧本杀活动；在开展法治副校长工作的过程中，已有多名学生反映，在密室、剧本杀体验时遭遇人身侵害及因其内容和环境产生心理不适等问题，密室、剧本杀等业态可能存在侵犯未成年人身心健康的情况和隐患。经调查，闵行区的密室、剧本杀场所有40余家，经营者无须登记经营范围，无须许可审批，选址与建设存在随意性，不受《娱乐场所管理条例》的约束；许多经营者的内部装修与消防配置不符合消防法及地方消防条例的相关要求，存在火灾风险；有些剧本内容存在暴力、色情及封建迷信等元素；部分经营者为了规避风险，要求玩家签署《免责声明》，特别是面向未成年消费群体时，店家均未根据其身心特点采取特殊的保护措施。同时，经向全区中小学发放并收回近2万份调查问卷样本发现，50%左右的中小学生了解或体验过密室逃脱、剧本杀，大多数学生玩过含有恐怖、暴力内容的剧本，部分学生反映曾在密室逃脱中发生跌倒、惊吓甚至是性骚扰的问题。经评估，尽管现行法律并没有禁止未成年人体验密室剧本杀活动，但该行业存在的违禁内容与安全隐患已违反了《出版管理条例》及《中华人民共和国未成年人保护法》的相关规定，相关行政部门却并未履职到位，未成年人公共利益受到了严重侵犯。2021年9月，闵行区检察院以行政公益诉讼立案。

检察机关在调查中发现，基于现有规定，工商登记无法明确剧本杀行业经营范围，密室剧本杀场所是否属于娱乐场所并应办理行政许可存在争议，如何落实消防监管尚不明确。面对密室、剧本杀行业“弱规范”问题突出、经营监管及多个执法单位的难题，闵行区检察院召开专题研讨会，邀请专家学者和市区两级相关行政执法单位共同研究，在执法理念、履职协作、监管服务方面达成共识，同时邀请企业代表座谈，听取法治保障需求。2021年10月，闵行区人民检察院聚焦不同的问题分类施策，针对密室剧本杀经营场所存在的消防及治安隐患，针对剧本内容违禁等问题，根据《文化市场综合行政执法管理办法》《出版管理条例》《营业性演出管理条例》的相关规定，向区文旅局制发磋商函，建议其加强对剧本娱乐活动内容监管并探索落实未成年人保护措施；根据治安管理处罚法、消防法及地方消防条例的规定，建议区公安分局加强对剧本娱乐经营场所的治安管理、消防监督检查及消防宣传教育。相关职能部门立足各自职责，联合开展密室逃脱、剧本杀行业隐患排查治理专项活动，开展检查240余户次，下架危害未成年人身心健康的剧本24个，整改隐患问题53处，责令整改7家，取得积极成效。

在个案办理的基础上，闵行区人民检察院聚焦源头治理，联合起草了《密室剧本杀行业关于未成年人保护的倡议书》，倡导企业在内容自审和分类管理、设置未成年人专区、落实强制报告等7方面履行未成年人保护的社会责任，推动40余家企业在经营场所张贴跟进落实，促进行业自治。针对该行业规范性文件不足的问题，闵行区人民检察院又会同公安、文旅、市场、消防等五部门于2021年12月会签了密室剧本杀行业规范管理工作办法，提出探索内容分级、适龄提示、查验未成年人身份、规范时间管理等未成年人特殊保护措施。

【典型意义】

密室逃脱、剧本杀逐渐成为广受未成年人喜爱的新型娱乐、社交方式，也是社会治理的薄弱环节。检察机关依法履行公益诉讼检察职能，针对行业归属不明确、涉及多部门执法的困境，以专题研讨凝聚共识，以分类施策联合整治，督促各职能部门各司其职、同向发力。

12. 山东省成武县人民检察院督促消除道路安全隐患行政公益诉讼案*

——共同守护未成年人平安求学路

一、基本案情

2021年4月，山东省成武县检察院连续办理4起校园周边交通肇事案，6名被害人均为未成年学生。该院经调查发现，2019年至2021年该县发生的交通肇事案件中，未成年受害人占比高达25%。学校周边未按规定设置交通信号灯及其他附属交通安全设施，是导致事故发生的重要原因。

二、履职情况

（一）深入开展审前调查，依法制发检察建议

成武县检察院对2019年以来该县发生的交通事故进行类案分析，发现城区内发生交通事故共计2731起，其中无交通信号灯路口发生交通事故477起，占比17.5%；涉及未成年人交通事故150起，占比5.5%。经对校园周边道路情况进行调查，发现校园周边近30个道路交叉口未安装交通信号灯及其他附属交通安全设施，交通秩序混乱，给学校师生造成较大安全隐患。在类案分析和社会调查基础上，成武县检察院向该县住房和城乡建设局发出检察建议，建议对校园周边近30个道路交叉口规划设计、安装交通安全设施。

（二）持续跟进监督，提起公益诉讼督促整改落实

制发检察建议后，成武县检察院持续跟踪整改情况，发现该县住房和城乡建设局仍未安装交通信号灯及其他附属交通安全设施，校园周边路口交通混乱现象依然存在，其间又有2名未成年人在交通事故中受伤。2021年12月，成武县检察院向县法院提起行政公益诉讼。开庭前，该县住房和

* 案例选自《“检爱同行 共护未来”未成年人保护法律监督专项行动典型案例》。

城乡建设局主动建设完善了30个校园周边路口的交通信号灯等交通安全设施，并告知检察机关整改情况。2022年1月至3月，该县校园周边交通事故率同比降低17.9%、事故死亡率同比降低24.6%。检察机关评估后认为行政部门整改到位，涉未公共利益得到修复保护，遂撤回起诉。

（三）加强沟通配合，共建综合保护长效机制

成武县人民检察院以开展“检爱同行，共护未来”法律监督专项行动为契机，积极推动未成年人交通安全治理。积极开展“法治进校园”活动，强化交通安全法律法规教育，助推未成年学生形成“遵守交规、安全出行”的自觉。持续加强与住建部门和交通、教育等部门的沟通，定期查验校园周边交通设施使用情况，形成制度化长效保护机制。

三、典型意义

近年来，交通肇事罪在侵害未成年人犯罪案件中占比逐年增加，严重危害未成年人人身安全。未成年人保护法规定，政府应当依法维护校园周边的治安和交通秩序，设置监控设备和交通安全设施，预防和制止侵害未成年人的违法犯罪行为。校园周边道路交通设施不健全，侵害不特定多数未成年人的合法权益。检察机关针对校园周边交通安全隐患问题，充分发挥行政公益诉讼检察职能，督促职能部门依法充分履职，达到“办理一案，治理一片”的效果，确保涉未成年人的社会公益切实得到保护。同时，协同职能部门依法履职，为未成年人“上学路”保驾护航。

13. 北京市检察机关督促爱国主义教育基地对未成年人免费开放公益诉讼案*

——让未成年人普惠政策落实落地

一、基本案情

北京市检察机关在履行职责中发现，部分爱国主义教育基地未落实未成年人保护法关于爱国主义教育基地应当对未成年人免费开放的规定，存在对未成年人收费问题，损害了众多未成年人合法权益。

二、履职情况

（一）统一部署，明确管辖

北京市检察院发现部分爱国主义教育基地对未成年人收费线索后，在全市三级检察机关开展了专项监督活动。市检察院负责整体谋划和部署，根据爱国主义教育基地定价分为市、区两级的情况，确定市级定价的爱国主义教育基地由分院立案管辖，区级定价的爱国主义教育基地由相应的区院立案管辖。分院、区检察院负责调查、收集固定证据；市检察分院、区检察院分别与相应行政部门召开座谈会进行磋商，制发检察建议。三级检察机关充分发挥检察一体化机制优势，形成工作合力，提升工作质效。

（二）全面梳理相关法律及规范性文件，明确法律适用和行政公益诉讼监督对象

通过梳理、研究相关法律法规及规范性文件，明确爱国主义教育基地应当对未成年人免费开放是未保法社会保护的重要内容。检察机关根据相关法律规定、行政机关管理权限等，确定负责政府定价的爱国主义教育基地主管部门及价格违法违规处罚部门。通过查询行政机关“三定”方案、权力清单、责任清单等，厘清定价部门与爱国主义教育基地主管部门之间

* 案例选自《“检爱同行 共护未来”未成年人保护法律监督专项行动典型案例》。

的职责划分，明确对各层级爱国主义教育基地负有监管职责的行政机关，确定行政公益诉讼监督对象分别为发改委和市场监管局。

（三）全面开展调查核实，确认未成年人公共利益损害事实

北京市三级检察机关对80余家区级爱国主义教育基地、209家市级及以上爱国主义教育基地逐一排查，发现其中40余家存在对未成年人违法收费的情形，损害了未成年人公共利益。检察机关依法调查收集证据，确保证据效力，为提起行政公益诉讼做好准备。

（四）积极开展磋商，制发检察建议，督促依法履职

经初步调查和评估，全市各级检察院共立案23件，与相关行政机关开展磋商27次，制发检察建议5份。北京市检察机关的工作得到市、区相关行政单位的有力支持，检察机关与行政机关达成共识，共同推动未成年人保护法规定的落实。行政机关采取整改措施依法履职后，检察机关又进行了跟踪回访，发现部分线上售票渠道未对购票价格进行相应修改，经与相关票务管理部门联系，线上售票平台迅速整改到位，保证了免费开放规定的全面落实。目前包括故宫、八达岭长城等在内的40余家爱国主义教育基地全部实现对未成年人免费开放。

三、典型意义

未成年人保护法规定，国家、社会、学校和家庭应当对未成年人加强爱国主义教育，爱国主义教育基地应当对未成年人免费开放。爱国主义教育基地是激发未成年人爱国情感、弘扬民族精神的重要阵地。检察机关积极履行未成年人保护行政公益诉讼职能，助推行政主管部门和爱国主义教育基地依法履职尽责、落实法律规定，对未成年人免费开放，为广大未成年人提供更加贴心、便捷、普惠的服务，受到社会公众广泛好评，实现了司法保护融入社会保护携手为民办实事。

14. 浙江省海宁市人民检察院督促规范民办学校办学行政公益诉讼案*

——多维落实民办新居民子女学校保护

一、基本案情

2021 年 4 月，浙江省海宁市人民检察院在办理某民办新居民（非本地户籍居民）子女学校教师赵某某猥亵儿童、伪造国家机关证件案过程中，发现该市民办新居民子女学校存在教师招录审核不规范、校园安全管理不严格等突出问题，导致未成年学生被性侵。

二、履职情况

（一）坚持系统审查思维，全面开展入职查询

针对赵某某个案暴露出的问题，海宁市检察院会同公安局、教育局开展全市民办新居民子女学校教职员工违法犯罪记录和教师资格筛查工作，发现 1 名教师有强奸前科，6 名教师无教师资格证，13 名教师的教师资格证真伪存疑。根据筛查结果，教育部门责令学校与有强奸前科的教师闫某某解除劳动合同，将无证教师调离教学岗位。

（二）依托统一集中办理，融合运用“四大检察”职能

结合教职员工入职查询和教师资格筛查情况，2021 年 8 月，海宁市检察院向教育局发出规范民办新居民子女学校办学行政公益诉讼检察建议。收到检察建议后，教育局积极部署专项检查，查明上述 13 人中有 5 人的教师资格证系伪造后依法予以解聘。海宁市检察院将伪造国家机关证件的线索和证据移送公安机关立案侦查，有效激活了刑事检察与公益诉讼内部转换衔接机制，充分发挥了未检融合式监督模式的最大效能。

* 案例选自《“检爱同行 共护未来”未成年人保护法律监督专项行动典型案例》。

（三）主动开展源头治理，促推“六大保护”协同发力

针对新居民子女学校教师招录不规范、校园安全存在盲区、学生自我保护意识薄弱等问题，海宁市检察院分别向教育局和学校发出社会治理检察建议。在检察建议的推动下，民办新居民子女学校对教师的聘任、考核、培训实行“一人一档”管理，邀请卫健专家开设青春期生理卫生和自我保护课程。教育局联合相关部门对校园内外环境开展专项整顿，实现校园安防体系全覆盖。针对民办新居民子女学校教育资源不均衡的深层次问题，该院以专题报告形式向市委市政府反映。市政府出资5600余万元将全市4所新居民子女学校收归国有，从公办学校挑选优秀教师组建管理团队、派驻教研骨干、提高教学水平，使全市5000余名新居民子女学生享受教育公平。

三、典型意义

受教育权是未成年人一项重要的发展权。检察机关深入贯彻落实未成年人保护法，以“一号检察建议”监督落实为牵引，立足刑事个案办理，重点开展教师资格核查、入职查询等工作，协调教育部门加强校园安全建设，把学校保护不折不扣落到实处。扎实开展“检爱同行，共护未来”未成年人保护法律监督专项行动，统筹运用“四大检察”职能，在办理刑事案件的同时开展其他检察监督。通过行政公益诉讼检察建议、社会治理检察建议、专题报告等多种形式，融入学校保护、政府保护，协同职能部门和相关主体依法履职尽责，共同保障未成年人健康成长。

二、权威解读

(一)案例解读

积极履行公益诉讼检察职责 依法保护未成年人合法权益

——最高人民检察院第三十五批指导性案例解读

那艳芳 陈 晓 隆 赟*

经最高人民检察院第十三届检察委员会第八十九次会议审议通过,最高检于近日发布了第三十五批指导性案例。该批案例以“积极履行公益诉讼检察职责,依法保护未成年人合法权益”为主题,是最高检首次发布未成年人保护领域检察公益诉讼指导性案例。为深化指导性案例的理解与适用,现就该批案例涉及的主要问题、办案重点难点等进行解读。

一、发布第三十五批指导性案例的背景和意义

党的十八大以来,以习近平同志为核心的党中央对未成年人保护工作作出一系列重要决策部署,修订未成年人保护法和预防未成年人犯罪法(以下简称“两法”),成立国务院未成年人保护工作领导小组,构建“家庭、学校、社会、网络、政府、司法”六大保护体系,工作体系不断健全,取得历史性成就。检察机关坚持以习近平法治思想为指引,认真贯彻《中共中央关于加强新时代检察机关法律监督工作的意见》,切实担当“两法”赋予的更重责任,最高检专设负责未成年人检察工作的未成年人检察厅,

* 那艳芳,最高人民检察院控告申诉检察厅厅长(曾任未成年人检察厅厅长)、一级高级检察官;陈晓,最高人民检察院未成年人检察厅副厅长、二级高级检察官;隆赟,最高人民检察院未成年人检察厅二级高级检察官。

着力加强未成年人全面综合司法保护，推动"六大保护"相融与共。

但是，现阶段未成年人保护工作仍存在不少短板和不足，反映出未成年人法律政策统筹和协同不够，监管职能交叉重叠与空白现象同时存在等综合治理、社会治理问题，影响了未成年人保护工作成效。

近年来，各地检察机关聚焦食品药品安全等与未成年人切身利益密切相关领域，积极、稳妥开展公益诉讼，有效发挥保护未成年人公共利益的制度效能，办理了一批典型案件和精品案件。2020年修订的未成年人保护法明确规定未成年人合法权益受到侵犯，涉及公共利益的，检察机关有权提起公益诉讼，为履行未成年人保护检察公益诉讼职责提供了更为有力的实体法依据。

发布该批指导性案例，一是主动适应人民群众对未成年人健康成长的更高需求。未成年人健康成长是人民美好生活的重要内容，特别是随着最有利于未成年人原则在我国社会治理进程中的不断深入，未成年人保护的公益属性和国家立场更加凸显。未成年人保护检察公益诉讼能够更加直接、有效地维护未成年人合法权益，透过个案办理推动解决未成年人案件背后的社会治理问题。该批案例体现了检察机关"以人民为中心"、回应社会需求、推动未成年人保护社会治理现代化的司法探索和实践成果。二是推动未成年人检察公益诉讼工作规范开展。各地依法履职，主动探索，推动办案数量迅速增长，新类型新领域案件不断涌现，与之相应的业务规范化建设、高质量发展问题也日益突出。通过该批案例，进行必要的规则提炼与方法总结，有助于统一认识和细化标准，指导类案办理，解决实务难题，促进未成年人保护检察公益诉讼业务更加规范有序发展。三是促进形成未成年人公益保护的良好氛围。该批案例涉及的网络保护、文身治理、不适宜未成年人活动场所治理、无证幼儿园及校园周边治理等，均为未成年人保护领域的社会痛点、舆论焦点和治理难点。发布该批案例，通过办案经验的总结与宣传，有助于以最有利于未成年人原则引导形成未成年人公益保护的治理共识，营造全社会共同关心未成年人公共利益、护航未成年人健康成长的社会环境。

二、案件办理的主要特点

该批案例是从各省级检察院报送的40余件优秀案例中精选出来的，案件办理主要有以下几个特点：

一是体现最有利于未成年人原则。检察机关办理未成年人保护公益诉讼案件，应注重维护未成年人的长远利益和根本利益，综合考虑未成年人身心特点和健康发展需要，选择最有利于未成年人的方案和措施，给予未成年人特殊、优先保护。尤其是当未成年人的利益与其他相关因素交织甚至发生冲突，而法律规定不够明确具体时，坚持以保护未成年人利益作为首要考量。

二是体现综合司法保护理念。未成年人保护案件中一个侵害行为往往涉及多个法律关系。强化综合司法保护，是未成年人保护检察公益诉讼的一大特色。综合司法保护不是把公益诉讼与刑事、民事、行政检察等案件办理简单叠加和组合，而是一体推动公益诉讼线索发现、调查取证、综合治理等工作，以各项职能的统筹运用、“化学”融合，全方位保护未成年人合法权益。

三是体现司法保护主动融入“五大保护”理念。2020年修订的未成年人保护法构建了“六大保护”体系，检察机关在履行未成年人保护公益诉讼职责时，应注重互促共融，以公益保护促推家庭、学校、社会、网络、政府保护落实落地，努力实现“1+5>6=实”，合力护航未成年人健康成长。

四是体现督导不替代的理念。未成年人保护是事关国家治理体系和治理能力现代化的一项系统工程，需要各职能部门各司其职、各负其责、协力推进。检察机关开展未成年人保护行政公益诉讼，立足法律监督职责定位，督促相关职能部门履职尽责，并不是替代职能部门去做具体工作。

五是体现标本兼治的理念。未成年人保护公益诉讼的目的，在于抓前端、治未病，促进并推动源头治理和标本兼治，最大限度预防涉未成年人违法犯罪发生，避免未成年人权益受到损害。对于易复发、易反弹的顽疾问题，坚持“没完没了”持续监督跟进，确保治理取得实效。

三、案件办理和理解适用中的重点难点问题

（一）浙江省杭州市余杭区检察院对北京某公司侵犯儿童个人信息权益提起民事公益诉讼、北京市检察院督促保护儿童个人信息权益行政公益诉讼案

该案办理中有四个难点问题：一是该案涉互联网公司所侵犯的儿童个人信息权益的公益性认定问题。我国加入的联合国《儿童权利公约》确立了儿童利益最大化原则，民法典、未成年人保护法等明确规定对未成年人实行特殊、优先保护，在儿童权益受到侵害时，国家承担最终监护责任，儿童权益是社会公益的应有之义。该案中涉及的儿童用户众多，如此数量庞大的群体利益受到侵害或者存在潜在威胁，应当具有公益性。

二是提起公益诉讼的必要性问题。提起公益诉讼是保护网络行业发展、推进技术进步的有效措施。一方面，有利于促进网络行业规范发展。我国尚无专门的儿童个人信息监管机构和监管模式，互联网企业对未成年人网络风险防范制度和机制建设重视不够。以公益诉讼方式向企业和市场传达何种行为合法、何种行为违法的信号，有利于弥补行业监管不足，推动互联网公司规范运营。另一方面，互联网企业规范个人信息的处理会促使个人信息保护技术不断创新进步。

三是公益诉讼的类型选择问题。公益诉讼作为推进社会治理的一种司法路径，补充而非代替行政执法是其定位所在。从诉讼类型上看，行政公益诉讼更能体现检察权的谦抑性和检察机关在公益诉讼中的协同性、兜底性、补充性特点，可给予行政机关更多自我纠错的机会，充分发挥行政机关的第一顺位职责作用和行政执法手段多样、高效的优势，及时制止违法行为，并对相关违法行为人进行行政惩戒。民事公益诉讼在责任承担方式和责任主体范围上更加广泛，更有利于修复受损公益，在公益保护方面可以发挥行政公益诉讼难以替代的制度价值。该案综合运用民事公益诉讼和行政公益诉讼职能进行监督，形成监管合力，促进行业源头性治理并形成长效机制。

四是涉互联网案件的取证问题。在充分听取网信部门、公安机关、法

院、互联网法律专家和技术专家的意见后，该案办案团队有针对性地采用“区块链”取证技术，对涉案软件的应用下载、用户服务协议、隐私权保护政策、应用界面等内容进行固定，并对该软件推送含儿童个人信息短视频及儿童账号情况进行一定时期针对性取证，最终夯实了证据，为案件办理提供了有力支撑。

（二）江苏省宿迁市检察院对章某为未成年人文身提起民事公益诉讼案

该案办理中有三个难点问题：一是为不特定未成年人文身行为能否认定为侵犯社会公共利益。办案检察机关经过多次论证认为，首先，为未成年人提供文身服务具有开放性，可以认定为侵害不特定多数人利益。其次，文身行为不利于未成年人身心健康。文身是一种有创行为，具有难清除、难复原和不可逆性，清洗过程漫长、痛苦，且费用高昂。文身使未成年人在就学和就业时受到限制，在未成年人群体中易被标签化，出现效仿和排斥的双重效应，有悖于健康良好社会风尚的形成，甚至还会诱发犯罪。最后，未成年人的健康成长是重要的国家利益和社会公共利益。目前，未成年人保护呈现出国家化、社会化、公法化趋势，未成年人利益由私益向公益转变，未成年人保护职责由监护人个人职责向国家公共职责转变。当行为侵害了不特定多数未成年人利益时，不再仅属于个人利益范畴，而具备了公益属性。该案中，章某为不特定未成年人提供文身服务损害了社会公共利益。

二是行业归属类别不明时如何开展行政公益诉讼。文身治理面临行业归属类别不明、行政机关监管职责不清等困境，但检察机关发现，部分文身馆在未取得医疗机构执业许可的情况下开展清洗文身业务。而根据2009年卫生部办公厅《医疗美容项目分级管理目录》，清洗文身属于医疗美容项目，需有证有照经营。针对这一情况，检察机关转变思路，以“无证无照为不特定未成年人开展清洗文身”为切入点，认为市场监督管理局、卫生健康局存在监管漏洞，侵害了社会公共利益，遂先行开展行政公益诉讼，向县卫生健康局发出行政公益诉讼检察建议。

三是该案能否适用2020年修订的未成年人保护法。涉案文身馆为未成年人文身的行为发生于2020年修订的未成年人保护法施行之前。立法法第93条规定，法律、行政法规、地方性法规、自治条例和单行条例、规章不溯及既往，但为了更好地保护公民、法人和其他组织的权利和利益而作的特别规定除外。检察机关认为，向未成年人提供文身服务，损害未成年人的身体权、健康权。为了最大限度保护未成年人，该案可以适用新修订的未成年人保护法。

（三）福建省福清市检察院督促消除幼儿园安全隐患行政公益诉讼案

该案办理中有两个难点问题：一是领域探索问题。案件办理时，未成年人保护法尚未修订，检察公益诉讼法定领域仍限于传统“4+1”领域。福清市检察院积极召开检察官联席会议进行研究论证后认为，民办幼儿园属于民办教育，民办教育促进法、国务院《幼儿园管理条例》规定了民办教育事业属于公益性事业，无证幼儿园侵害了众多未成年人的合法权益，侵害了社会公共利益，可以作为公益诉讼案件办理。稳妥起见，福清市检察院积极向上级检察院请示，争取上级支持，经层报最高检，最终将该案作为公益诉讼案件办理。

二是办案社会效果。该案立案时间为期中学习阶段，若过早将无证幼儿园关停取缔，将导致幼儿学习中断。该院结合行政公益诉讼期限，于4月份发出检察建议，要求相关镇（街）、教育局在两个月内依法履行职责。根据上述期限，教育局及相关镇（街）政府可于学期末启动执法程序，既不影响本学期幼儿的学习生活，又为幼儿家长预留出暑假时间为幼儿新学期的入学做好安排。宣传引导上，通过教育局微信公众号以及媒体发布通告曝光无证幼儿园名单，由教育局制发“告家长书”，释明就读无证幼儿园的危害，引导家长选择规范、合格的幼儿园。履职方式上，疏堵结合、分类清理无证幼儿园，坚决取缔存在严重安全隐患的无证幼儿园，妥善分流在园幼儿和从业人员。经过几个月的清理整顿，16所无证幼儿园中有3所经整改符合条件通过了审批，其他13所达不到办园要求的一律取缔。该检察院还建议政府建立购买普惠性民办幼儿园教育服务机制，通过财政补助、税费减免等，减轻幼儿园经营负担，提高保教质量。建议各镇（街）政府根据城镇化进程中人口变动的情况，科学测算辖区内学龄前儿童数量分布，统筹设立民办幼儿园，避免出现布局不平衡或者“入园难”情况，根治无证幼儿园问题。

（四）贵州省沿河土家族自治县检察院督促履行食品安全监管职责行政公益诉讼案

该案办理中有三个难点问题：一是监督对象的确定。流动食品经营者在中小学校园周边占道经营的行为，多个部门负有监督管理职责，存在职责交叉和职能不清的情况，找准监督对象成为该案立案前必须解决的难点。检察机关调查后发现，流动食品经营者能够长期在校园周边制售食品，是造成上述问题隐患的源头，而这又是源于负有最直接管理职责的市场监督管理部门没有充分履职。检察机关依此决定对县市场监督管理局立案并启动公益诉讼程序开展监督。

二是持续跟进监督。检察建议制发后，检察机关持续跟进监督，三次开展公益诉讼“回头看”，发现市场监督管理局未按照诉前检察建议的要求落实整改，也未依法履行职责。为切实保护未成年人食品安全，维护社会公共利益，确保将检察建议做成刚性、做到刚性，检察机关积极争取当地党委、政府支持，依法对市场监督管理局不充分履职行为提起行政公益诉讼。

三是整改落实问题。案件判决后，流动食品经营者的去向成为检察机关关注的重点。为避免机械执法，致使部分流动经营者因无法经营引发新的社会矛盾，为更好保障民生，检察机关主动向县委汇报，得到高度重视，促成该县政府在沿河县城的河东、河西菜市场为流动食品经营者划定区域供其摆摊经营，并明确两个街道办对来此经营的流动食品经营者进行备案登记，流动食品经营者的经营活动得以保障。

（五）江苏省溧阳市检察院督促整治网吧违规接纳未成年人行政公益诉讼案

该案办理中有三个难点问题：一是如何挖掘公益诉讼案件线索。该案线索来源于一起未成年人盗窃案。按照通常的办案流程，经过社会调查，会对犯罪嫌疑人依法作出附条件不起诉或者相对不起诉决定。但检察官在审阅案卷中发现，抓获该未成年人的地点为一间网吧门口。经调查，该未成年人曾涉足溧阳市多家网吧，网吧管理松散，未在门口张贴未成年人禁止入内的告示，未成年人出入自由不受限制。网吧是未成年人犯罪易发、多发区域，营业性网吧接纳未成年人，直接影响未成年人学业，不利于未成年人的身心健康，易滋生违法犯罪，且许多网吧还存在消防等诸多安全隐患，检察机关遂将该案作为公益诉讼案件线索立案办理。

二是如何实现从个案办理到社会治理。发出检察建议后，检察官主动对接多个职能部门，推动妇联、中国关心下一代工作委员会等开展家庭教育指导，借助网格员队伍落实日常检查，全方位多举措巩固治理效果。同时，从网吧治理扩展到对未成年人进入不适宜场所、开展不适宜活动、从事不宜职业的治理，与市司法局协作聘请社会工作者对进入营业性娱乐场所、酒吧、网吧的未成年人开展教育矫治、心理疏导等工作；与市公安局建立“三不宜”行为处置机制，联合市教育局等6家单位会签《关于加强未成年人权益保护的意见》，建立市青少年法治教育基地等，致力构建长效机制，有力推动解决制约、影响未成年人权益保护和健康成长的突出问题。

三是如何将司法保护融入其他“五大保护”，构建大保护格局。检察机关在办案中充分发挥未成年人检察工作社会支持体系作用，以检察之力促进形成保护未成年人合力。面对求助无门的未成年人家长，检察官用行政公益诉讼为他们开辟了一条绿色救济通道，积极融入家庭保护；源头治理杜绝未成年人进入不适宜场所，融入网络保护净化未成年人成长环境；推动司法专业化办案与社会化服务有机衔接、良性互动，积极联动社会力量，发挥各自优势开展社会保护。

四、持续做好未成年人保护检察公益诉讼工作

检察机关应进一步提升未成年人检察公益诉讼工作水平，努力推动“六大保护”有机融合、一体落实。

一是依法履职。检察机关应积极回应人民群众期待，牢牢抓住公益这个核心，以深入开展未成年人检察“质量建设年”活动为契机，持续加大办案力度，依法开展公益诉讼工作，力争取得更多的进展和成效。二是提升工作质效。最高检将研究制定未成年人公益诉讼检察工作相关规范性文件和指导性意见，指导各地检察机关提升履职办案的精准性、规范性和实效性。召开全国检察机关未成年人检察业务统一集中办理工作推进会，进一步总结成效经验，解决工作中存在的问题，推动未成年人公益诉讼检察工作高质量发展。三是强化案例指导。加大案例指导力度，持续深入总结各地的办案经验，提炼体现未成年人保护特点特色的办案规则和有益经验。收集、总结涉未成年人“四大检察”综合司法保护的案例，持续制发指导性案例和典型案例，为办案提供更多的参照借鉴和示范引领。

（二）专家解读

1. 未成年人公益诉讼彰显检察担当

汤维建*

2022年3月7日，最高人民检察院以“积极履行公益诉讼检察职责，依法保护未成年人合法权益”为主题举行新闻发布会，发布最高检第三十五批指导性案例。五件未成年人检察公益诉讼（以下简称“未检公益诉讼”）指导性案例的发布具有重要的意义。

一、未检公益诉讼的原创性

2020年10月第二次修订的未成年人保护法对未成年人保护确定了家庭

* 汤维建，中国人民大学法学院教授、博士生导师，民商事法律科学研究中心研究员。

保护、学校保护、社会保护、网络保护、政府保护、司法保护在内的六大保护体系，今年两会最高检工作报告将其概括为“1+5>6=实”，这里的“1”指的就是检察机关。未成年人保护法第106条规定：“未成年人合法权益受到侵犯，相关组织和个人未代为提起诉讼的，人民检察院可以督促、支持其提起诉讼；涉及公共利益的，人民检察院有权提起公益诉讼。”据此规定，检察机关提起未成年人公益诉讼被纳入制度调整范围。

需要探讨一个问题，检察机关提起未成年人公益诉讼的法源基础何在？笔者认为，未成年人保护法第106条是检察机关提起未成年人公益诉讼的独立法源依据。检察机关提起未成年人公益诉讼不是对民事诉讼法（2021年修正）第58条和行政诉讼法（2017年修正）第25条的“等”外拓展而来，而是根据未成年人保护法第106条特别独立授权而获得。就此意义上说，检察机关提起未成年人公益诉讼具有独立的制度价值和规范功能，是对检察机关公益诉讼制度的原创性发展。

二、未检公益诉讼的开放性

与民事诉讼法和行政诉讼法对公益诉讼范围采取“列举主义 + 等外解释”的立法技术有所区别的是，未成年人保护法对未成年人公益诉讼的适用范围采取的是“概括主义 + 实践探索”的立法技术。未成年人保护法第106条对检察机关提起未成年人公益诉讼的范围所提出的要求仅是“涉及公共利益”。尽管不能认为凡是涉及未成年人的诉讼案件均涉及公共利益而必然演化为公益诉讼案件，未成年人私益诉讼案件在数量上仍占主流，但不能忽视的是，未成年人的合法权益往往具有极强的公益性，其私益性特征很容易扩容为公益性事件。就未成年人公益诉讼所涉及的案件范围看，除本次指导性案例所示例的个人信息保护、文身治理、校园安全隐患、食品安全、网吧管理等之外，实践中检察机关提起的未成年人公益诉讼案件在范围上还包括督促控辍保学、未成年人禁烟保护、整治教育培训机构、基础设施安全、校园周边交通安全、疫情期间销售伪劣儿童口罩、娱乐场所违规接纳未成年人、未落实景区门票优惠政策等一批未成年人公益诉讼案件。未成年人公益诉讼案件数量逐年增长。2021 年，全国检察机关未成年人保护公益诉讼立案 6633 件，是 2020 年的 4.2 倍，是 2018 年、2019 年两年总和的 3.3 倍。不仅如此，家事诉讼中，如撤销监护权诉讼、责令监护监督等案件中，也涉及未成年人公益诉讼的适用可能性问题。在未成年人公益诉讼适用范围上，全国检察机关首先要在指导性案例所确定的领域进行未成年人公益诉讼，将这五大领域的未成年人公益保护切实做到位，然后逐步扩展到指导性案例尚未触及的其他领域，由点到面，不断扩展，充分履行未成年人合法权益保护的检察职能。

三、未检公益诉讼的类案性

2021 年 4 月，最高人民检察院印发《“十四五”时期检察工作发展规划》，提出探索建立类案监督机制，完善类案不同判发现、纠正和处理机制。2021 年 9 月，最高人民检察院《关于印发民事检察类案监督典型案例的通知》发布了 4 件民事检察类案监督典型案例，包括涉公民代理类案监督案、涉终结本次执行程序类案监督案、涉农村“三资”领域虚假诉讼类案监督案、涉道路交通事故伤情鉴定类案监督案。2020 年 4 月 21 日，最高人民检察院《关于加强新时代未成年人检察工作的意见》中提出，应当加强对未成年人权益维护的法律监督，努力办成未成年人检察监督的典型案例。未检公益诉讼中的类案监督不仅仅指同案不同判型的类案监督，也指对同样的或类似的案件，检察机关应当基于同案同监、类案类监的原则实施能动监督，从而扩大指导性案例的适用效果。例如，江苏省宿迁市检察院对章某为未成年人文身提起的民事公益诉讼案之类案性效果不仅表现在其他法院对同性质的公益诉讼案件的裁判规制上，也不仅体现在其他的检察机关对未成年人文身的检察监督上，还体现在类似的侵害未成年人合法权益的同类案件上。例如，经营者对未成年人提供的与文身类似的“服务”，如唇穿孔、鼻穿孔、舌穿孔等，检察机关发现案件线索后，也可以根据指导性案例的法律指引，提出相应的公益诉讼。其他指导性案例的参照适用也应当作如此解释。

四、未检公益诉讼的综合性

检察机关是唯一的一个全程参与未成年人司法保护的国家机关，未成年人受到侵害或陷入违法犯罪，其所涉及的刑事诉讼往往会同时暴露出民事法律领域、行政监管领域以及公益保护领域的综合性问题。为了最大化保护未成年人合法权益，检察机关独创未成年人检察机构，将涉未成年人的刑事案件、民事案件、行政案件以及公益诉讼案件从其他检察机构中分离出来，集中在一起统一归同一个机构进行综合办理。2017 年年底，最高检印发通知，在北京等 13 个省份部署试点工作，2021 年在全国全面推开。指导性案例中有些案例就体现出了未检公益诉讼的综合性特征。如浙江省杭州市余杭区检察院对北京某公司侵犯儿童个人信息权益提起民事公益诉讼、北京市检察院督促保护儿童个人信息权益行政公益诉讼案，江苏省宿迁市检察院对章某为未成年人文身提起民事公益诉讼案，都是从涉未成年人刑事诉讼案件中发现案件线索，在此基础上提出民事公益诉讼或行政公益诉讼，并由此向行政机关、立法机关提出检察建议，完善相关行政管理制度和立法制度，体现出对未成年人保护的全方位性、程序穷尽性以及源头治理性，减少了对未成年人的二次伤害或重复涉诉历程，正可谓一个案件解决一片问题，充分发挥了未检诉讼体制的独特优势，对其他公益诉讼的办理和程序完善也不乏制度启迪价值。

五、未检公益诉讼的一体性

检察一体化原则作为检察机关行使检察职能所必须遵循的基本原则，是指上下一体、协同配合、职能统一的检察运行方式，它反映了基于检察权的特殊性所决定的检察权运作的内在规律，是运用检察权时必须遵循的基本法理。随着未成年人检察业务统一集中办理的深入推进，检察一体化原则在未检公益诉讼中得到了强化和发展，成为检察机关保护未成年人合法权益的常规程序模式，彰显出检察机关在保护未成年人合法权益上的目标统一性、方式多元性、力量整合性。在所发布的五个指导性案例中，浙江省杭州市余杭区检察院对北京某公司侵犯儿童个人信息权益提起民事公益诉讼、北京市检察院督促保护儿童个人信息权益行政公益诉讼案都体现出了明显的检察一体化原则。最高人民检察院直接指导，将所发现的行政公益诉讼案件线索交由北京市检察机关办理，体现的是上下一体化办案机制。最高人民检察院基于民事和行政公益诉讼案件所呈现出的信息和线索，将其上升到最高检察机关的高度，基于检察一体化原则中的职务转移和代理关系，向国家互联网信息办公室建议对涉未成年人网络信息进行保护性治理。一个案子，涉及上下四级检察机关，横跨刑事诉讼、民事公益诉讼、行政公益诉讼以及促进社会治理等多个领域，形成了保护未成年人合法权益的“一条龙”“立体式”保障新体制和新机制，充分彰显了“最有利于未成年人”的司法原则和检察优势，最大限度地、最高效率地、最佳效果地实现了对未成年人合法权益的司法保护。

六、未检公益诉讼的治理性

未检公益诉讼往往暴露出社会治理体系上的缺失，有时是基于行政不作为或乱作为而显示出的监管缺失，有时是基于立法规范不健全而显示出的治理缺位。更多的是前者，也即行政监管缺失。在所发布的五个指导性案例中，其中四个都与行政不作为或乱作为有关，在这些案件中，检察机关通过提起行政公益诉讼或发出公益诉讼检察建议，敦促行政机关积极履职，取得了多赢共赢效果，不仅行政机关的履职行为更趋规范与合法，提升了行政机关的行政治理能力和水平，而且未成年人的各种权益，如人身安全权、食品安全权、信息安全权、教育安全权等，都得到了切实有效保障。未检公益诉讼的治理性效果不仅体现在行政监管领域，还体现在立法缺位所导致的立法治理领域。典型案例有江苏省宿迁市检察院对章某为未成年人文身提起民事公益诉讼案。在该案中，检察机关没有因为立法上对未成年人文身问题没有明确规定而止步履职，而是充分发挥检察机关在社会治理上的独特功能，体现出了应有的检察引领和检察担当的作用，该案为文身治理工作进入法治轨道提供了样本，在全国产生了积极反响。

2. 营造有利于未成年人的社会环境

苑宁宁 *

友好、积极、健康的社会环境是未成年人健康成长的基础。由于社会保护的自觉性、主动性、内在性需要有一个不断提升的过程，未成年人赖以健康成长的社会环境很容易出现薄弱环节和短板，有力高效的外部监督不可或缺。比如，网吧等不适宜未成年人的场所违规接待未成年人的现象时有发生，甚至在有些地方成为社会治理的顽瘴痼疾，引发了诸多未成年人违法犯罪的案件。针对这一问题，江苏省溧阳市检察院以司法保护融入其他五大保护为引领，为督促整治网吧违规接纳未成年人而启动行政公益诉讼，充分发挥了公益诉讼的制度优势，取得了良好的社会效果和法律效果（检例第 145 号）。研究分析这一指导性案例，可以提炼出五个方面的启示，以进一步通过未成年人保护公益诉讼助力营造有利于未成年人的社会环境。

一、社会环境治理是未成年人保护公益诉讼的重点领域之一

《未成年人保护法》第 106 条规定了未成年人保护公益诉讼制度，与传统的公益诉讼相比，未成年人保护公益诉讼没有明确的领域范围限制，只要侵犯了不特定多数未成年人的合法权益，不管是造成了现实的损害结果，还是导致面临现实紧迫的风险，都可以理解为涉及公共利益，就具备了启动公益诉讼的条件。由此可知，未成年人保护公益诉讼与未成年人的合法权益密切相关，由于未成年人的权利包括生存权、发展权、受保护权、参与权，家庭、学校、社会各主体、网络有关方面、国家机关对此负有保障

---

* 苑宁宁，中国政法大学人权研究院副教授、未成年人事务治理与法律研究基地副主任。

的法定职责，所以未成年人保护公益诉讼的范围是非常广泛的。

二、抓住社会环境治理盲区、难点

要做到未成年人保护与慎重启动公益诉讼之间的平衡，必须紧盯未成年人保护的薄弱环节，瞄准未成年人最容易被忽视和侵犯的合法权益。从实践观察来看，社会保护和网络保护应作为公益诉讼的重点领域。主要原因：一是包括各市场主体在内的社会主体和网络相关方履行保护未成年人职责的自觉性需要强有力的外部监督；二是社会环境的复杂和网络空间的千变万化给保障未成年人合法权益带来诸多挑战。因此，未成年人赖以生存发展的社会环境（包括现实空间和网络空间）治理应当成为公益诉讼的重点领域。自 1991 年颁布未成年人保护法起，禁止违规接待未成年人进入网吧等不适宜未成年人的场所是法律一贯性的要求，但多年来实践中依然存在有令不行、有禁不止的情况，给未成年人的身心健康造成了不可估量的影响。在本案中，溧阳市检察院正是抓住了这一社会环境治理中的盲区、难点，启动公益诉讼发力，可谓是"好钢用到刀刃上"，取得了实效。

三、充分挖掘未成年人刑事检察工作中的社会环境治理线索

在司法实践中，线索来源是公益诉讼工作面临的一个现实问题。2021 年，未成年人检察业务统一集中办理工作在全国检察机关稳步全面推开，可以说为开展未成年人保护公益诉讼提供了机制上的保障。未成年人刑事检察业务是未检工作的最初形态和传统内容，背后是未成年人司法规律使然。未成年人犯罪通常是一个外部环境负面因素不断内化的过程，或者家庭监护存在严重问题，或者过早辍学步入社会，或者经常出入酒吧、网吧、营业性歌舞厅等不适宜未成年人的场所，或者受到网络空间危害身心健康信息内容的影响，等等。未成年人被犯罪侵害通常与社会环境中的风险因素管控不力、保护因素缺失有密切关系，比如住宿经营者接待未成年人没有尽到特殊注意义务，密切接触未成年人行业的用人单位未履行从业查询职责，等等。本案的线索正是在办理未成年人孟某某盗窃案中发现的，溧阳市检察院了解到多家网吧违规接纳未成年人上网的情况后，又针对性开

展相关调查，掌握了该问题的普遍程度以及家长多次反映但未能得到解决，于是针对行政监管不力启动了行政公益诉讼，有效地化解了诱发未成年人刑事案件的社会因素。

四、正确理解行政机关关于未成年人保护社会环境治理职责

启动行政公益诉讼的关键问题之一是查明行政机关的监督管理职责，换言之就是确定哪些行政机关没有依法履行职责。未成年人保护社会环境治理是一项复杂工作，涉及众多部门，甚至有时对同一市场主体负有监督管理职责的部门也是多个。如何查明负有监督管理职责的行政机关呢？依照《国务院关于“先照后证”改革后加强事中事后监管的意见》及《国务院关于深化“证照分离”改革 进一步激发市场主体发展活力的通知》要求，按照“谁审批、谁监管，谁主管、谁监管”原则，可以有效地杜绝推诿扯皮。虽然本案中所反映出来的网吧监管问题一直是个难点，但溧阳市检察院根据未成年人保护法、《互联网上网服务营业场所管理条例》相关规定，确定了市文旅局对网吧经营活动的监督管理职责。与此同时，由于公安机关负责监管落实上网实名登记等安全技术措施，所以在落实检察建议的过程中和“回头看”工作中，公安机关均积极参与，体现多部门协调治理，彻底堵塞监管漏洞。

五、提升检察建议的刚性有益于实现未成年人保护诉求

将行政公益诉讼检察建议做成刚性、做到刚性，有利于通过诉前程序达到维护未成年人合法权益的目的，实现双赢多赢共赢的办案效果。办理未成年人保护行政公益诉讼，可以从以下几个方面保障检察建议的刚性：一是用好用足《未成年人保护法》第114条规定的一个月的书面回复期。未成年人保护法规定，发现有关单位未尽到未成年人教育、管理、救助、看护等保护职责向该单位提出建议的，被建议单位应当在一个月内作出书面回复。该规定既适用于一般的社会治理检察建议，也适用于公益诉讼检察建议。二是确保检察建议的高质量。高质量是保障检察建议刚性的坚实基础。三是建立健全公开宣告制度。检察机关可以邀请人大代表、政协委员、人民监督员、未成年人代表等第三方人员全程参与检察建议公开宣告、公开送达，通过社会各方力量共同督促有关部门积极依法履行职责、监督被建议单位整改落实。四是深入持续实地跟进监督检察建议的落实效果。本案中，溧阳市检察院先行对案件线索进行了全面评估，通过问卷、走访等方式调查，确保了网吧监管这一问题的客观性、真实性，随后在检察建议中针对性提出五项科学合理、可操作性措施，既有关于执法的具体建议，也有建章立制的宏观内容，最后与市文旅局、市公安局召开联席会议，开展“回头看”工作。这些做法保障了检察建议的刚性，也是该案实现共赢的关键。

六大保护协同是贯穿未成年人保护公益诉讼的重要理念。未成年人保护行政公益诉讼的直接目的在于督促行政机关依法履职，尽到保护未成年人的职责，根本目的是服务于为未成年人健康成长创造更加有力的外部条件。办理这类公益诉讼案件，既要努力实现直接目的，也要善于延伸办案效果，坚持六大保护协同，将司法保护融入其他五大保护。在本案中，督促加强对网吧的监管是直接诉求，但此问题仅仅是社会环境治理某类问题的一个缩影。在营造有利于未成年人的社会环境方面，除了行政机关切实监督管理外，离不开提升社会主体保护未成年人的自觉性、主动性、积极性，发动社会力量正确引导未成年人远离不适宜的场所，帮助家庭履行好教育职责。为此，溧阳市检察院抓住办理该起公益诉讼案件的契机，将办案中发现的放任未成年人进入营业性娱乐场所、酒吧、网吧的未成年人父母或其他监护人情况，向妇联、关工委等通报，推动妇联、关工委发挥自身优势，动员社会力量，开展家庭教育指导，链接司法社工、“五老”、社区网格员、志愿者等多方资源力量，推动构建常态化监管网络体系，有效防范不适宜未成年人场所违规接待问题的复发和反弹。

第四部分
未成年人综合司法保护案例

一、案　例

1. 防止未成年人滥用药物综合司法保护案*

（检例第 171 号）

【关键词】

综合履职　附条件不起诉　行政公益诉讼　滥用药物　数字检察

【要旨】

检察机关办理涉未成年人案件，应当统筹发挥多种检察职能，通过一体融合履职，加强未成年人综合司法保护。对有滥用药物问题的涉罪未成年人适用附条件不起诉时，可以细化戒瘾治疗措施，提升精准帮教的效果。针对个案中发现的社会治理问题，充分运用大数据分析，深挖类案线索，推动堵漏建制、源头保护，提升"个案办理—类案监督—系统治理"工作质效。

【基本案情】

被附条件不起诉人杨某某，男，作案时 17 周岁，初中文化，公司文员。

被附条件不起诉人李某某，男，作案时 17 周岁，初中文化，无业。

被附条件不起诉人杜某某，男，作案时 16 周岁，初中文化，在其父的菜场摊位帮工。

被附条件不起诉人何某某，男，作案时 17 周岁，小学文化，无业。

被告人郭某某，男，作案时 17 周岁，初中文化，休学。

被告人张某某，男，作案时 16 周岁，初中文化，无业。

被告人陈某某，男，作案时 16 周岁，初中文化，休学。

---

* 案例选自最高人民检察院第四十三批指导性案例。

2019年至2020年7月，杨某某等7名未成年人在汪某等成年人（另案处理，已判刑）的纠集下，多次在浙江省湖州市某县实施聚众斗殴、寻衅滋事等违法犯罪活动。经查，杨某某、李某某长期大量服用通过网络购买的氢溴酸右美沙芬（以下简称“右美沙芬”），形成了一定程度的药物依赖。“右美沙芬”属于非处方止咳药，具有抑制神经中枢的作用，长期服用会给人带来兴奋刺激，易产生暴躁不安、冲动、醉酒样等成瘾性身体表现，易诱发暴力型犯罪或遭受侵害。该药物具有一定的躯体耐受性，停药后会出现胸闷、头晕等戒断反应。

【检察机关履职过程】

（一）审查起诉和附条件不起诉

2020年10月，浙江省湖州市某县公安局将杨某某等7名未成年人分别以涉嫌聚众斗殴、寻衅滋事罪移送检察院审查起诉，某县人民检察院受理后，及时启动社会调查、心理测评等特别程序。经综合评估7名未成年人在共同犯罪中的作用及其成长经历、主观恶性、悔罪表现、监护帮教条件、再犯可能性等因素，依法对杨某某、李某某、杜某某、何某某作出附条件不起诉决定。针对杨某某、李某某的暴力行为与长期大量服用“右美沙芬”成瘾有关，检察机关将禁止滥用药物、配合戒瘾治疗作为所附条件之一，引入专业医疗、心理咨询机构对二人进行“右美沙芬”戒断治疗，并阶段性评估和调整帮教措施，使二人的药物依赖问题明显改善。对犯罪情节严重的郭某某、张某某、陈某某等3人，依法提起公诉。后人民法院以聚众斗殴罪、寻衅滋事罪数罪并罚，判处郭某某、张某某、陈某某有期徒刑二年至二年三个月不等。

（二）行政公益诉讼

办案期间，某县人民检察院对当地近年来发生的类似刑事案件进行梳理，发现多名涉案未成年人存在“右美沙芬”滥用情况，与未成年人实施犯罪或遭受侵害存在一定关联。在将该情况报告湖州市人民检察院后，湖州市人民检察院在浙江检察大数据法律监督平台上开展数字建模分析，汇总 2020 年 1 月起线下线上“右美沙芬”流通数据，集中筛选购买时间间隔短、频次高、数量大的人员，并与检察业务应用系统内的涉案未成年人信息以及公安行政违法案件中的未成年人信息进行数据碰撞，经比对研判后发现，该市 46 名涉案未成年人有“右美沙芬”滥用史。

经初步调查，当地部分实体、网络药店等违反《中华人民共和国药品管理法》《中华人民共和国药品管理法实施条例》等有关规定，存在部分微商无资质或者违法加价网络销售“右美沙芬”、部分网络平台未设置相关在线药学服务渠道等问题。同时，销售“右美沙芬”未履行用药风险提示和指导用药义务等情况也普遍存在。湖州市市场监督管理局作为承担药品安全监督管理职责的行政部门，未依法全面履行药品经营和流通监督管理职责，导致未成年人可以随意购买“右美沙芬”，危害未成年人身体健康，损害社会公共利益。2021 年 4 月，湖州市人民检察院作为行政公益诉讼立案并开展调查取证工作，将在刑事案件中调取的涉案人员微信聊天记录、手机交易记录等，作为公益诉讼案件证据材料，并固定药物来源、用药反应、用药群体、公益受损事实等关联证据，证实不特定未成年人利益受到损害。

2021 年 4 月 25 日，湖州市人民检察院向湖州市市场监督管理局发出行政公益诉讼检察建议：一是严格落实监测药品销售实名登记制度，对未成年人购药异常情况予以管控。二是加大“右美沙芬”网络经营流通的监管力度，依法查处非法销售问题。三是对“右美沙芬”成瘾性及安全风险开展测评，推动提升药品管制级别。检察建议发出后，湖州市市场监督管理局采纳检察建议，依法排查销售记录 34112 条，排查网络销售企业 326 家，梳理异常购药记录 600 余条，查处网络违法售药案件 8 起，追踪滥用涉案药物人员 89 名；建立按需销售原则，明确医师的用药指导和安全提示义务；落实实名登记、分级预警等综合治理措施。

（三）促进社会治理

湖州市人民检察院会同当地市场监督管理部门、药学会、药品经营企业代表围绕未成年人滥用药物风险防控深入研讨、凝聚共识，推动湖州市市场监督管理局制发《未成年人药物滥用风险管控实施意见（试行）》，加强对实体、网络药品销售企业的监督管理，健全涉未成年人滥用药物事件应急预警处置机制。浙江省人民检察院对湖州检察机关办案情况加强指导，同时建议浙江省教育厅、市场监督管理局等单位开展涉案药物的交易监测、专项检查、成瘾性研究，自下而上推动国家层面研究调整“右美沙芬”药物管制级别。2021 年 12 月，国家药品监督管理局根据各地上报案件信息和反映情况，将“右美沙芬”口服单方制剂由非处方药转为处方药管理。2022 年 11 月，国家药品监督管理局发布《药品网络销售禁止清单（第一版）》公告，将“右美沙芬”口服单方制剂纳入禁止通过网络零售的药品清单。

【指导意义】

（一）统筹运用多种检察职能，推动完善一体履职、全面保护、统分有序的未检融合履职模式，综合保护未成年人合法权益

检察机关应当充分发挥未检业务集中统一办理优势，强化系统审查意识和综合取证能力，在办理涉未成年人刑事案件过程中，一并审查未成年人相关公共利益等其他权益是否遭受损害。对经审查评估需要同步履行相关法律监督职责的案件，应当依法融合履职，综合运用法律赋予的监督手段，系统维护未成年人合法权益。

（二）附条件不起诉考验期监督管理规定的设定，应当以最有利于教育挽救未成年人为原则，体现帮教考察的个性化、精准性和有效性

检察机关对未成年人作出附条件不起诉决定时，应当考虑涉罪未成年人发案原因和个性需求，细化矫治教育措施。对共同犯罪的未成年人，既要考虑其共性问题，又要考虑每名涉罪未成年人的实际情况和个体特点，设置既有共性又有个性的监督管理规定和帮教措施，并督促落实。对存在滥用药物情形的涉罪未成年人，检察机关应当会同未成年人父母或其他监护人，要求其督促未成年人接受心理疏导和戒断治疗，并将相关情况纳入监督考察范围，提升精准帮教效果，落实附条件不起诉制度的教育矫治功能，帮助涉罪未成年人顺利回归社会。

（三）运用大数据分析，提升法律监督质效，做实源头治理

检察机关要综合研判案件背后的风险因素、类案特质，主动应用数字思维，通过数字建模进行数据分析和比对，深挖药品流通过程中的问题，系统梳理类案监督线索，精准发现案发领域治理漏洞，通过开展公益诉讼等方式实现协同治理，促进有关方面依法履职、加强监管执法，推动从顶层设计上健全制度机制，完善相关领域社会治理，实现办案法律效果和社会效果的有机统一。

【相关规定】

《中华人民共和国刑事诉讼法》（2018 年修正）

第二百八十三条　在附条件不起诉的考验期内，由人民检察院对被附条件不起诉的未成年犯罪嫌疑人进行监督考察。未成年犯罪嫌疑人的监护人，应当对未成年犯罪嫌疑人加强管教，配合人民检察院做好监督考察工作。

附条件不起诉的考验期为六个月以上一年以下，从人民检察院作出附条件不起诉的决定之日起计算。

被附条件不起诉的未成年犯罪嫌疑人，应当遵守下列规定：

（一）遵守法律法规，服从监督；

（二）按照考察机关的规定报告自己的活动情况；

（三）离开所居住的市、县或者迁居，应当报经考察机关批准；

（四）按照考察机关的要求接受矫治和教育。

《中华人民共和国行政诉讼法》（2017 年修正）

第二十五条　行政行为的相对人以及其他与行政行为有利害关系的公民、法人或者其他组织，有权提起诉讼。

有权提起诉讼的公民死亡，其近亲属可以提起诉讼。

有权提起诉讼的法人或者其他组织终止，承受其权利的法人或者其他组织可以提起诉讼。

人民检察院在履行职责中发现生态环境和资源保护、食品药品安全、国有财产保护、国有土地使用权出让等领域负有监督管理职责的行政机关

违法行使职权或者不作为，致使国家利益或者社会公共利益受到侵害的，应当向行政机关提出检察建议，督促其依法履行职责。行政机关不依法履行职责的，人民检察院依法向人民法院提起诉讼。

《中华人民共和国未成年人保护法》(2024年修正)

第一百零六条 未成年人合法权益受到侵犯，相关组织和个人未代为提起诉讼的，人民检察院可以督促、支持其提起诉讼；涉及公共利益的，人民检察院有权提起公益诉讼。

《中华人民共和国预防未成年人犯罪法》(2020年修订)

第四条 预防未成年人犯罪，在各级人民政府组织下，实行综合治理。

国家机关、人民团体、社会组织、企业事业单位、居民委员会、村民委员会、学校、家庭等各负其责、相互配合，共同做好预防未成年人犯罪工作，及时消除滋生未成年人违法犯罪行为的各种消极因素，为未成年人身心健康发展创造良好的社会环境。

《中华人民共和国药品管理法》(2019年修订)

第三条 药品管理应当以人民健康为中心，坚持风险管理、全程管控、社会共治的原则，建立科学、严格的监督管理制度，全面提升药品质量，保障药品的安全、有效、可及。

第十一条 药品监督管理部门设置或者指定的药品专业技术机构，承担依法实施药品监督管理所需的审评、检验、核查、监测与评价等工作。

第十二条 国家建立健全药品追溯制度。国务院药品监督管理部门应当制定统一的药品追溯标准和规范，推进药品追溯信息互通互享，实现药品可追溯。

国家建立药物警戒制度，对药品不良反应及其他与用药有关的有害反应进行监测、识别、评估和控制。

第五十一条 从事药品批发活动，应当经所在地省、自治区、直辖市人民政府药品监督管理部门批准，取得药品经营许可证。从事药品零售活动，应当经所在地县级以上地方人民政府药品监督管理部门批准，取得药品经营许可证。无药品经营许可证的，不得经营药品。

药品经营许可证应当标明有效期和经营范围，到期重新审查发证。

药品监督管理部门实施药品经营许可，除依据本法第五十二条规定的条件外，还应当遵循方便群众购药的原则。

第五十二条　从事药品经营活动应当具备以下条件：

（一）有依法经过资格认定的药师或者其他药学技术人员；

（二）有与所经营药品相适应的营业场所、设备、仓储设施和卫生环境；

（三）有与所经营药品相适应的质量管理机构或者人员；

（四）有保证药品质量的规章制度，并符合国务院药品监督管理部门依据本法制定的药品经营质量管理规范要求。

《中华人民共和国药品管理法实施条例》（2024 年修订）

第十五条　国家实行处方药和非处方药分类管理制度。国家根据非处方药品的安全性，将非处方药分为甲类非处方药和乙类非处方药。

经营处方药、甲类非处方药的药品零售企业，应当配备执业药师或者其他依法经资格认定的药学技术人员。经营乙类非处方药的药品零售企业，应当配备经设区的市级药品监督管理机构或者省、自治区、直辖市人民政府药品监督管理部门直接设置的县级药品监督管理机构组织考核合格的业务人员。

第十九条　通过互联网进行药品交易的药品生产企业、药品经营企业、医疗机构及其交易的药品，必须符合《药品管理法》和本条例的规定。互联网药品交易服务的管理办法，由国务院药品监督管理部门会同国务院有关部门制定。

第五十一条　药品监督管理部门（含省级人民政府药品监督管理部门依法设立的药品监督管理机构，下同）依法对药品的研制、生产、经营、使用实施监督检查。

2. 阻断性侵犯罪未成年被害人感染艾滋病风险综合司法保护案*

（检例第 172 号）

【关键词】

奸淫幼女　情节恶劣　认罪认罚　艾滋病暴露后预防　检察建议

【要旨】

检察机关办理性侵害未成年人案件，在受邀介入侦查时，应当及时协同做好取证和未成年被害人保护救助工作。对于遭受艾滋病病人或感染者性侵的未成年被害人，应当立即开展艾滋病暴露后预防并进行心理干预、司法救助，最大限度降低犯罪给其造成的危害后果和长期影响。行为人明知自己系艾滋病病人或感染者，奸淫幼女，造成艾滋病传播重大现实风险的，应当认定为奸淫幼女“情节恶劣”。对于犯罪情节恶劣，社会危害严重，主观恶性大的成年人性侵害未成年人案件，即使认罪认罚也不足以从宽处罚的，依法不予从宽。发现类案风险和社会治理漏洞，应当积极推动风险防控和相关领域制度完善。

【基本案情】

被告人王某某，男，1996 年 8 月出生，2016 年 6 月因犯盗窃罪被刑事拘留，入所体检时确诊为艾滋病病毒感染者，同年 10 月被依法判处有期徒刑 6 个月。2017 年 10 月确诊为艾滋病病人，但王某某一直未按县疾病预防控制中心要求接受艾滋病抗病毒治疗。

被告人王某某与被害人林某某（女，案发时 13 周岁）于案发前一周在奶茶店相识，被害人告诉王某某自己在某中学初一就读，其父母均在外务

* 案例选自最高人民检察院第四十三批指导性案例。

工，自己跟随奶奶生活。2020年8月25日晚，被告人王某某和朋友曹某某、被害人林某某在奶茶店玩时，王某某提出到林某某家里拿酒喝。21时许，王某某骑摩托车搭乘林某某、曹某某一同前往林某某家，到达林某某所住小区后曹某某有事离开。王某某进入林某某家后产生奸淫之意，明知林某某为初一学生，以扇耳光等暴力手段，强行与林某某发生性关系。当晚林某某报警。次日下午，王某某被抓获归案，但未主动向公安机关供述自己系艾滋病病人的事实。

【检察机关履职过程】

（一）开展保护救助

2020年，四川省某县人民检察院与各镇（街道）政法委员和村（社区）治保委员建立了应急处置、线索收集、协作协同等涉未成年人保护联动机制。2020年8月26日上午，县公安局向县检察院通报有留守儿童在8月25日晚被性侵，县检察院通过联动机制获知该犯罪嫌疑人已被确诊艾滋病。县检察院受邀介入侦查，一方面，建议公安机关围绕行为人是否明知自己患有艾滋病、是否明知被害人系不满十四周岁的幼女，以及被害人遭受性侵后身心状况等情况调查取证；另一方面，启动未成年人保护联动应急处置机制，协同公安机关和卫生健康部门对被害人开展艾滋病暴露后预防，指导被害人服用阻断药物。因阻断工作启动及时，取得较好效果，被害人在受到侵害后进行了三次艾滋病病毒抗体检测，均呈阴性。检察机关还会同公安机关全面了解被害人家庭情况，协调镇、村妇联、教育行政部门开展临时生活照料、情绪安抚、心理干预、法律援助、转学复课、家庭教育指导工作，并对被害人开展司法救助。

（二）组织不公开听证

本案审查过程中，对于犯罪嫌疑人王某某的行为已构成强奸罪不存在争议，但对于能否适用《中华人民共和国刑法》第二百三十六条第三款第一项“奸淫幼女情节恶劣”存在认识分歧。为保护被害人隐私，2021年1月13日，县检察院组织召开不公开听证会，听取艾滋病防治专家、法学专家和未成年人保护单位等各方面意见。听证员认为，犯罪嫌疑人已经确诊为艾滋病病人，案发时处于发病期，其体内病毒载量高，传染性极强，给被害人带来了极大的感染风险。犯罪嫌疑人明知自己系艾滋病病人，性侵幼女，严重危及被害人身心健康，其社会危害性与《中华人民共和国刑法》第二百三十六条第三款第二项至五项规定的严重情形具有相当性。经评议，听证员一致认为本案应按照“奸淫幼女情节恶劣”论处。

（三）指控和证明犯罪

某县人民检察院根据案件事实、证据并参考听证意见审查认为，王某某属奸淫幼女“情节恶劣”，决定以强奸罪提起公诉，综合王某某系累犯，以及具有进入未成年人住所、采取暴力手段、对农村留守儿童实施犯罪等司法解释性文件规定的从严惩处情节，提出判处有期徒刑十五年、剥夺政治权利五年的量刑建议。

2021 年 2 月 8 日，某县人民法院依法不公开开庭审理本案。被告人王某某及其辩护人对检察机关指控的主要犯罪事实、证据无异议，但提出以下辩解及辩护意见：一是被告人的行为没有造成被害人感染艾滋病的后果，不应当认定为奸淫幼女情节恶劣的情形；二是被告人认罪认罚，建议从宽处理。

针对第一条辩解及辩护意见，公诉人答辩指出：本案适用的是《中华人民共和国刑法》第二百三十六条第三款第一项情节加重，而不是第五项结果加重。本案被告人的行为应当评价为“情节恶劣”，主要理由：一是王某某明知自己患有艾滋病，亦明知自己的行为可能导致的严重危害后果，仍强行与不满 14 周岁的幼女发生性关系，无视他人的健康权和生命权，其行为主观恶性大。二是不满 14 周岁的幼女自我保护能力更弱，是刑法特殊保护对象。本案被害人是只有 13 周岁的幼女，被艾滋病病人王某某性侵，有可能因感染艾滋病导致身体健康终身受害，被告人王某某的行为造成艾滋病传播重大现实风险，犯罪性质恶劣，社会危害严重。三是虽然被害人目前未检出艾滋病病毒，但危害后果的阻断得益于司法机关和卫生健康部门的及时干预，不能因此减轻被告人的罪责。而且，由于检测窗口期和个体差异的存在，尚不能完全排除被害人感染艾滋病病毒的可能。这种不确定性将长期影响未成年被害人及其家人的生活。因此，应当认定被告人奸淫幼女“情节恶劣”。

针对第二条辩解及辩护意见，公诉人答辩指出：根据《最高人民法院、最高人民检察院、公安部、国家安全部、司法部关于适用认罪认罚从宽制度的指导意见》，被告人认罪认罚后是否从宽，由司法机关根据案件具体情况决定。本案被告人王某某犯罪情节恶劣，社会危害严重，主观恶性大。且王某某系累犯，又有采取暴力手段奸淫幼女、对农村留守儿童实施犯罪等多项从严惩处情节，虽然认罪认罚，但根据其犯罪事实、性质、情节和影响，不属于《中华人民共和国刑事诉讼法》第十五条规定的“可以依法从宽处理”的情形。

（四）处理结果

2021 年 2 月，某县人民法院采纳检察机关的公诉意见和量刑建议，以强奸罪判处王某某有期徒刑十五年，剥夺政治权利五年。判决宣告后，王某某未提出上诉，判决已生效。

（五）制发检察建议

艾滋病病人或感染者性侵害犯罪案件，若不能及时发现和确认犯罪嫌疑人系艾滋病病人或感染者，并立即开展病毒阻断治疗，将给被害人带来感染艾滋病的极大风险。结合本案暴露出的问题，检察机关开展了专项调查，通过调阅本县 2017 年至 2020 年性侵案件犯罪嫌疑人第一次讯问、拘留入所体检等相关材料，以及到卫生健康部门、公安机关走访了解、查阅档案、询问相关人员、听取意见等，查明：按照《艾滋病防治条例》的规定，公安机关对依法拘留的艾滋病病人或感染者应当采取相应的防治措施防止艾滋病传播，卫生健康部门要对建档的艾滋病病人或感染者进行医学随访，对公安机关采取的防治措施应当予以配合。但实践中，犯罪嫌疑人一般不会主动告知被害人和公安机关自己系艾滋病病人或感染者，公安机关主要通过拘留入所体检才能发现犯罪嫌疑人系艾滋病病人或感染者。通过办案数据分析，拘留入所体检超过案发时间 24 小时的占比达 85.7%，这就势必会错失对被艾滋病病人或感染者性侵的被害人开展暴露后预防的24小时黄金时间。存在此问题的原因主要在于公安机关和卫生健康部门之间对案发后第一时间查明犯罪嫌疑人是否系艾滋病病人或感染者缺乏有效沟通核查机制，对性侵害被害人健康权、生命权保护存在安全漏洞。某县人民检察院随即向县公安局制发检察建议并抄送县卫生健康局，建议完善相关信息沟通核查机制，对性侵害案件犯罪嫌疑人应当第一时间开展艾滋病信息核查，对被害人开展艾滋病暴露后预防时间一般应当在案发后24小时之内。检察建议引起相关部门高度重视，县检察院会同县公安局、卫生健康局多次进行研究磋商，三部门联合制定《关于建立性侵害案件艾滋病信息核查制度的意见》，明确了对性侵害案件犯罪嫌疑人进行艾滋病信息核查的时间要求和方式、对被害人开展暴露后预防的用药时间，以及持续跟踪关爱保护未成年被害人等措施，切实预防艾滋病病毒通过性侵害等行为向被害人特别是未成年被害人传播。

【指导意义】

（一）对于性侵害未成年人犯罪案件，检察机关受邀介入侦查时应当同步开展未成年被害人保护救助工作

性侵害未成年人案件存在发现难、取证难、危害大的特点，检察机关在受邀介入侦查时，应当建议侦查机关围绕犯罪嫌疑人主观恶性、作案手段、被害人遭受侵害后身心状况等进行全面取证。同时，建议或协同公安机关第一时间核查犯罪嫌疑人是否系艾滋病病人或感染者。确定犯罪嫌疑人系艾滋病病人或感染者的，应当立即协同公安机关和卫生健康部门开展艾滋病暴露后预防，切实保护未成年被害人健康权益。检察机关应当发挥未成年人检察社会支持体系作用，从介入侦查阶段就及时启动心理干预、司法救助、家庭教育指导等保护救助措施，尽可能将犯罪的伤害降至最低。

（二）犯罪嫌疑人明知自己是艾滋病病人或感染者，奸淫幼女，造成艾滋病传播重大现实风险的，应当认定为奸淫幼女“情节恶劣”

行为人明知自己患有艾滋病或者感染艾滋病病毒，仍对幼女实施奸淫，

放任艾滋病传播风险的发生，客观上极易造成被害人感染艾滋病的严重后果，主观上体现出行为人对幼女健康权、生命权的极度漠视，其社会危害程度与《中华人民共和国刑法》第二百三十六条第三款第二项至六项规定的情形具有相当性，应当依法认定为奸淫幼女“情节恶劣”，适用十年以上有期徒刑、无期徒刑或者死刑的刑罚。对成年人性侵害未成年人犯罪，应综合考虑案件性质、主观恶性、具体情节、社会危害等因素，从严适用认罪认罚从宽制度。对于犯罪性质和危害后果严重、犯罪手段残忍、社会影响恶劣的，可依法不予从宽。

（三）办理案件中发现未成年人保护工作机制存在漏洞的，应当着眼于最有利于未成年人原则和社会公共利益维护，推动相关领域制度机制完善

对于案件中暴露出的未成年人保护重大风险隐患，检察机关应当深入调查，针对性采取措施，促进相关制度和工作机制完善，促使职能部门更加积极有效依法履职尽责，推动形成损害修复与风险防控相结合，事前保护与事后救助相结合的未成年人综合保护模式。艾滋病暴露后预防有时间窗口，及时发现和确定性侵犯罪嫌疑人系艾滋病病人或感染者是关键。办案机关同卫生健康部门之间建立顺畅有效的相关信息沟通核查机制是基础。检察机关针对这方面存在的机制漏洞，会同相关部门建章立制、完善制度措施，有利于最大化保护性侵害案件未成年被害人的生命健康权。

【相关规定】

《中华人民共和国刑法》（2023 年修正）

第二百三十六条　以暴力、胁迫或者其他手段强奸妇女的，处三年以上十年以下有期徒刑。

奸淫不满十四周岁的幼女的，以强奸论，从重处罚。

强奸妇女、奸淫幼女，有下列情形之一的，处十年以上有期徒刑、无期徒刑或者死刑：

（一）强奸妇女、奸淫幼女情节恶劣的；

（二）强奸妇女、奸淫幼女多人的；

（三）在公共场所当众强奸妇女、奸淫幼女的；

（四）二人以上轮奸的；

（五）奸淫不满十周岁的幼女或者造成幼女伤害的；

（六）致使被害人重伤、死亡或者造成其他严重后果的。

第二百三十六条之一　对已满十四周岁不满十六周岁的未成年女性负有监护、收养、看护、教育、医疗等特殊职责的人员，与该未成年女性发生性关系的，处三年以下有期徒刑；情节恶劣的，处三年以上十年以下有期徒刑。

有前款行为，同时又构成本法第二百三十六条规定之罪的，依照处罚较重的规定定罪处罚。

《中华人民共和国未成年人保护法》（2024 年修正）

第一百条　公安机关、人民检察院、人民法院和司法行政部门应当依法履行职责，保障未成年人合法权益。

《艾滋病防治条例》（2019 年修订）

第三十一条　公安、司法行政机关对被依法逮捕、拘留和在监狱中执行刑罚以及被依法收容教育、强制戒毒和劳动教养的艾滋病病毒感染者和艾滋病病人，应当采取相应的防治措施，防止艾滋病传播。

对公安、司法行政机关依照前款规定采取的防治措施，县级以上地方人民政府应当给予经费保障，疾病预防控制机构应当予以技术指导和配合。

《最高人民法院、最高人民检察院、公安部、司法部关于依法惩治性侵害未成年人犯罪的意见》（2013 年施行）

第二十五条 ①

《最高人民法院、最高人民检察院、公安部、国家安全部、司法部关于适用认罪认罚从宽制度的指导意见》（2019 年施行）

5. 适用阶段和适用案件范围。认罪认罚从宽制度贯穿刑事诉讼全过程，

① 现已废止。

适用于侦查、起诉、审判各个阶段。

认罪认罚从宽制度没有适用罪名和可能判处刑罚的限定，所有刑事案件都可以适用，不能因罪轻、罪重或者罪名特殊等原因而剥夺犯罪嫌疑人、被告人自愿认罪认罚获得从宽处理的机会。但“可以”适用不是一律适用，犯罪嫌疑人、被告人认罪认罚后是否从宽，由司法机关根据案件具体情况决定。

《人民检察院检察建议工作规定》（2019 年施行）

第十一条　人民检察院在办理案件中发现社会治理工作存在下列情形之一的，可以向有关单位和部门提出改进工作、完善治理的检察建议：

（一）涉案单位在预防违法犯罪方面制度不健全、不落实，管理不完善，存在违法犯罪隐患，需要及时消除的；

（二）一定时期某类违法犯罪案件多发、频发，或者已发生的案件暴露出明显的管理监督漏洞，需要督促行业主管部门加强和改进管理监督工作的；

（三）涉及一定群体的民间纠纷问题突出，可能导致发生群体性事件或者恶性案件，需要督促相关部门完善风险预警防范措施，加强调解疏导工作的；

（四）相关单位或者部门不依法及时履行职责，致使个人或者组织合法权益受到损害或者存在损害危险，需要及时整改消除的；

（五）需要给予有关涉案人员、责任人员或者组织行政处罚、政务处分、行业惩戒，或者需要追究有关责任人员的司法责任的；

（六）其他需要提出检察建议的情形。

3. 惩治组织未成年人进行违反治安管理活动犯罪综合司法保护案*

（检例第 173 号）

【关键词】

组织未成年人进行违反治安管理活动罪　有偿陪侍　情节严重　督促监护令　社会治理

【要旨】

对组织未成年人在 KTV 等娱乐场所进行有偿陪侍的，检察机关应当以组织未成年人进行违反治安管理活动罪进行追诉，并可以从被组织人数、持续时间、组织手段、陪侍情节、危害后果等方面综合认定本罪的“情节严重”。检察机关应当针对案件背后的家庭监护缺失、监护不力问题开展督促监护工作，综合评估监护履责中存在的具体问题，制发个性化督促监护令，并跟踪落实。检察机关应当坚持未成年人保护治罪与治理并重，针对个案发生的原因开展源头治理。

【基本案情】

原审被告人张某，女，1986 年 11 月出生，个体工商户。

自 2018 年开始，张某为获取非法利益，采用殴打、言语威胁等暴力手段，以及专人看管、“打欠条”经济控制、扣押身份证等限制人身自由的手段，控制 17 名未成年女性在其经营的 KTV 内提供有偿陪侍服务。张某要求未成年女性着装暴露，提供陪酒以及让客人搂抱等色情陪侍服务。17 名未成年被害人因被组织有偿陪侍而沾染吸烟、酗酒、夜不归宿等不良习惯，其中吴某等因被组织有偿陪侍而辍学，杜某某等出现性格孤僻、自暴自弃等情形。

* 案例选自最高人民检察院第四十三批指导性案例。

【检察机关履职过程】

（一）刑事案件办理

2019年6月27日，山东省某市公安局接群众举报，依法查处张某经营的KTV，7月14日张某到公安机关投案。同年11月，某市人民检察院以组织未成年人进行违反治安管理活动罪对张某提起公诉。2020年4月，某市人民法院作出判决，认定张某具有自首情节，以组织未成年人进行违反治安管理活动罪判处张某有期徒刑二年，并处罚金十万元。一审宣判后，张某以量刑过重为由提出上诉，某市中级人民法院以“积极主动缴纳罚金”为由对其从轻处罚，改判张某有期徒刑一年六个月，并处罚金十万元。

同级检察机关认为二审判决对张某量刑畸轻，改判并减轻刑罚理由不当，确有错误，按照审判监督程序提请山东省人民检察院抗诉。2021年2月，山东省人民检察院依法向山东省高级人民法院提出抗诉，省高级人民法院依法开庭审理。原审被告人张某及其辩护人在再审庭审中提出本罪“情节严重”目前无明确规定，从有利于被告人角度出发，不应予以认定，且张某构成自首，原审判决量刑适当。省检察院派员出庭发表意见：一是侵害未成年人犯罪依法应予严惩，本案查实的未成年陪侍人员达17名，被侵害人数众多；二是张某自2018年开始组织未成年人进行有偿陪侍活动，持续时间较长；三是张某采用殴打、言语威胁、扣押身份证、强制“打欠条”等手段，对被害人进行人身和经济控制，要求陪侍人员穿着暴露，提供陪酒以及让客人搂抱、摸胸等色情陪侍服务，对被害人身心健康损害严重；四是17名被害人因被组织有偿陪侍，沾染吸烟、酗酒、夜不归宿等不良习惯，部分未成年人出现辍学、自暴自弃、心理障碍等情况，危害后果严重。综合上述情节，本案应认定为“情节严重”。此外，张某虽自动投案，但在投案后拒不承认其经营KTV的陪侍人员中有未成年人，在公安机关掌握其主要犯罪事实后才如实供述，依法不应认定为自首。2021年11月29日，山东省高级人民法院依法作出判决，采纳检察机关意见，改判张某有期徒刑五年，并处罚金三十万元。

（二）制发督促监护令

检察机关办案中发现，17 名未成年被害人均存在家庭监护缺失、监护不力等问题，影响未成年人健康成长，甚至导致未成年人遭受犯罪侵害。检察机关对涉案未成年人的生活环境、家庭教育、监护人监护履责状况等进行调查评估，针对不同的家庭问题，向未成年被害人的监护人分别制发个性化督促监护令：针对监护人长期疏于管教，被害人沾染不良习气及义务教育阶段辍学问题，督促监护人纠正未成年被害人无心向学、沉迷网络等不良习惯，帮助其返校入学；针对监护人教养方式不当，导致亲子关系紧张问题，督促监护人接受家庭教育指导，改变简单粗暴或溺爱的教养方式，提高亲子沟通能力；针对被害人自护意识、能力不足的问题，督促监护人认真学习青春期性教育知识，引导孩子加强自我防护等。检察机关还与公安机关、村委会协作联动，通过电话回访、实地走访等方式推动督促监护令落实。对落实不力的监护人，检察机关委托家庭教育指导师制定改进提升方案，并协调妇联、关工委安排村妇联主席、“五老”志愿者每周两次入户指导。通过上述措施，本案未成年被害人家庭监护中存在的问题得到明显改善。

（三）制发检察建议

针对办案中发现的 KTV 等娱乐场所违规接纳未成年人问题，2020 年 9 月，检察机关向负有监督管理职责的市文化和旅游局等行政职能部门制发检察建议，督促依法履职。收到检察建议后，相关行政职能部门组织开展了娱乐场所无证无照经营专项整治、校园周边文化环境治理等专项行动，重点对违规接纳未成年人、未悬挂未成年人禁入或者限入标志等违法经营行为进行查处，共检查各类经营场所 80 余家 / 次，查处整改问题 20 余个，关停 4 家无证经营歌舞娱乐场所。针对多名被害人未完成义务教育的情形，2020 年 12 月，检察机关向市教育和体育局制发检察建议，督促其履行职责，市教育和体育局组织全面排查工作，劝导 78 名未成年人返回课堂，完善了适龄入学儿童基础信息共享、入学情况全面核查、辍学劝返、教师家访全覆盖、初中毕业生去向考核等义务教育阶段“控辍保学”机制。针对本案

17 名被害人均来自农村，成长过程中法治教育和保护措施相对缺乏，检察机关延伸履职，主动向市委政法委专题报告，推动将未成年人保护纳入村域网格化管理体系。在市委政法委的统一领导下，检察机关依托村级活动站建立未成年人检察联系点，择优选聘 915 名儿童主任、村妇联主席协助检察机关开展法治宣传、社会调查、督促监护、强制报告、公益诉讼线索收集等工作，共同织密未成年人保护工作网络。

【指导意义】

（一）准确把握组织未成年人有偿陪侍行为的定罪处罚，从严惩处侵害未成年人犯罪

《刑法修正案（七）》增设组织未成年人进行违反治安管理活动罪，旨在加强未成年人保护，维护社会治安秩序。《娱乐场所管理条例》将以营利为目的的陪侍与卖淫嫖娼、赌博等行为并列，一并予以禁止，并规定了相应的处罚措施，明确了该行为具有妨害社会治安管理的行政违法性。处于人生成长阶段的未成年人被组织从事有偿陪侍服务，不仅败坏社会风气，危害社会治安秩序，更严重侵害未成年人的人格尊严和身心健康，构成组织未成年人进行违反治安管理活动罪。检察机关办理此类案件，可以围绕被组织人数众多，犯罪行为持续时间长，采用控制手段的强制程度，色情陪侍方式严重损害未成年人身心健康等情形，综合认定为“情节严重”。

（二）聚焦案件背后的问题，统筹使用督促监护令、检察建议等方式，以检察司法保护促进家庭、社会、政府等保护责任落实

在办理涉未成年人案件过程中，检察机关应当注重分析案件暴露出的家庭、社会等方面的问题，结合办案对未成年人的生活环境、家庭教育、监护人监护履责状况等进行调查评估，制定个性化督促监护方案，并跟踪落实，指导、帮助和监督监护人履行监护职责。检察机关应当依法履行法律监督职能，督促相关职能部门加强管理、落实责任。检察机关还可以加强与相关部门的协作联动，形成整体合力，积极促进区域未成年人保护制度完善和社会综合治理，更好保护未成年人合法权益和公共利益。

【相关规定】

《中华人民共和国刑法》（2023年修正）

第二百六十二条之二 组织未成年人进行盗窃、诈骗、抢夺、敲诈勒索等违反治安管理活动的，处三年以下有期徒刑或者拘役，并处罚金；情节严重的，处三年以上七年以下有期徒刑，并处罚金。

《中华人民共和国刑事诉讼法》（2018年修正）

第二百五十四条 各级人民法院院长对本院已经发生法律效力的判决和裁定，如果发现在认定事实上或者在适用法律上确有错误，必须提交审判委员会处理。

最高人民法院对各级人民法院已经发生法律效力的判决和裁定，上级人民法院对下级人民法院已经发生法律效力的判决和裁定，如果发现确有错误，有权提审或者指令下级人民法院再审。

最高人民检察院对各级人民法院已经发生法律效力的判决和裁定，上级人民检察院对下级人民法院已经发生法律效力的判决和裁定，如果发现确有错误，有权按照审判监督程序向同级人民法院提出抗诉。

人民检察院抗诉的案件，接受抗诉的人民法院应当组成合议庭重新审理，对于原判决事实不清楚或者证据不足的，可以指令下级人民法院再审。

《中华人民共和国未成年人保护法》（2024年修订）

第七条 未成年人的父母或者其他监护人依法对未成年人承担监护职责。

国家采取措施指导、支持、帮助和监督未成年人的父母或者其他监护人履行监护职责。

第一百一十八条 未成年人的父母或者其他监护人不依法履行监护职责或者侵犯未成年人合法权益的，由其居住地的居民委员会、村民委员会予以劝诫、制止；情节严重的，居民委员会、村民委员会应当及时向公安机关报告。

公安机关接到报告或者公安机关、人民检察院、人民法院在办理案件过程中发现未成年人的父母或者其他监护人存在上述情形的，应当予以训诫，并可以责令其接受家庭教育指导。

《中华人民共和国家庭教育促进法》（2022 年施行）

第四十九条　公安机关、人民检察院、人民法院在办理案件过程中，发现未成年人存在严重不良行为或者实施犯罪行为，或者未成年人的父母或者其他监护人不正确实施家庭教育侵害未成年人合法权益的，根据情况对父母或者其他监护人予以训诫，并可以责令其接受家庭教育指导。

《娱乐场所管理条例》（2020 年修订）

第三条　县级以上人民政府文化主管部门负责对娱乐场所日常经营活动的监督管理；县级以上公安部门负责对娱乐场所消防、治安状况的监督管理。

第十四条　娱乐场所及其从业人员不得实施下列行为，不得为进入娱乐场所的人员实施下列行为提供条件：

（一）贩卖、提供毒品，或者组织、强迫、教唆、引诱、欺骗、容留他人吸食、注射毒品；

（二）组织、强迫、引诱、容留、介绍他人卖淫、嫖娼；

（三）制作、贩卖、传播淫秽物品；

（四）提供或者从事以营利为目的的陪侍；

（五）赌博；

（六）从事邪教、迷信活动；

（七）其他违法犯罪行为。

娱乐场所的从业人员不得吸食、注射毒品，不得卖淫、嫖娼；娱乐场所及其从业人员不得为进入娱乐场所的人员实施上述行为提供条件。

4. 未成年人网络民事权益综合司法保护案*

（检例第 174 号）

【关键词】

未成年人网络服务　支持起诉　行政公益诉讼　社会治理

【要旨】

未成年人未经父母或者其他监护人同意，因网络高额消费行为引发纠纷提起民事诉讼并向检察机关申请支持起诉的，检察机关应当坚持未成年人特殊、优先保护要求，对确有必要的，可以依法支持起诉。检察机关应当结合办案，综合运用社会治理检察建议、行政公益诉讼检察建议等监督方式，督促、推动网络服务提供者、相关行政主管部门细化落实未成年人网络保护责任。

【基本案情】

原告程某甲，女，2005 年 9 月出生，在校学生。

法定代理人程某，男，系程某甲父亲。

法定代理人徐某，女，系程某甲母亲。

被告上海某网络科技有限公司（以下简称某公司）。

2020 年 7 月，程某甲在父母不知情的情况下，下载某公司开发运营的一款网络游戏社交应用软件（App），并注册成为其用户，后又升级至可以进行高额消费的高级别用户。至 2021 年 2 月，程某甲在该 App 上频繁购买虚拟币、打赏主播，累计消费人民币 21.7 万余元。程某甲的法定代理人程某、徐某，对程某甲登录该 App 并进行高额消费的行为不予追认。

* 案例选自最高人民检察院第四十三批指导性案例。

【检察机关履职过程】

（一）支持起诉

2021 年 2 月，程某甲的父亲程某发现女儿的网络高额消费行为，与某公司多次协调未果后向多个相关部门求助，但问题未得到解决。程某通过电话向上海市人民检察院与共青团上海市委员会共建的“上海市未成年人权益保护监督平台”寻求帮助，该平台将线索移至公司注册地某区人民检察院。检察机关受理后，立即向程某了解详细情况。经调查核实，该 App 虽然在用户协议中载明“不满 18 周岁不得自行注册登录”，但对用户身份审核不严，致程某甲注册为能够进行高额消费的用户。检察机关向程某甲及其法定代理人解释民法典、未成年人保护法和相关规定，建议程某甲及其法定代理人向人民法院提起民事诉讼。

2021 年 3 月，程某甲及其法定代理人向某区人民法院提起民事诉讼，要求确认程某甲与某公司的网络服务合同无效，某公司全额返还消费款。同时，程某甲及其法定代理人向检察机关申请支持起诉。检察机关审查认为：程某甲系限制民事行为能力人，未经监护人同意实施与其年龄、智力不相符合的高额网络消费行为，其法定代理人亦明确表示对该行为不予追认，程某甲实施的消费行为无效，程某甲及其法定代理人要求网络服务提供者返还钱款符合法律规定。本案系未成年人涉网络案件，相较于应对该类问题经验丰富的某公司，程某甲及其法定代理人在网络证据收集、网络专业知识等方面均处于弱势，其曾采取多种形式维权，但未取得实际效果，检察机关有必要通过支持起诉的方式，帮助程某甲依法维护权益。检察机关指导程某甲的法定代理人收集、梳理证据，固定程某甲在该 App 上的聊天、充值记录，对注册登录过程、使用及消费情况进行公证。同年 5 月，某区人民法院开庭审理此案，检察机关派员出庭，并结合指导程某甲收集的证据发表支持起诉意见，某公司表示认可。检察机关积极配合人民法院开展诉讼调解工作，原、被告自愿达成调解协议并经法庭确认，某公司全额返还程某甲消费款项。同时，针对程某甲父母疏于对女儿心理状况关心，忽视对其网络行为监管等问题，检察机关要求程某甲父母切实履行监护责任，加强对程某甲关心关爱，引导和监督其安全、合理使用网络。

（二）制发检察建议

在支持起诉过程中，检察机关通过大数据摸排、实地走访行政主管部门、法院发现，相关部门受理了大量与涉案App有关的未成年人网络消费投诉和立案申请，本案具有一定普遍性。该App兼具网络游戏和社交功能，属于网络服务新业态，作为该领域知名企业之一的某公司，没有完全落实未成年人保护相关法律、行政法规规定的法律责任。针对该App用户超出本区管辖范围的情况，某区人民检察院及时报告，在上海市人民检察院指导下，于2021年5月向某公司制发检察建议，要求其全面落实未成年人网络保护主体责任，按照未成年人保护法有关要求优化产品功能、强化内容管理，完善未成年用户识别认证和保护措施。该公司成立专项整改小组，推出完善平台实名制认证规则、提高平台监管能力、增设未成年人申诉维权通道、升级风险防控措施、完善未成年人个人信息保护制度等六个方面的12项整改措施。

（三）开展行政公益诉讼

结合本案及多起与该App有关的涉未成年人网络服务案件，检察机关发现，相关行政主管部门对网络服务新业态的监管不到位，存在侵害不特定未成年网络消费者合法权益的隐患。2021年6月，某区人民检察院向区文化和旅游局执法大队制发行政公益诉讼检察建议，要求对某公司的整改情况进行跟踪评估，并加强本区互联网企业监管，督促网络服务提供者严格落实未成年人网络保护法律规定和网络保护措施。执法大队完全采纳检察建议，对该公司进行约谈，并以新修订的未成年人保护法正式施行为契机，组织相关网络服务提供者开展网络“护苗行动”。

（四）形成网络保护合力

检察机关立足法律监督职能，邀请市网络游戏行业协会、某区相关行政主管部门，对某公司落实检察建议内容、完善网络服务规则和设定相应技术标准、构建“网游+社交”新业态未成年人保护标准等方面进行跟踪评估。为进一步净化未成年人网络环境，上海市人民检察院组织全市检察机关开展“未成年人网络保护”专项监督，主动会商市网络和信息管理办公室，联合市网络游戏行业协会及某公司等30余家知名网络游戏企业发起《上海市网络游戏行业未成年人保护倡议》，明确技术标准、增设智能筛查和人工审核措施，严格落实未成年人网络防沉迷、消费保护措施，强化未成年人网络游戏真实身份认证，促进建立政府监管、行业自治、企业自律、法律监督的未成年人网络保护“四责协同”机制。检察机关还联合相关部门举办“未成年人网络文明主题宣传”“清朗e企来”等活动，通过座谈交流、在线直播、拍摄公益宣传片等方式，向全社会开展以案释法，促进提升未成年人网络保护意识。

【指导意义】

（一）依法履行支持起诉职能，保障未成年人民事权益

未成年人保护法明确规定，人民检察院可以通过督促、支持起诉的方式，维护未成年人合法权益。未成年人及其法定代理人因网络服务合同纠纷提出支持起诉申请的，检察机关应当坚持未成年人特殊、优先保护要求，对支持起诉必要性进行审查。对于网络服务提供者未落实未成年人网络保护责任，当事人申请符合法律规定，但存在诉讼能力较弱，采取其他方式不足以实现权利救济等情形的典型案件，检察机关可以依法支持起诉。检察机关可以通过法律释明引导、协助当事人收集证据，制发《支持起诉意见书》，还可以派员出席法庭，发表支持起诉意见，更有力维护未成年人合法权益。同时，检察机关可以结合案件办理开展以案释法宣传，为同类案件处理提供指引，提高当事人依法维权能力。

（二）以司法保护推动网络空间源头治理，增强未成年人网络保护合力

检察机关针对行政机关履行未成年人网络保护监管职责不到位的情况，可以加强磋商联动，以行政公益诉讼促进未成年人网络保护行政监管落地落实。发现有的互联网平台存在未成年人权益保护措施缺失、违法犯罪隐患等问题的，要依法审慎选择履职方式，充分运用检察建议督促企业依法

经营，主动落实未成年人网络保护主体责任。检察机关可以加强与相关行政主管部门、行业协会的联动，将个案办理与类案监督、社会治理相结合，推动未成年人网络保护多方协同、齐抓共管。

【相关规定】

《中华人民共和国民法典》(2021年施行)

第一百四十五条 限制民事行为能力人实施的纯获利益的民事法律行为或者与其年龄、智力、精神健康状况相适应的民事法律行为有效；实施的其他民事法律行为经法定代理人同意或者追认后有效。

相对人可以催告法定代理人自收到通知之日起三十日内予以追认。法定代理人未作表示的，视为拒绝追认。民事法律行为被追认前，善意相对人有撤销的权利。撤销应当以通知的方式作出。

第一百五十七条 民事法律行为无效、被撤销或者确定不发生效力后，行为人因该行为取得的财产，应当予以返还；不能返还或者没有必要返还的，应当折价补偿。有过错的一方应当赔偿对方由此所受到的损失；各方都有过错的，应当各自承担相应的责任。法律另有规定的，依照其规定。

《中华人民共和国民事诉讼法》(2023年修正)

第十五条 机关、社会团体、企业事业单位对损害国家、集体或者个人民事权益的行为，可以支持受损害的单位或者个人向人民法院起诉。

《中华人民共和国未成年人保护法》(2024年修正)

第六十六条 网信部门及其他有关部门应当加强对未成年人网络保护工作的监督检查，依法惩处利用网络从事危害未成年人身心健康的活动，为未成年人提供安全、健康的网络环境。

第七十四条 网络产品和服务提供者不得向未成年人提供诱导其沉迷的产品和服务。

网络游戏、网络直播、网络音视频、网络社交等网络服务提供者应当针对未成年人使用其服务设置相应的时间管理、权限管理、消费管理等功能。

以未成年人为服务对象的在线教育网络产品和服务，不得插入网络游戏链接，不得推送广告等与教学无关的信息。

第七十五条　网络游戏经依法审批后方可运营。

国家建立统一的未成年人网络游戏电子身份认证系统。网络游戏服务提供者应当要求未成年人以真实身份信息注册并登录网络游戏。

网络游戏服务提供者应当按照国家有关规定和标准，对游戏产品进行分类，作出适龄提示，并采取技术措施，不得让未成年人接触不适宜的游戏或者游戏功能。

网络游戏服务提供者不得在每日二十二时至次日八时向未成年人提供网络游戏服务。

第七十八条　网络产品和服务提供者应当建立便捷、合理、有效的投诉和举报渠道，公开投诉、举报方式等信息，及时受理并处理涉及未成年人的投诉、举报。

第一百零六条　未成年人合法权益受到侵犯，相关组织和个人未代为提起诉讼的，人民检察院可以督促、支持其提起诉讼；涉及公共利益的，人民检察院有权提起公益诉讼。

5. 隋某某利用网络猥亵儿童，强奸，敲诈勒索，制作、贩卖、传播淫秽物品牟利案*

（检例第200号）

【关键词】

未成年人网络保护　阻断传播　强奸　隔空猥亵　网络保护综合治理

*　案例选自最高人民检察院第五十批指导性案例。

【要旨】

对性侵害未成年人犯罪要依法从严惩处。行为人实施线上猥亵犯罪行为后，又以散布私密照片、视频相要挟，强迫未成年被害人与其发生性关系的，构成两个独立的犯罪行为，应分别认定为猥亵儿童罪和强奸罪。办案中发现未成年被害人私密照片、视频在互联网传播扩散的，检察机关应当及时协调有关部门删除信息、阻断传播。检察机关要发挥法律监督职能，积极推动各方协同发力，共同加强未成年人网络保护。

【基本案情】

被告人隋某某，男，2002 年 12 月 6 日出生，无业。

被害人刘某某，女，2009 年 2 月 27 日出生，学生。

2022 年 1 月，隋某某通过网络社交软件添加未成年被害人刘某某为好友，随后多次向刘某某发送淫秽视频，并威胁、诱导刘某某自拍裸照、裸体视频发送其观看。2022 年 2 月 8 日、15 日，隋某某以传播刘某某裸照、裸体视频相威胁，两次强迫刘某某与其发生性关系。隋某某还以传播照片、视频相威胁，先后三次向刘某某索要钱财，共计得款人民币 840 元。2022 年 3 月 5 日，隋某某将编辑后的刘某某视频以 5 元一件的价格出售给王某某等多人，其中 7 人为未成年学生，获利人民币 50 元。

【检察机关履职过程】

（一）审查逮捕

2022 年 3 月 11 日，班主任发现刘某某表现异常后报警。山东省某市公安局某区分局于当日将隋某某抓获。2022 年 4 月 11 日，公安机关以隋某某涉嫌强奸罪，敲诈勒索罪，制作、贩卖、传播淫秽物品牟利罪向山东省某市某区人民检察院提请批准逮捕。公安机关认为，利用网络实施猥亵是犯罪嫌疑人实现强奸犯罪的手段，应按强奸一罪处理。检察机关审查认为，本案系性侵害未成年人犯罪，情节恶劣，严重损害未成年人身心健康，应当依法从严惩处。根据本案证据，隋某某最初系以刺激、满足性欲为目的，要求被害人拍摄裸照、裸体视频发送供其观看。收到被害人照片、视频后，认为被害人易哄骗、好控制，继而又产生与被害人发生性关系的犯罪意图，后实施强奸行为。本案猥亵行为与强奸行为相隔 9 天，具有明显的时空间隔，猥亵行为和强奸行为给被害人造成两次不同性质和程度的伤害。隋某某的线上猥亵是独立的犯罪行为，因此不宜评价为强奸犯罪的手段，应当认定为猥亵儿童罪。检察机关在依法批准逮捕隋某某的同时，与公安机关及时沟通，明确补充侦查方向，督促进一步查清隋某某实施猥亵儿童犯罪的事实。

（二）审查起诉及处理结果

2022 年 6 月 17 日，公安机关以隋某某涉嫌猥亵儿童罪，强奸罪，敲诈勒索罪，制作、贩卖、传播淫秽物品牟利罪移送检察机关审查起诉。2022 年 7 月 15 日，检察机关向人民法院提起公诉。2022 年 8 月 11 日，人民法院作出判决，对隋某某以猥亵儿童罪判处有期徒刑一年六个月；以强奸罪判处有期徒刑八年六个月；以敲诈勒索罪判处有期徒刑六个月，并处罚金人民币二千元；以制作、贩卖、传播淫秽物品牟利罪判处有期徒刑九个月，并处罚金人民币一千元。数罪并罚，决定执行有期徒刑十年，并处罚金人民币三千元。

（三）被害人权益保护

隋某某将被害人私密视频通过朋友圈售卖，导致视频在被害人所在学校多名学生间传播。为尽可能将犯罪的伤害降到最低，检察机关督促公安机关第一时间查清相关视频传播路径并固定证据后，将视频进行技术性彻底删除。同时，协调职能部门及时追踪、处理与本案有关的不当泄露的信息，阻断被害人照片及视频传播。联合公安机关对购买相关视频的学生开展法治教育，对学生家长制发督促监护令，避免对被害人造成二次伤害。检察机关还联系专门机构指派专业心理咨询师，为被害人提供心理疏导，持续关注被害人状况，帮助其尽快走出心理阴影。

（四）促进综合治理

针对案件反映出的未成年人网络交友不当、防范网络侵害能力不足等问题，检察机关开展专题调研分析后，向涉案学校和教育行政主管部门制发检察建议，督促学校建立预防、处置网络侵害工作机制，落实侵害未成年人案件强制报告制度，采取科学、合理方式培养和提高未成年人网络素养，有效减少侵害发生。针对未成年人遭受网络侵害时不敢说不、不善求助等问题研发网络安全教育主题课程，组织开展“清朗网络进校园”活动，通过专题授课、短视频、网络安全知识问答等多种方式揭露犯罪分子常用伎俩，揭示网络交友中的风险和陷阱，讲授应对网络性侵的正确处理方式，引导学生理性交友，保护自我，及时求助，提升未成年人文明、安全用网的意识和能力。就未成年人网络保护问题，邀请人大代表、政协委员及未成年人保护相关职能部门进行座谈，推动相关职能部门加强涉未成年人网络侵害线索移送，现已报告并移送线索9件。

【指导意义】

（一）实施线上猥亵犯罪行为后，又利用线上猥亵获得的私密照片、视频要挟被害人，实施线下强奸犯罪行为的，应当认定构成猥亵儿童和强奸两个独立犯罪，实行数罪并罚

要依法从严惩处性侵害未成年人犯罪。行为人以满足性刺激为目的，利用网络胁迫、诱骗儿童拍摄裸体、敏感部位照片、视频等供其观看，其行为构成猥亵儿童罪。对儿童实施“隔空猥亵”后，行为人又以传播线上猥亵所获得私密照片、视频相要挟强迫被害人发生性关系的，线上猥亵行为与线下强奸行为在时空上相对独立，分别给被害人的人格尊严、身心健康造成不同程度的伤害，是两个独立的犯罪行为，应分别认定为猥亵儿童罪与强奸罪，数罪并罚。

（二）办理利用网络性侵害未成年人案件，检察机关应及时督促职能部门阻断私密信息传播，从线下到线上全方位保护未成年人免受次生伤害

互联网具有传播速度快、影响范围广的特点，涉案私密照片、视频的网络传播将进一步对未成年被害人身心造成严重伤害，不利于被害人创伤修复。检察机关在从严打击利用网络性侵害未成年人犯罪的同时，应注重审查被害人私密照片、视频是否被传播，发现在网络空间传播扩散的，应当及时督促职能部门快速、精准阻断传播，从线下到线上、从直接接触被

害人的群体到网络空间的传播路径，尽量避免被害人遭受次生伤害。

（三）针对未成年人网络保护的复杂性，检察机关应主动发挥法律监督职能，综合履职助推各方形成保护合力

针对未成年人网络风险认知不足、易受侵害的问题，精准开展法治教育，普及辨别、防范、应对网络侵害的知识；针对监护人监护不足的问题，开展家庭教育指导，提升网络安全监护意识和能力；针对职能部门履职不充分的问题，制发社会治理检察建议；召开部门联席会议，推动建立涉未成年人网络侵害线索移送机制，以检察综合履职积极助推家庭、学校、社会协同发力，为未成年人营造健康安全的网络环境，提升未成年人综合保护效果。

【相关规定】

《中华人民共和国刑法》

第二百三十六条　以暴力、胁迫或者其他手段强奸妇女的，处三年以上十年以下有期徒刑。

奸淫不满十四周岁的幼女的，以强奸论，从重处罚。

强奸妇女、奸淫幼女，有下列情形之一的，处十年以上有期徒刑、无期徒刑或者死刑：

（一）强奸妇女、奸淫幼女情节恶劣的；

（二）强奸妇女、奸淫幼女多人的；

（三）在公共场所当众强奸妇女、奸淫幼女的；

（四）二人以上轮奸的；

（五）奸淫不满十周岁的幼女或者造成幼女伤害的；

（六）致使被害人重伤、死亡或者造成其他严重后果的。

第二百三十六条之一　对已满十四周岁不满十六周岁的未成年女性负有监护、收养、看护、教育、医疗等特殊职责的人员，与该未成年女性发生性关系的，处三年以下有期徒刑；情节恶劣的，处三年以上十年以下有期徒刑。

有前款行为，同时又构成本法第二百三十六条规定之罪的，依照处罚较重的规定定罪处罚。

第二百三十七条 以暴力、胁迫或者其他方法强制猥亵他人或者侮辱妇女的，处五年以下有期徒刑或者拘役。

聚众或者在公共场所当众犯前款罪的，或者有其他恶劣情节的，处五年以上有期徒刑。

猥亵儿童的，处五年以下有期徒刑；有下列情形之一的，处五年以上有期徒刑：

（一）猥亵儿童多人或者多次的；

（二）聚众猥亵儿童的，或者在公共场所当众猥亵儿童，情节恶劣的；

（三）造成儿童伤害或者其他严重后果的；

（四）猥亵手段恶劣或者有其他恶劣情节的。

第二百七十四条 敲诈勒索公私财物，数额较大或者多次敲诈勒索的，处三年以下有期徒刑、拘役或者管制，并处或者单处罚金；数额巨大或者有其他严重情节的，处三年以上十年以下有期徒刑，并处罚金；数额特别巨大或者有其他特别严重情节的，处十年以上有期徒刑，并处罚金。

第三百六十三条 以牟利为目的，制作、复制、出版、贩卖、传播淫秽物品的，处三年以下有期徒刑、拘役或者管制，并处罚金；情节严重的，处三年以上十年以下有期徒刑，并处罚金；情节特别严重的，处十年以上有期徒刑或者无期徒刑，并处罚金或者没收财产。

为他人提供书号，出版淫秽书刊的，处三年以下有期徒刑、拘役或者管制，并处或者单处罚金；明知他人用于出版淫秽书刊而提供书号的，依照前款的规定处罚。

《最高人民法院、最高人民检察院关于办理利用互联网、移动通讯终端、声讯台制作、复制、出版、贩卖、传播淫秽电子信息刑事案件具体应用法律若干问题的解释》

第六条 实施本解释前五条规定的犯罪，具有下列情形之一的，依照刑法第三百六十三条第一款、第三百六十四条第一款的规定从重处罚：

（一）制作、复制、出版、贩卖、传播具体描绘不满十八周岁未成年人性行为的淫秽电子信息的；

（二）明知是具体描绘不满十八周岁的未成年人性行为的淫秽电子信息而在自己所有、管理或者使用的网站或者网页上提供直接链接的；

（三）向不满十八周岁的未成年人贩卖、传播淫秽电子信息和语音信息的；

（四）通过使用破坏性程序、恶意代码修改用户计算机设置等方法，强制用户访问、下载淫秽电子信息的。

《最高人民法院、最高人民检察院关于办理利用互联网、移动通讯终端、声讯台制作、复制、出版、贩卖、传播淫秽电子信息刑事案件具体应用法律若干问题的解释（二）》

第一条　以牟利为目的，利用互联网、移动通讯终端制作、复制、出版、贩卖、传播淫秽电子信息的，依照《最高人民法院、最高人民检察院关于办理利用互联网、移动通讯终端、声讯台制作、复制、出版、贩卖、传播淫秽电子信息刑事案件具体应用法律若干问题的解释》第一条、第二条的规定定罪处罚。

以牟利为目的，利用互联网、移动通讯终端制作、复制、出版、贩卖、传播内容含有不满十四周岁未成年人的淫秽电子信息，具有下列情形之一的，依照刑法第三百六十三条第一款的规定，以制作、复制、出版、贩卖、传播淫秽物品牟利罪定罪处罚：

（一）制作、复制、出版、贩卖、传播淫秽电影、表演、动画等视频文件十个以上的；

（二）制作、复制、出版、贩卖、传播淫秽音频文件五十个以上的；

（三）制作、复制、出版、贩卖、传播淫秽电子刊物、图片、文章等一百件以上的；

（四）制作、复制、出版、贩卖、传播的淫秽电子信息，实际被点击数达到五千次以上的；

（五）以会员制方式出版、贩卖、传播淫秽电子信息，注册会员达一百人以上的；

（六）利用淫秽电子信息收取广告费、会员注册费或者其他费用，违法所得五千元以上的；

（七）数量或者数额虽未达到第（一）项至第（六）项规定标准，但分别达到其中两项以上标准一半以上的；

（八）造成严重后果的。

实施第二款规定的行为，数量或者数额达到第二款第（一）项至第（七）项规定标准五倍以上的，应当认定为刑法第三百六十三条第一款规定的“情节严重”；达到规定标准二十五倍以上的，应当认定为“情节特别严重”。

6. 姚某某等人网络诈骗案*

（检例第 201 号）

【关键词】

未成年人网络保护　网络诈骗　分类处理　分级干预　多部门协作　数字化预防

【要旨】

办理涉及众多未成年人的网络诈骗案件，应注重罪错未成年人分级干预，实现分类处理，精准帮教。依托侦查监督与协作配合机制，建议公安机关在全面收集证据、查清事实基础上，充分考量未成年人的涉案情节，综合判定其主观违法性认识，依法分类处置。在审查起诉时，结合社会调查、心理测评、风险评估等情况，对涉罪未成年人进行分类处理并开展精准帮教。针对未成年人涉网违法犯罪防治难题，推动多部门搭建数字平台，

* 案例选自最高人民检察院第五十批指导性案例。

实现对未成年人涉网违法犯罪的精准预防。

【基本案情】

被告人姚某某，男，1984 年 10 月 5 日出生，初中文化，无业。

未成年被告人赵某某、张某某、邹某等 16 人。

被附条件不起诉人王某、成某、李某某等 12 人。

被不起诉未成年人许某某、王某某、任某某等 41 人。

2018 年 3 月至 2019 年 8 月，姚某某伙同他人组建诈骗团伙，在诈骗团伙中设置团长、师傅、助理、外宣四个层级，通过在网络平台虚构网络兼职、工资待遇等信息，骗取兼职人员缴纳会员费的方式实施诈骗，涉案人员 750 名，犯罪金额达 1300 余万元。在实施诈骗过程中，姚某某拉拢、招募、吸收大量未成年人参与违法犯罪，涉案未成年人达 560 人，其中 450 余人系在校学生。在诈骗团伙中，未成年人赵某某等 4 人担任师傅，承担小组管理职责，犯罪数额为 30 万至 350 万余元不等；王某等 30 人担任助理，协助师傅进行培训指导，犯罪数额为 1 万至 95 万余元不等；许某某、任某某等 35 人担任外宣，负责骗取新成员缴纳会费，犯罪数额为 3 千至 1 万余元不等。

检察机关经审查认定，姚某某为首要分子，应按照诈骗团伙所犯的全部罪行处罚，并且犯罪数额特别巨大。检察机关依法提起公诉后，姚某某被人民法院判处有期徒刑十三年九个月，并处罚金。

【检察机关履职过程】

（一）分类处理

2019 年 7 月，浙江省某市公安局某区分局对姚某某等人涉嫌诈骗罪立案侦查。按照侦查监督与协作配合机制，浙江省某市某区人民检察院介入案件后，认为涉案兼职犯罪模式对未成年人具有迷惑性、诱导性，案件处理的关键在于全面查清案情的基础上，着重从目的、动机等主观方面和参与次数、持续时间、涉及金额等客观方面，对涉案人员区分责任、区别处置。建议公安机关在查清涉案事实和综合判断主观违法性认识后，按照三种情形进行办理：一是对涉案金额未达到诈骗罪数额较大标准的，不认定为犯罪；二是对涉案金额达到或略高于诈骗罪数额较大标准，具有因谋求兼职需要、仅完成团伙规定任务、参与时间短、主动退出犯罪团伙、退赃退赔等情节的，认定为情节显著轻微、危害不大，不认为是犯罪，依法作出相应行政处罚；三是对涉案金额超出诈骗罪数额较大标准，具有主动参与、参与时间长、诈骗次数多等情节的，依法追究刑事责任。最终，公安机关对何某某等 491 名涉案未成年人的行为不作为犯罪处理，对赵某某等 69 名涉罪未成年人移送审查起诉。

（二）宽严相济

2019 年 11 月至 2022 年 1 月，公安机关陆续将 69 名涉罪未成年人以诈骗罪移送审查起诉。检察机关受理后，依托社会支持体系对涉罪未成年人及时开展补充社会调查，从个体、家庭、成长经历、帮教条件、社会交往等方面进行综合评估，并结合案件事实依法分类处理：对在共同犯罪中起主要作用、社会危害性大的，依法提起公诉；对在共同犯罪中起次要作用、认罪悔罪态度好、认知行为存在偏差需要矫正，符合附条件不起诉条件的，设置考察条件，作出附条件不起诉决定；对符合不起诉条件的，作出不起诉决定。某区检察院先后对赵某某等 16 人提起公诉，对王某等 12 人作出附条件不起诉决定，对许某某等 41 人作出不起诉决定。赵某某等 16 人均被判处有期徒刑刑罚。

（三）精准帮教

检察机关依托区少年司法一体化社会关护机制，联合公安、法院、司法等部门，为涉罪未成年人提供全流程精准帮教。在引导其认识罪错的同时，委托司法社工和心理咨询师、家庭教育指导师对严重行为偏差或存在心理问题的涉案未成年人开展心理危机干预、家庭教育指导、帮扶救助等工作。经过多方帮教，促使涉罪未成年人重回正轨，53 名被附条件不起诉和不起诉的涉罪未成年人中有 41 人顺利考取大专以上院校。

（四）预防治理

针对案件暴露的未成年人涉网违法犯罪高发、频发、面广，使用传统手段无法实现精准、及时预防等问题，区检察院联合公安、民政等多部门搭建数字化平台，预防网络违法犯罪。依托浙江省一体化数字资源系统（IRS），会商公安、民政、卫健、教育等职能部门，形成涵盖酒吧、网吧、旅馆等场所的数据库，通过内嵌于平台的算法和数据模型，发现异常人员和行为，及时向主管部门推送预警，实现未成年人涉网违法犯罪行为早发现、早介入、早阻断。

【指导意义】

（一）办理涉及众多未成年人网络犯罪案件，应在全面查清案件事实基础上，对案件依法分类处理

检察机关办理此类案件，应与公安机关统一执法司法理念，推动公安机关充分考虑网络犯罪手段特殊性和未成年人的身心特点、认知水平，全面审查涉案未成年人的动机、目的、参与次数、持续时间、涉及金额等情节，综合判断涉案未成年人主观违法性认识。对违法但不构成犯罪的，建议公安机关依法作出相应行政处罚。

（二）审查涉及众多未成年人网络犯罪案件时，应落实帮教精准化、处遇个别化

检察机关要立足未成年人保护和预防再犯的立场，在审查起诉时全面审查涉罪未成年人的犯罪事实、地位作用、悔罪表现、监护帮教条件等，结合社会调查、心理测评和风险评估，依法提起公诉或作出附条件不起诉、不起诉决定，落实分级干预。同时根据涉罪未成年人的成长经历、行为习惯、认知和需求、风险等级等因素，选配司法社工、心理咨询师、家庭教育指导师等专业人员，对涉罪未成年人实施个性化帮教矫治。

（三）打破数据壁垒，利用数字化手段推动涉未成年人网络违法犯罪源头治理

针对履职过程中发现未成年人涉网络违法人数多、犯罪防治难度大、犯罪手段隐秘等治理难题，检察机关要充分发挥数字技术对检察业务的支撑和推动作用。对实践中多发的涉及未成年人诸如校园网贷、网络赌博等情形开展风险评估和动态预警，在保障信息安全和维护个人隐私的

基础上，及时向职能部门推送保护、救助的预警信息，进而形成部门协作、数据融通、智能分析、精准预警、高效处理的未成年人数字保护新格局。

【相关规定】

《中华人民共和国刑法》

第二百六十六条 诈骗公私财物，数额较大的，处三年以下有期徒刑、拘役或者管制，并处或者单处罚金；数额巨大或者有其他严重情节的，处三年以上十年以下有期徒刑，并处罚金；数额特别巨大或者有其他特别严重情节的，处十年以上有期徒刑或者无期徒刑，并处罚金或者没收财产。本法另有规定的，依照规定。

《中华人民共和国刑事诉讼法》

第一百七十七条 犯罪嫌疑人没有犯罪事实，或者有本法第十六条规定的情形之一的，人民检察院应当作出不起诉决定。

对于犯罪情节轻微，依照刑法规定不需要判处刑罚或者免除刑罚的，人民检察院可以作出不起诉决定。

人民检察院决定不起诉的案件，应当同时对侦查中查封、扣押、冻结的财物解除查封、扣押、冻结。对被不起诉人需要给予行政处罚、处分或者需要没收其违法所得的，人民检察院应当提出检察意见，移送有关主管机关处理。有关主管机关应当将处理结果及时通知人民检察院。

第二百七十七条 对犯罪的未成年人实行教育、感化、挽救的方针，坚持教育为主、惩罚为辅的原则。

人民法院、人民检察院和公安机关办理未成年人刑事案件，应当保障未成年人行使其诉讼权利，保障未成年人得到法律帮助，并由熟悉未成年人身心特点的审判人员、检察人员、侦查人员承办。

第二百七十九条 公安机关、人民检察院、人民法院办理未成年人刑事案件，根据情况可以对未成年犯罪嫌疑人、被告人的成长经历、犯罪原因、监护教育等情况进行调查。

第二百八十二条　对于未成年人涉嫌刑法分则第四章、第五章、第六章规定的犯罪，可能判处一年有期徒刑以下刑罚，符合起诉条件，但有悔罪表现的，人民检察院可以作出附条件不起诉的决定。人民检察院在作出附条件不起诉的决定以前，应当听取公安机关、被害人的意见。

对附条件不起诉的决定，公安机关要求复议、提请复核或者被害人申诉的，适用本法第一百七十九条、第一百八十条的规定。

未成年犯罪嫌疑人及其法定代理人对人民检察院决定附条件不起诉有异议的，人民检察院应当作出起诉的决定。

《中华人民共和国未成年人保护法》

第一百条　公安机关、人民检察院、人民法院和司法行政部门应当依法履行职责，保障未成年人合法权益。

《中华人民共和国预防未成年人犯罪法》

第二条　预防未成年人犯罪，立足于教育和保护未成年人相结合，坚持预防为主、提前干预，对未成年人的不良行为和严重不良行为及时进行分级预防、干预和矫治。

第二十八条　本法所称不良行为，是指未成年人实施的不利于其健康成长的下列行为：

（一）吸烟、饮酒；

（二）多次旷课、逃学；

（三）无故夜不归宿、离家出走；

（四）沉迷网络；

（五）与社会上具有不良习性的人交往，组织或者参加实施不良行为的团伙；

（六）进入法律法规规定未成年人不宜进入的场所；

（七）参与赌博、变相赌博，或者参加封建迷信、邪教等活动；

（八）阅览、观看或者收听宣扬淫秽、色情、暴力、恐怖、极端等内容的读物、音像制品或者网络信息等；

（九）其他不利于未成年人身心健康成长的不良行为。

第三十八条 本法所称严重不良行为，是指未成年人实施的有刑法规定、因不满法定刑事责任年龄不予刑事处罚的行为，以及严重危害社会的下列行为：

（一）结伙斗殴，追逐、拦截他人，强拿硬要或者任意损毁、占用公私财物等寻衅滋事行为；

（二）非法携带枪支、弹药或者弩、匕首等国家规定的管制器具；

（三）殴打、辱骂、恐吓，或者故意伤害他人身体；

（四）盗窃、哄抢、抢夺或者故意损毁公私财物；

（五）传播淫秽的读物、音像制品或者信息等；

（六）卖淫、嫖娼，或者进行淫秽表演；

（七）吸食、注射毒品，或者向他人提供毒品；

（八）参与赌博赌资较大；

（九）其他严重危害社会的行为。

《未成年人网络保护条例》

第三条 国家网信部门负责统筹协调未成年人网络保护工作，并依据职责做好未成年人网络保护工作。

国家新闻出版、电影部门和国务院教育、电信、公安、民政、文化和旅游、卫生健康、市场监督管理、广播电视等有关部门依据各自职责做好未成年人网络保护工作。

县级以上地方人民政府及其有关部门依据各自职责做好未成年人网络保护工作。

第二十二条 任何组织和个人不得制作、复制、发布、传播含有宣扬淫秽、色情、暴力、邪教、迷信、赌博、引诱自残自杀、恐怖主义、分裂主义、极端主义等危害未成年人身心健康内容的网络信息。

任何组织和个人不得制作、复制、发布、传播或者持有有关未成年人的淫秽色情网络信息。

第二十七条 任何组织和个人不得通过网络以文字、图片、音视频等形式，组织、教唆、胁迫、引诱、欺骗、帮助未成年人实施违法犯罪行为。

第三十条　国家网信、新闻出版、电影部门和国务院教育、电信、公安、文化和旅游、广播电视等部门发现违反本条例第二十二条、第二十四条、第二十五条、第二十六条第一款、第二十七条规定的信息的，或者发现本条例第二十三条第一款规定的信息未予显著提示的，应当要求网络产品和服务提供者按照本条例第二十九条的规定予以处理；对来源于境外的上述信息，应当依法通知有关机构采取技术措施和其他必要措施阻断传播。

7. 康某某利用网络侵犯公民个人信息案*

（检例第202号）

【关键词】

未成年人网络保护　异常电话卡　大数据监督模型　未成年人入网规范

【要旨】

检察机关办理涉未成年人电信网络犯罪案件，发现未成年人异常办卡情况，可以积极运用数字检察监督手段，通过构建大数据模型，推动未成年人涉电信网络犯罪早期预防。针对类案反映出的未成年人一人办多卡等问题，可以运用联席磋商、检察建议等方式，联动相关部门完善长效机制，规范未成年人入网用网，保障未成年人用网环境健康安全。

【基本案情】

被告人康某某，男，2003年9月26日出生，初中文化，系某网络科技公司法定代表人。

* 案例选自最高人民检察院第五十批指导性案例。

2022年12月至2023年2月，康某某以网络科技公司兼职为名招聘刘某某等人（另案处理）帮助其收购电话卡。刘某某系某学院学生，通过微信朋友圈发布兼职招聘信息，招募到40多名在校学生，其中未成年人21人。在康某某安排下，刘某某等人到指定网点办理电话卡577张，人均办卡14张。康某某将电话卡出售给上游犯罪行为人，用于注册各类社交App账号，提供有偿引流、点赞服务。部分电话卡在康某某不知情的情况下，被上游犯罪行为人用于实施电信网络诈骗犯罪。

【检察机关履职过程】

（一）刑事案件办理

2023年2月10日，内蒙古自治区某市公安局某区分局以侵犯公民个人信息罪对康某某立案侦查。2023年8月3日，内蒙古自治区某市某区人民检察院对康某某提起公诉。康某某被人民法院以侵犯公民个人信息罪判处刑罚。

（二）构建大数据法律监督模型

某区检察机关办理康某某案件期间，梳理近年来本地发生的类似电信网络犯罪案件，发现出租、出借、出售电话卡是未成年人牵涉电信网络犯罪的主要方式。针对在校学生异常办卡情况，检察机关研究构建“在校学生异常电话卡法律监督模型”，开展在校学生涉电信网络犯罪案件法律监督专项行动。在市大数据中心统筹下，依托在校学生常规数据信息、未成年人办理电话卡数据信息及涉未成年人电信网络犯罪发案数据信息，发现十余名未成年人被裹挟或者被诱骗参与犯罪。

（三）监督模型线索的移送处理

检察机关对依托大数据法律监督模型发现的有关线索进行审查后，依法移送公安机关。根据上述线索，公安机关破获十余起电信网络犯罪案件、缴获多套“无线语音网关”犯罪工具。对于参与电信网络犯罪活动且达到刑事责任年龄的3名未成年人，检察机关根据其犯罪情节、认罪悔罪情况依法处理。对于未达刑事责任年龄、被诱骗办卡卖卡的14名未成年人，检察机关会同公安机关对其开展规范用卡法治教育，并督促职能部门落实监管责任，及时注销异常电话卡。

（四）促进社会治理

针对办案中发现在校学生涉嫌电信网络犯罪的实际情况和突出问题，检察机关形成专题报告报送地方党委、政府，并与区工信和科技局、教育体育局等相关部门联动，建立信息交换机制，加强对批量开卡以及短期内反复开卡、注销、补卡等高风险情形的有效管理；推动区工信和科技局出台《电话卡办理程序规范指引》，明确低龄未成年人需在监护人在场并同意的情况下申请入网。对未成年人加强问询、反诈告知，加大异常卡复核力度。督促区教育体育局向师生发放“出租出借出卖电话卡风险提示函”，将法治教育列入学校就业指导规划。

（五）家庭教育指导

针对涉案未成年人普遍存在的家庭教育缺位或不当问题，检察机关向其监护人发出督促监护令，并邀请专业人员开展家庭教育指导，加强对未成年人入网行为的引导和监督。同时，检察机关联合妇联、团委等多部门成立“家庭教育指导站”和“观护未成年人工作室”，结合办案中发现的家庭监护问题，引入社会力量深度参与家庭教育指导。

【指导意义】

（一）利用数字检察手段，对办理的未成年人涉电信网络犯罪案件进行延伸审查，通过法律监督切实保护未成年人权益

电信网络犯罪非接触性、涉众性、传播广域性导致其存在隐蔽化、查证难等问题，检察机关可以通过建构相关大数据法律监督模型，将办理案件中涉及的有关数据资源进行碰撞比对，把未成年人异常电话卡办理情况等信息与电信网络犯罪发案数据进行串联，准确锁定潜在高风险和已经涉罪未成年人，并从中分析研判未成年人涉电信网络犯罪的关系网，审查发现相关犯罪线索的，依法移送公安机关立案查处。

（二）会同有关部门跟进处置，实现对未成年人涉电信网络犯罪早期预防

未成年人心智尚未成熟、从众心理强，易受到欺骗引诱，及早发现、有效拦截、阻断未成年人违法犯罪尤为重要。检察机关应当充分发挥大数据筛查的优势，精准发现未成年人办理电话卡的异常情况，及时敦促工信等职能部门，跟进处置注销异常电话卡，真正达到犯罪预防和保护未成年人的目的。

（三）推动完善未成年人入网规范，加强未成年人网络保护

未成年人涉嫌电信网络犯罪行为，往往以办理多张电话卡为发端，暴露出未成年人办理电话卡存在的机制问题和监管漏洞。检察机关可以联合相关部门完善未成年人入网规范机制，推动跨部门数据互联互通，督促行业主管部门重视异常账户的跟踪与监管，及早发现未成年人异常办卡情况，保障未成年人用网环境健康安全。

【相关规定】

《中华人民共和国刑法》

第二百五十三条之一 违反国家有关规定，向他人出售或者提供公民个人信息，情节严重的，处三年以下有期徒刑或者拘役，并处或者单处罚金；情节特别严重的，处三年以上七年以下有期徒刑，并处罚金。

违反国家有关规定，将在履行职责或者提供服务过程中获得的公民个人信息，出售或者提供给他人的，依照前款的规定从重处罚。

窃取或者以其他方法非法获取公民个人信息的，依照第一款的规定处罚。

单位犯前三款罪的，对单位判处罚金，并对其直接负责的主管人员和其他直接责任人员，依照各该款的规定处罚。

《中华人民共和国未成年人保护法》

第六十四条 国家、社会、学校和家庭应当加强未成年人网络素养宣传教育，培养和提高未成年人的网络素养，增强未成年人科学、文

明、安全、合理使用网络的意识和能力，保障未成年人在网络空间的合法权益。

第六十六条　网信部门及其他有关部门应当加强对未成年人网络保护工作的监督检查，依法惩处利用网络从事危害未成年人身心健康的活动，为未成年人提供安全、健康的网络环境。

第七十一条　未成年人的父母或者其他监护人应当提高网络素养，规范自身使用网络的行为，加强对未成年人使用网络行为的引导和监督。

未成年人的父母或者其他监护人应当通过在智能终端产品上安装未成年人网络保护软件、选择适合未成年人的服务模式和管理功能等方式，避免未成年人接触危害或者可能影响其身心健康的网络信息，合理安排未成年人使用网络的时间，有效预防未成年人沉迷网络。

第一百零五条　人民检察院通过行使检察权，对涉及未成年人的诉讼活动等依法进行监督。

《中华人民共和国预防未成年人犯罪法》

第三十条　公安机关、居民委员会、村民委员会发现本辖区内未成年人有不良行为的，应当及时制止，并督促其父母或者其他监护人依法履行监护职责。

第三十一条　学校对有不良行为的未成年学生，应当加强管理教育，不得歧视；对拒不改正或者情节严重的，学校可以根据情况予以处分或者采取以下管理教育措施：

（一）予以训导；

（二）要求遵守特定的行为规范；

（三）要求参加特定的专题教育；

（四）要求参加校内服务活动；

（五）要求接受社会工作者或者其他专业人员的心理辅导和行为干预；

（六）其他适当的管理教育措施。

第六十一条　公安机关、人民检察院、人民法院在办理案件过程中发现实施严重不良行为的未成年人的父母或者其他监护人不依法履行监护职责的，应当予以训诫，并可以责令其接受家庭教育指导。

《中华人民共和国反电信网络诈骗法》

第十条 办理电话卡不得超出国家有关规定限制的数量。

对经识别存在异常办卡情形的，电信业务经营者有权加强核查或者拒绝办卡。具体识别办法由国务院电信主管部门制定。

国务院电信主管部门组织建立电话用户开卡数量核验机制和风险信息共享机制，并为用户查询名下电话卡信息提供便捷渠道。

第十一条 电信业务经营者对监测识别的涉诈异常电话卡用户应当重新进行实名核验，根据风险等级采取有区别的、相应的核验措施。对未按规定核验或者核验未通过的，电信业务经营者可以限制、暂停有关电话卡功能。

第二十八条 金融、电信、网信部门依照职责对银行业金融机构、非银行支付机构、电信业务经营者、互联网服务提供者落实本法规定情况进行监督检查。有关监督检查活动应当依法规范开展。

第三十一条 任何单位和个人不得非法买卖、出租、出借电话卡、物联网卡、电信线路、短信端口、银行账户、支付账户、互联网账号等，不得提供实名核验帮助；不得假冒他人身份或者虚构代理关系开立上述卡、账户、账号等。

对经设区的市级以上公安机关认定的实施前款行为的单位、个人和相关组织者，以及因从事电信网络诈骗活动或者关联犯罪受过刑事处罚的人员，可以按照国家有关规定记入信用记录，采取限制其有关卡、账户、账号等功能和停止非柜面业务、暂停新业务、限制入网等措施。对上述认定和措施有异议的，可以提出申诉，有关部门应当建立健全申诉渠道、信用修复和救济制度。具体办法由国务院公安部门会同有关主管部门规定。

第三十八条 组织、策划、实施、参与电信网络诈骗活动或者为电信网络诈骗活动提供帮助，构成犯罪的，依法追究刑事责任。

前款行为尚不构成犯罪的，由公安机关处十日以上十五日以下拘留；

没收违法所得，处违法所得一倍以上十倍以下罚款，没有违法所得或者违法所得不足一万元的，处十万元以下罚款。

8. 李某某帮助信息网络犯罪活动案*

（检例第 203 号）

【关键词】

未成年人网络保护　银行卡　主观明知　附条件不起诉　检察建议

【要旨】

办理未成年人涉嫌使用本人银行卡帮助信息网络犯罪活动罪案件，应当结合涉案未成年人身心特点，重点审查是否明知他人利用信息网络实施上游犯罪并提供帮助。对于主观恶性不大、社会危害较小且自愿认罪认罚的未成年人，坚持以教育、挽救为主，符合附条件不起诉的，依法适用附条件不起诉。对于未成年人银行账户管理存在漏洞，有异常交易风险的，检察机关通过向金融监管机关、商业银行制发检察建议，强化账户源头管理，推动源头治理。

【基本案情】

被附条件不起诉人李某某，男，2003 年 9 月 5 日出生，在校学生。

2019 年，李某某在某职业中学就读期间，为方便支取生活费，在当地商业银行开设账户，办理了一张单日转账额度最高可为 50 万元人民币的借记卡。2021 年 5 月，李某某的同学卢某某、彭某某（均已满 18 周岁，另案处理）向其提出“需要将网络赌博平台上汇集的充值资金，使用绑定的银行卡转账，如果愿意提供本人银行卡用于转账，就可以分钱”，并给其看

* 案例选自最高人民检察院第五十批指导性案例。

了该赌博平台应用程序的截图。李某某为了能“轻松挣钱”遂表示同意。5月7日至18日，在彭某某的指使下，李某某使用本人借记卡代为转账，并采取变更转账地点的方式规避调查。上述期间内，该借记卡单向流水金额合计人民币420余万元，李某某在分得人民币3000元后，因“感觉容易出事”遂未再参与。

案发后，李某某投案自首。2022年8月，四川省某县人民检察院以帮助信息网络犯罪活动罪决定对李某某附条件不起诉并开展监督考察。2023年2月，考验期满后决定对李某某不起诉。

【检察机关履职过程】

（一）全面审查证据

某县公安局对李某某以涉嫌帮助信息网络犯罪活动罪移送起诉，某县检察院经审查认为，李某某系未成年犯罪嫌疑人，到案后虽作有罪供述，但案件缺乏证明其具备认知能力的证据。同时，侦查机关未查明涉案资金是否属于“犯罪所得及其收益”且李某某是否明知，检察机关遂退回补充侦查。侦查机关补充侦查重新移送后，检察机关经审查，认为侦查机关仅查明部分而非全链条利用网络开设赌场犯罪事实，故李某某代为转账的资金尚不能认定为“犯罪所得及其收益”。通过社会调查发现，李某某智力发育水平正常，接受教育经历连贯，作案时已开始毕业前的离校实习，说明其具有适应工作和社会生活的能力。本案中的转账行为呈现出短时间、高频率、大金额的异常特征，与日常生活开支场景毫无混同的可能。因此，可以认定李某某具备相当的认知能力，主观上明知他人利用信息网络实施犯罪。

（二）依法适用附条件不起诉

李某某主观上明知他人利用信息网络实施犯罪，客观上实施了使用本人银行卡代为转账420余万元的帮助支付结算行为。但李某某提供本人银行卡的行为与“批量出租他人银行卡”相比，情节较轻，社会危害较小；系受引诱参与犯罪，参与时间较短，犯罪后自首且自愿认罪认罚，具有悔罪表现，主观恶性不大；系初犯、偶犯，社会调查表明其具有较大的教育矫治空间。为落实“教育、感化、挽救”方针，在听取公安机关意见后，检察机关依法对李某某适用附条件不起诉。

（三）帮教考察

社会调查发现，李某某追求享乐，法律意识淡薄，父母教育方式不当、家庭教育支持不足，存在重蹈违法犯罪的风险。为此，检察机关联合妇联、司法社工组织等社会力量，制定个性化方案，加强综合教育帮教。针对其存在消费观念问题，通过定制法治教育志愿服务公益项目，帮助其认识到贪图享受的长远危害；针对其法律意识淡薄问题，通过开展线上线下预防网络犯罪教育，促使其主动学习法律知识；针对家庭教育缺失问题，发出督促监护令，加强家庭教育指导。通过帮教，李某某的理性消费观念逐步树立，法律意识逐渐提升，思想认识和行为习惯回归正轨。目前，李某某已经考上大学。

（四）制发检察建议

检察机关办案发现，李某某的银行账户管理存在漏洞。经与人民银行所属支行会商研判，通过走访银行网点、开展座谈交流，促使商业银行查找出未落实未成年人独立开户标准、授权单日转账限额过高、异常交易风险预警不足等问题。检察机关有针对性地向人民银行某县支行制发检察建议后，该县人民银行对7家商业银行的46个网点，涉及120余个未成年人的账户全部进行了清理，对发现的问题立即进行整改。目前，该县未再发生利用未成年人银行卡实施网络犯罪的案件。省、市检察机关与人民银行等机构会商，推进涉未成年人银行账户分级分类管理等要求在全省范围内得到完善和落实，巩固打击和治理成效。

【指导意义】

（一）检察机关办理未成年人帮助他人利用网络实施犯罪的案件，要坚持主客观相一致原则，重点审查行为人主观方面对上游犯罪是否明知，并提供了客观帮助行为

要综合全案证据和社会调查情况，认为涉罪未成年人知道或者应当知

道上游系犯罪活动，自己行为具有帮助作用，可能共同造成危害结果的，应当认定其主观明知。未成年人客观上实施“供卡”等帮助支付结算的行为，符合帮助信息网络犯罪客观要件规定的，应按照主客观相一致原则，认定构成帮助信息网络犯罪活动罪。但如果经全案证据审查，认定未成年犯罪嫌疑人对上游是否系犯罪活动，以及犯罪的危害程度缺乏明确认识，即使在客观上对信息网络犯罪活动起到了帮助作用，因此获利，也不能认定为构成该罪。

（二）对未成年人使用本人银行卡实施的帮助他人利用网络犯罪行为，应当落实宽严相济刑事政策，加强教育、挽救，依法准确适用不起诉、附条件不起诉

对于积极主动参与犯罪、犯罪情节严重的，应依法提起公诉。对被利诱参与犯罪、参与时间较短、违法所得、涉案数额较少，情节显著轻微危害不大的涉案未成年人，检察机关可以根据刑法第十三条的规定，对其不认定为犯罪。对于犯罪情节轻微，依照刑法规定不需要判处刑罚或者免除刑罚的，检察机关应当做出不起诉决定。对于犯罪情节较轻，符合附条件不起诉条件的，检察机关可以依法适用附条件不起诉，同时针对性开展考察、矫治。

（三）检察机关应当注重运用检察建议，推动源头治理

办理未成年人帮助信息网络犯罪活动案件，发现银行账户监督、管理、使用存在漏洞的，应当依法开展调查核实，以检察建议的方式督促金融监管机构、商业银行完善制度机制，推动形成办卡审核和风险评估相结合、分类管理和异常预警相结合的未成年人银行卡管理保护模式，努力实现对未成年人参与电信网络犯罪的源头治理。

【相关规定】

《中华人民共和国刑法》

第十三条 一切危害国家主权、领土完整和安全，分裂国家、颠覆人民民主专政的政权和推翻社会主义制度，破坏社会秩序和经济秩序，

侵犯国有财产或者劳动群众集体所有的财产，侵犯公民私人所有的财产，侵犯公民的人身权利、民主权利和其他权利，以及其他危害社会的行为，依照法律应当受刑罚处罚的，都是犯罪，但是情节显著轻微危害不大的，不认为是犯罪。

第二百八十七条之二 明知他人利用信息网络实施犯罪，为其犯罪提供互联网接入、服务器托管、网络存储、通讯传输等技术支持，或者提供广告推广、支付结算等帮助，情节严重的，处三年以下有期徒刑或者拘役，并处或者单处罚金。

单位犯前款罪的，对单位判处罚金，并对其直接负责的主管人员和其他直接责任人员，依照第一款的规定处罚。

有前两款行为，同时构成其他犯罪的，依照处罚较重的规定定罪处罚。

《中华人民共和国刑事诉讼法》

第二百七十七条 对犯罪的未成年人实行教育、感化、挽救的方针，坚持教育为主、惩罚为辅的原则。

人民法院、人民检察院和公安机关办理未成年人刑事案件，应当保障未成年人行使其诉讼权利，保障未成年人得到法律帮助，并由熟悉未成年人身心特点的审判人员、检察人员、侦查人员承办。

第二百七十九条 公安机关、人民检察院、人民法院办理未成年人刑事案件，根据情况可以对未成年犯罪嫌疑人、被告人的成长经历、犯罪原因、监护教育等情况进行调查。

第二百八十二条 对于未成年人涉嫌刑法分则第四章、第五章、第六章规定的犯罪，可能判处一年有期徒刑以下刑罚，符合起诉条件，但有悔罪表现的，人民检察院可以作出附条件不起诉的决定。人民检察院在作出附条件不起诉的决定以前，应当听取公安机关、被害人的意见。

对附条件不起诉的决定，公安机关要求复议、提请复核或者被害人申诉的，适用本法第一百七十九条、第一百八十条的规定。

未成年犯罪嫌疑人及其法定代理人对人民检察院决定附条件不起诉有异议的，人民检察院应当作出起诉的决定。

第二百八十三条 在附条件不起诉的考验期内，由人民检察院对被附条件不起诉的未成年犯罪嫌疑人进行监督考察。未成年犯罪嫌疑人的监护人，应当对未成年犯罪嫌疑人加强管教，配合人民检察院做好监督考察工作。

附条件不起诉的考验期为六个月以上一年以下，从人民检察院作出附条件不起诉的决定之日起计算。

被附条件不起诉的未成年犯罪嫌疑人，应当遵守下列规定：

（一）遵守法律法规，服从监督；

（二）按照考察机关的规定报告自己的活动情况；

（三）离开所居住的市、县或者迁居，应当报经考察机关批准；

（四）按照考察机关的要求接受矫治和教育。

第二百八十四条 被附条件不起诉的未成年犯罪嫌疑人，在考验期内有下列情形之一的，人民检察院应当撤销附条件不起诉的决定，提起公诉：

（一）实施新的犯罪或者发现决定附条件不起诉以前还有其他犯罪需要追诉的；

（二）违反治安管理规定或者考察机关有关附条件不起诉的监督管理规定，情节严重的。

被附条件不起诉的未成年犯罪嫌疑人，在考验期内没有上述情形，考验期满的，人民检察院应当作出不起诉的决定。

《中华人民共和国未成年人保护法》

第一百一十三条 对违法犯罪的未成年人，实行教育、感化、挽救的方针，坚持教育为主、惩罚为辅的原则。

对违法犯罪的未成年人依法处罚后，在升学、就业等方面不得歧视。

第一百一十五条 公安机关、人民检察院、人民法院和司法行政部门应当结合实际，根据涉及未成年人案件的特点，开展未成年人法治宣传教育工作。

《中华人民共和国预防未成年人犯罪法》

第五十条 公安机关、人民检察院、人民法院办理未成年人刑事案件，应当根据未成年人的生理、心理特点和犯罪的情况，有针对性地进行法治教育。

对涉及刑事案件的未成年人进行教育，其法定代理人以外的成年亲属或者教师、辅导员等参与有利于感化、挽救未成年人的，公安机关、人民检察院、人民法院应当邀请其参加有关活动。

第五十一条　公安机关、人民检察院、人民法院办理未成年人刑事案件，可以自行或者委托有关社会组织、机构对未成年犯罪嫌疑人或者被告人的成长经历、犯罪原因、监护、教育等情况进行社会调查；根据实际需要并经未成年犯罪嫌疑人、被告人及其法定代理人同意，可以对未成年犯罪嫌疑人、被告人进行心理测评。

社会调查和心理测评的报告可以作为办理案件和教育未成年人的参考。

《最高人民法院、最高人民检察院关于办理非法利用信息网络、帮助信息网络犯罪活动等刑事案件适用法律若干问题的解释》

第十二条　明知他人利用信息网络实施犯罪，为其犯罪提供帮助，具有下列情形之一的，应当认定为刑法第二百八十七条之二第一款规定的“情节严重”：

（一）为三个以上对象提供帮助的；

（二）支付结算金额二十万元以上的；

（三）以投放广告等方式提供资金五万元以上的；

（四）违法所得一万元以上的；

（五）二年内曾因非法利用信息网络、帮助信息网络犯罪活动、危害计算机信息系统安全受过行政处罚，又帮助信息网络犯罪活动的；

（六）被帮助对象实施的犯罪造成严重后果的；

（七）其他情节严重的情形。

实施前款规定的行为，确因客观条件限制无法查证被帮助对象是否达到犯罪的程度，但相关数额总计达到前款第二项至第四项规定标准五倍以上，或者造成特别严重后果的，应当以帮助信息网络犯罪活动罪追究行为人的刑事责任。

《人民检察院检察建议工作规定》

第十一条 人民检察院在办理案件中发现社会治理工作存在下列情形之一的，可以向有关单位和部门提出改进工作、完善治理的检察建议：

（一）涉案单位在预防违法犯罪方面制度不健全、不落实，管理不完善，存在违法犯罪隐患，需要及时消除的；

（二）一定时期某类违法犯罪案件多发、频发，或者已发生的案件暴露出明显的管理监督漏洞，需要督促行业主管部门加强和改进管理监督工作的；

（三）涉及一定群体的民间纠纷问题突出，可能导致发生群体性事件或者恶性案件，需要督促相关部门完善风险预警防范措施，加强调解疏导工作的；

（四）相关单位或者部门不依法及时履行职责，致使个人或者组织合法权益受到损害或者存在损害危险，需要及时整改消除的；

（五）需要给予有关涉案人员、责任人员或者组织行政处罚、政务处分、行业惩戒，或者需要追究有关责任人员的司法责任的；

（六）其他需要提出检察建议的情形。

9. 禁止向未成年人租售网络游戏账号检察监督案*

（检例第 204 号）

【关键词】

未成年人网络保护　网络游戏账号租售　刑事检察与行政公益诉讼衔接　不良行为干预　综合治理

* 案例选自最高人民检察院第五十批指导性案例。

【要旨】

检察机关办理涉未成年人网络犯罪案件，应当注重审查刑事案件背后是否存在未成年人网络保护职责未落实的监督线索。检察机关发现互联网平台上存在向未成年人租售网络游戏账号的，可以依法督促行政监管部门履职，全面维护未成年人网络权益。发现未成年人因沉迷网络而遭受侵害的，应当同步落实被害修复与不良行为干预措施。检察机关应当促进法律监督与行政监管的配合协作，助推行政监管部门提升未成年人网络保护执法规范化水平。

【基本案情】

被告人孙某，男，2000 年 7 月 19 日生，汉族，中专文化，原系某房地产公司销售人员。

2021 年 1 月，被告人孙某以诈骗为目的，在某互联网平台发布出售网络游戏账号的虚假信息，骗取未成年被害人华某某信任后，向其提供虚假的游戏账号密码，并编造钱款被冻结、需支付保证金、过户费等理由，共骗取华某某人民币 15347 元。

孙某用以出售网络游戏账号的互联网平台是上海某公司开发运营的电子商务应用类平台。该平台上有数十家经营者不经身份核实，向包括未成年人在内的用户提供多款热门网络游戏账号的租售服务，部分经营者的累计订单数已达十万余件。

【检察机关履职过程】

（一）刑事案件办理

2021 年 4 月 2 日，孙某自首。2021 年 11 月 8 日，上海市公安局某区分局以孙某涉嫌诈骗罪向某区检察院移送审查起诉。检察机关在办案过程中，责令孙某向被害人退赔诈骗钱款，弥补财产损失，并向被害人赔礼道歉。2021 年 12 月 6 日，检察机关以孙某犯诈骗罪向人民法院提起公诉。2021 年 12 月 16 日，人民法院以孙某犯诈骗罪判处其有期徒刑七个月，缓刑一年，并处罚金人民币二千元。

（二）行政公益诉讼案件办理

检察机关经调查发现，本案中孙某用以出售网络游戏账号的互联网平台上还有数十家经营者在商品详情中使用“未防沉迷”“直接上号”等表述，不经核验身份，向包括未成年人在内的用户提供多款热门网络游戏账号的租售服务。

检察机关认为，该互联网平台上的经营者为未成年人规避网络游戏监管提供便利条件，违反《中华人民共和国未成年人保护法》有关向未成年人提供游戏服务的时间管理限制性规定。该互联网平台未根据《中华人民共和国电子商务法》对相关经营者违规行为予以及时处置、报告，增加了不特定未成年人沉迷网络游戏的潜在风险，损害了社会公共利益。根据未成年人网络保护法律法规，上海市某区网络安全和信息化委员会办公室（以下简称“网信办”）对未成年人网络保护落实情况有监督管理职责，应当依法查处违规经营者和平台。

2021 年 9 月 14 日，检察机关向区网信办发出行政公益诉讼检察建议，督促依法查处违法向未成年人提供网络游戏账号租售服务的经营者，并对互联网平台上租售网络游戏账号的情况进行全面检查和监督，压实平台责任。区网信办积极落实检察建议，督促该互联网平台对违法租售账号的经营者进行处理、增设实名购买功能，对平台落实未成年人网络保护规定的情况进行常态化检查督导。该互联网平台共清理违规游戏租号类商品 469 件，关闭相关店铺 26 家，对“某某租号”等关键词予以屏蔽；对游戏账号租售商品设置购买实名认证和上号二次实名认证环节，有效防止向未成年人租售游戏账号。

（三）不良行为干预

针对未成年被害人华某某沉迷网络游戏的情况，检察机关根据《中华人民共和国预防未成年人犯罪法》关于不良行为干预的相关规定，积极对接学校、街道未成年人保护工作站组建协作干预小组，落实针对性管理教育措施。检察机关针对监护人放任华某某沉迷网络及处分大额钱款等问题，向华某某的监护人制发督促监护令，要求其履行监护职责，并委托家庭教育指导师开展家庭教育指导。目前，华某某已摆脱沉迷网络游戏，并顺利考入大学。

（四）推动综合治理

结合该案办理，检察机关进一步会同区网信办等单位制定了涉未成年人网络保护分类处置的标准化工作流程。在此基础上，上海市人民检察院梳理全市未成年人网络保护案件办理情况，与上海市网信办、上海市文化和旅游局执法总队建立了未成年人网络保护联动工作机制，共同发布《未成年人网络保护风险识别清单》《上海市侵害未成年人身心健康的网络信息执法指南》，细化执法规范和标准。

【指导意义】

（一）互联网平台上的经营者向未成年人租售网络游戏账号而平台未予及时处置、报告的，检察机关可以通过检察建议、公益诉讼等方式，督促行政监管部门采取有效监管措施

检察机关在办理涉未成年人网络刑事案件时，发现互联网平台上的经营者向未成年人提供网络游戏账号租售服务、互联网平台未予以审核监管，为未成年人规避游戏监管提供便利，有造成不特定未成年人沉迷网络、侵害未成年人网络公共利益风险的，检察机关可以通过制发检察建议、开展行政公益诉讼等手段，督促相关行政部门依法履行监管职责，推进互联网平台加强管理和机制建设。

（二）检察机关办理未成年人因沉迷网络而遭受侵害的案件，应当坚持被害修复与不良行为干预并重

检察机关在依法惩治利用网络实施的侵害未成年人犯罪的同时，应当通过积极追赃挽损、促成赔礼道歉、提供法律援助、落实心理疏导等方式，最大限度减少犯罪对未成年人造成的不利影响。同时，检察机关还应当根据《中华人民共和国预防未成年人犯罪法》的相关规定，督促家庭、学校、社会联动对未成年被害人沉迷网络的不良行为进行干预，通过精准管理教育措施引导未成年人安全合理地使用网络。发现被害人的监护人怠于履行

职责的，可以通过制发督促监护令、开展家庭教育指导等方式，充分发挥家庭监护在未成年人网络保护中的作用。

（三）检察机关办理涉未成年人网络案件，应当综合履职，促进未成年人网络保护源头治理

在办理刑事案件、开展行政公益诉讼等工作基础上，检察机关还应当加强与未成年人网络保护行政监管部门配合协作，畅通信息渠道、建立共治机制，提升未成年人网络侵害源头预防实效。结合本地实际，推动完善法律监督与行政监管衔接机制，为未成年人构建健康清朗的网络空间环境。

【相关规定】

《中华人民共和国刑法》

第二百六十六条 诈骗公私财物，数额较大的，处三年以下有期徒刑、拘役或者管制，并处或者单处罚金；数额巨大或者有其他严重情节的，处三年以上十年以下有期徒刑，并处罚金；数额特别巨大或者有其他特别严重情节的，处十年以上有期徒刑或者无期徒刑，并处罚金或者没收财产。本法另有规定的，依照规定。

《中华人民共和国未成年人保护法》

第六十六条 网信部门及其他有关部门应当加强对未成年人网络保护工作的监督检查，依法惩处利用网络从事危害未成年人身心健康的活动，为未成年人提供安全、健康的网络环境。

第六十七条 网信部门会同公安、文化和旅游、新闻出版、电影、广播电视等部门根据保护不同年龄阶段未成年人的需要，确定可能影响未成年人身心健康网络信息的种类、范围和判断标准。

第七十四条 网络产品和服务提供者不得向未成年人提供诱导其沉迷的产品和服务。

网络游戏、网络直播、网络音视频、网络社交等网络服务提供者应当针对未成年人使用其服务设置相应的时间管理、权限管理、消费管理等功能。

以未成年人为服务对象的在线教育网络产品和服务，不得插入网络游戏链接，不得推送广告等与教学无关的信息。

第七十五条　网络游戏经依法审批后方可运营。

国家建立统一的未成年人网络游戏电子身份认证系统。网络游戏服务提供者应当要求未成年人以真实身份信息注册并登录网络游戏。

网络游戏服务提供者应当按照国家有关规定和标准，对游戏产品进行分类，作出适龄提示，并采取技术措施，不得让未成年人接触不适宜的游戏或者游戏功能。

网络游戏服务提供者不得在每日二十二时至次日八时向未成年人提供网络游戏服务。

第一百零六条　未成年人合法权益受到侵犯，相关组织和个人未代为提起诉讼的，人民检察院可以督促、支持其提起诉讼；涉及公共利益的，人民检察院有权提起公益诉讼。

第一百二十七条　信息处理者违反本法第七十二条规定，或者网络产品和服务提供者违反本法第七十三条、第七十四条、第七十五条、第七十六条、第七十七条、第八十条规定的，由公安、网信、电信、新闻出版、广播电视、文化和旅游等有关部门按照职责分工责令改正，给予警告，没收违法所得，违法所得一百万元以上的，并处违法所得一倍以上十倍以下罚款，没有违法所得或者违法所得不足一百万元的，并处十万元以上一百万元以下罚款，对直接负责的主管人员和其他责任人员处一万元以上十万元以下罚款；拒不改正或者情节严重的，并可以责令暂停相关业务、停业整顿、关闭网站、吊销营业执照或者吊销相关许可证。

《中华人民共和国预防未成年人犯罪法》

第二十八条　本法所称不良行为，是指未成年人实施的不利于其健康成长的下列行为：

（一）吸烟、饮酒；

（二）多次旷课、逃学；

（三）无故夜不归宿、离家出走；

（四）沉迷网络；

（五）与社会上具有不良习性的人交往，组织或者参加实施不良行为的团伙；

（六）进入法律法规规定未成年人不宜进入的场所；

（七）参与赌博、变相赌博，或者参加封建迷信、邪教等活动；

（八）阅览、观看或者收听宣扬淫秽、色情、暴力、恐怖、极端等内容的读物、音像制品或者网络信息等；

（九）其他不利于未成年人身心健康成长的不良行为。

第二十九条 未成年人的父母或者其他监护人发现未成年人有不良行为的，应当及时制止并加强管教。

第三十一条 学校对有不良行为的未成年学生，应当加强管理教育，不得歧视；对拒不改正或者情节严重的，学校可以根据情况予以处分或者采取以下管理教育措施：

（一）予以训导；

（二）要求遵守特定的行为规范；

（三）要求参加特定的专题教育；

（四）要求参加校内服务活动；

（五）要求接受社会工作者或者其他专业人员的心理辅导和行为干预；

（六）其他适当的管理教育措施。

第三十二条 学校和家庭应当加强沟通，建立家校合作机制。学校决定对未成年学生采取管理教育措施的，应当及时告知其父母或者其他监护人；未成年学生的父母或者其他监护人应当支持、配合学校进行管理教育。

《中华人民共和国家庭教育促进法》

第二十二条 未成年人的父母或者其他监护人应当合理安排未成年人学习、休息、娱乐和体育锻炼的时间，避免加重未成年人学习负担，预防未成年人沉迷网络。

第四十九条 公安机关、人民检察院、人民法院在办理案件过程中，发现未成年人存在严重不良行为或者实施犯罪行为，或者未成年人的父母或者其他监护人不正确实施家庭教育侵害未成年人合法权益的，根据情况对父母或者其他监护人予以训诫，并可以责令其接受家庭教育指导。

《中华人民共和国行政诉讼法》

第二十五条　行政行为的相对人以及其他与行政行为有利害关系的公民、法人或者其他组织，有权提起诉讼。

有权提起诉讼的公民死亡，其近亲属可以提起诉讼。

有权提起诉讼的法人或者其他组织终止，承受其权利的法人或者其他组织可以提起诉讼。

人民检察院在履行职责中发现生态环境和资源保护、食品药品安全、国有财产保护、国有土地使用权出让等领域负有监督管理职责的行政机关违法行使职权或者不作为，致使国家利益或者社会公共利益受到侵害的，应当向行政机关提出检察建议，督促其依法履行职责。行政机关不依法履行职责的，人民检察院依法向人民法院提起诉讼。

《中华人民共和国电子商务法》

第十三条　电子商务经营者销售的商品或者提供的服务应当符合保障人身、财产安全的要求和环境保护要求，不得销售或者提供法律、行政法规禁止交易的商品或者服务。

第二十九条　电子商务平台经营者发现平台内的商品或者服务信息存在违反本法第十二条、第十三条规定情形的，应当依法采取必要的处置措施，并向有关主管部门报告。

《未成年人网络保护条例》

第四十六条　网络游戏服务提供者应当通过统一的未成年人网络游戏电子身份认证系统等必要手段验证未成年人用户真实身份信息。

网络产品和服务提供者不得为未成年人提供游戏账号租售服务。

二、权威解读

（一）案例解读

1. 全面加强未成年人综合司法保护
——最高人民检察院第四十三批指导性案例解读

那艳芳　陈　晓　王广聪*

经最高人民检察院第十三届检察委员会第一百一十三次会议决定，最高检于近日发布了第四十三批指导性案例。该批案例以“未成年人综合司法保护”为主题，是最高检全面推开未成年人检察业务集中统一办理以来，首次发布的未成年人“四大检察”融合履职的指导性案例。为深化指导性案例的理解与适用，现就该批案例发布的背景意义、法律适用问题以及综合司法保护工作要点等进行解读。

一、发布第四十三批指导性案例的背景和意义

未成年人保护工作关系国家民族未来，事关广大人民群众的幸福生活。党的十八大以来，以习近平同志为核心的党中央高度重视未成年人保护工作，新时代未成年人“家庭、学校、社会、网络、政府、司法”六大保护体系得以构建。修订后的未成年人保护法、预防未成年人犯罪法，赋予检察机关对涉及未成年人的诉讼活动、未成年人重新犯罪预防工作等开展法律监督的更重职责，为全面加强未成年人保护工作提供了重要的法律支撑。

* 那艳芳，最高人民检察院控告申诉检察厅厅长（曾任未成年人检察厅厅长）、一级高级检察官；陈晓，最高人民检察院未成年人检察厅副厅长、二级高级检察官；王广聪，最高人民检察院未成年人检察厅主办检察官、三级高级检察官。

《中共中央关于加强新时代检察机关法律监督工作的意见》明确提出，强化未成年人司法保护，完善专业化与社会化相结合的保护体系。

以更优综合司法保护护航未成年人健康成长，是新时代检察机关未成年人检察（以下简称“未检”）部门义不容辞的政治责任、法治责任、检察责任，体现了检察机关以习近平新时代中国特色社会主义思想为指导，深入践行习近平法治思想的政治自觉；体现了认真落实未成年人保护“两法”的法治自觉；体现了通过“四大检察”融合履职，系统维护未成年人合法权益的检察自觉。最高检以推进未成年人检察专业化建设为契机，部署未成年人检察业务集中统一办理，把涉未成年人刑事、民事、行政、公益诉讼检察案件，归口未检部门统一办理。该项未成年人检察综合司法保护工作从2018年开始试点，于2021年全面推开，各地未检部门强化系统审查思维，协调运用各项检察监督职能手段，办理了一大批未成年人综合司法保护案件，取得良好成效。发布该批指导性案例的意义主要有以下几方面：

一是积极贯彻最有利于未成年人原则，为未成年人提供更多、更好、更全面的综合司法保护。实践中，未成年人案件往往涉及多个法律关系，迫切需要加强综合性司法保护。同时，按照最有利于未成年人原则，也要求在未检业务的监督办案全过程运用整体观念、系统思维，综合采取多种司法保护方式，有效破解刑事、民事、行政、公益保护等相互交织的问题，真正实现未成年人合法权益的全方位、立体化保障。

二是深化融合履职，提升未成年人检察业务集中统一办理工作规范化水平。针对当前一些地方对未成年人综合司法保护理念认识不到位、统筹融合能力不够，导致未检业务集中统一办理工作停留在简单将刑事、民事、行政、公益诉讼职能交由未检部门或未检办案组办理的初级阶段，制发该批指导性案例有助于指导地方检察机关打破传统未检工作在职能、范围、运行上的思维定式和固有流程，更加规范统筹使用不同职能、多种手段，以综合司法保护的新思路新方法深化未检业务集中统一办理水平，实现有机“融合”。

三是通过办案参与和推进未成年人保护社会治理。涉未成年人犯罪不仅是重要的司法问题，也是突出的社会问题。该批指导性案例注重从源头上堵漏建制、加强保护，从根本上改善未成年人健康成长环境。制发该批指导性案例有助于指导地方检察机关始终坚持“从办案中发现”的问题导向和务实态度，紧紧围绕办案开展监督，发现未成年人保护社会治理方面的短板、漏洞，并综合运用检察建议、公益诉讼、专题报告等方式，助推相关职能部门认真落实未成年人权益保护的责任和义务，重点发挥好检察机关法律监督的兜底、补充、协同作用，参与和推进未成年人保护社会治理。

四是提炼规则指导类案办理，促进解决实务难点和突出问题。随着未成年人综合司法保护的深入推进，一些新情况新问题不断涌现，亟须在总结实践经验的基础上，指导类案办理。制发该批指导性案例有助于检察机关及时总结在新领域案件办理、新罪名司法适用中，发现线索、转化适用刑事证据、督促监护干预、支持起诉等方面的做法，推动形成综合司法保护融合履职的成熟办案规范和工作机制，解决实务难题。

二、第四十三批指导性案例的主要特点

党的二十大报告站在培养担当民族复兴大任时代新人的高度，明确提出加强和改进未成年人思想道德建设、保障儿童合法权益等部署要求，为更好地从大局大势中把握未成年人司法保护工作提供了根本遵循。检察机关未检部门学习贯彻党的二十大精神，落实以人民为中心的发展思想，必须增强融合履职意识，实现未成年人“四大检察”相互支撑、一体协同和贯通融合。该批指导性案例是从各地报送的380多个典型案例中精选出来的，体现了检察机关全过程参与、全方位保护未成年人合法权益的特点：

一是运用系统和综合审查思维，在个案中把未成年人综合司法保护尽可能做到全面、极致。比如，在办理涉未成年人案件中综合审查有无犯罪侵害行为发生、是否涉嫌刑事犯罪；确认为刑事案件的，同时研判涉案未成年人民事、行政权益及公共利益是否遭受损害。

二是开展多维度、集成式、系统性地融合履职。该批案例强调社会调查、附条件不起诉、督促监护令、支持起诉、司法救助等多位一体的未成年人检察司法保护制度集成适用，协调运用刑事、民事、行政、公益诉讼等不同职能和监督手段，达到综合保护未成年人合法权益的更好效果。

三是体现检察机关依法履职，针对个案发生的原因做实源头治理。通过检察监督促进家庭、学校、社会、网络、政府、司法保护相互融合、协同发力。比如，有的案例通过三级检察院联动，推动在国家层面建章立制；有的案例督促不同行政机关各司其责、协同保护；有的案例推动行政机关堵塞监管漏洞、完善相关机制；等等。该批指导性案例通过办案经验的总结与宣传，有助于形成未成年人保护的治理共识，以司法保护助推“六大保护”融通发力，共画未成年人保护“同心圆”。

三、第四十三批指导性案例的理解与适用

为体现未成年人综合司法保护的履职特点，该批案例没有承继以往依托立案案由和主体确定案例名称的方式，而是统一归纳为某某综合司法保护案。在履职过程编写体例方面，也根据未检“四大检察”职能运用情况，注意体现办案履职的综合性。在遵循“四大检察”基本规则的同时，按照未成年人保护法等有关法律法规的立法精神和原则规定，突出未检特色，进行未检个性化规则提炼。为保护涉案未成年人的隐私，相关信息作了模糊化处理。

总体上看，该批案例展现了未检部门在办案中能够统筹运用多种检察职能，主动完善一体履职、全面保护、统分有序的未检融合履职模式，真正做实未成年人合法权益的综合保护。并且，在未成年人综合司法保护的统一框架下，每一个案例都有所侧重，从特别程序精准适用、法律适用规则提炼、不同诉讼职能连接、源头治理机制建设等不同层面开展探索。

（一）防止未成年人滥用药物综合司法保护案

一是进一步细化未成年人刑事案件特别程序的法律适用。最高检发布的第二十七批指导性案例（以涉罪未成年人附条件不起诉为主题）已经明确检察机关对共同犯罪的未成年人适用附条件不起诉时，应当遵循精准帮教的要求，对每名涉罪未成年人设置个性化附带条件。这体现了检察机关更加关注涉罪未成年人发案原因和个性需求，细化矫治教育措施的办案理念。因此，对存在滥用药物情形的涉罪未成年人，检察机关进一步细化附条件不起诉考验期监督管理规定，会同未成年人父母或其他监护人，要求其督促未成年人接受心理疏导和戒断治疗，并将相关情况纳入监督考察范围，提升精准帮教质效。这反映出检察机关以最有利于教育挽救未成年人为原则，以帮教考察的个性化、精准性和有效性，落实附条件不起诉制度的教育矫治功能。

二是强化系统审查意识，从办理刑事案件中发现行政公益诉讼案件线索。为落实未检业务集中统一办理工作要求，检察机关应当在办理涉未成年人刑事案件过程中，一并审查未成年人相关公共利益等其他权益是否遭受损害。针对办理刑事案件过程中涉案未成年人存在“右美沙芬”药物滥用情况，与未成年人实施犯罪或遭受侵害存在一定关联，该案中检察机关依法主动调查，发现本市区域内还有46名涉案未成年人有“右美沙芬”滥用史，进而发现了行政监管部门未依法全面履行药品经营和流通监督管理职责，已经危害了未成年人身体健康，损害社会公共利益的涉未成年人行政公益诉讼的案件线索。

三是统筹运用刑事检察和公益诉讼检察职能，强化综合取证能力，提升综合司法保护质效。检察机关在办理涉未成年人滥用药品行政公益诉讼案件时，将在刑事案件中调取的涉案人员微信聊天记录、手机交易记录等，作为公益诉讼案件证据材料，并固定药物来源、用药反应、用药群体、公益受损事实等关联证据，证实不特定未成年人利益受到损害。通过对刑事案件在案证据的转化适用，强化与之关联的行政公益诉讼案件的取证质效，将统筹运用刑事检察和公益诉讼检察职能的理念和工作要求，具化为未成年人行政公益诉讼案件办理的证据规则。

四是数字检察赋能未检工作，纵深推进综合司法保护，做实源头治理。案件办理过程中，检察机关主动运用数字思维，通过数字建模进行大数据分析和比对，综合研判案件背后的风险因素、类案特质，深挖药品流通过程中存在的问题，系统梳理类案监督线索，精准发现案发领域中的治理漏洞，并通过提起公益诉讼等方式实现协同治理，促进有关单位依法履职、加强监管执法，最终推动从顶层设计上健全制度机制，完善相关领域社会治理。

（二）阻断性侵犯罪未成年被害人感染艾滋病风险综合司法保护案

一是对于性侵未成年人案件，检察机关应尽早开展未成年人综合司法保护工作。检察机关对于侵害未成年人犯罪坚持“零容忍”，从严追诉性侵、虐待、暴力伤害等侵害未成年人犯罪。但检察机关在指控证明追诉侵害未成年人犯罪的同时，还应注重未成年被害人的保护与救助，尽早帮助未成年被害人走出困境。比如，该案中检察机关在受邀介入侦查时，除了建议公安机关围绕行为人是否明知自己患有艾滋病、是否明知被害人系不满十四周岁的幼女，以及被害人遭受性侵后身心状况等情况调查取证；还针对未成年被害人的保护需要，第一时间启动未成年人保护联动应急处置机制，协同公安机关和卫生健康部门对被害人开展艾滋病暴露后预防，指导被害人及时服用阻断药物。尽快会同有关部门、组织开展临时生活照料、情绪安抚、心理干预、法律援助、转学复课、家庭教育指导工作，并对被害人开展司法救助，取得较好效果。

二是明确性侵未成年人案件“情节恶劣”适用情形。最高检发布的第十一批指导性案例中的齐某强奸、猥亵儿童案（检例第 42 号）明确实践中奸淫幼女的社会危害性与刑法第 236 条第 3 款规定的情形相当的，认定属于该款第 1 项规定的“情节恶劣”。作为一种目前尚不可治愈的疾病，艾滋病对感染者身心乃至生命危害极大。为体现刑法特殊保护立场，除了对奸淫幼女造成感染艾滋病这一严重后果予以严惩外，对不满十四周岁幼女造成艾滋病传播重大现实风险的，也要从严从重惩治，进一步强化对未成年人保护和犯罪预防工作。该案中的犯罪嫌疑人已经确诊为艾滋病病人，案发时处于发病期，其体内病毒载量高，传染性极强，给被害人带来了极大的感染风险。行为人明知自己患有艾滋病或者感染艾滋病病毒，仍对幼女实施奸淫，放任艾滋病传播风险的发生，客观上极易造成被害人感染艾滋病的严重后果，主观上体现出行为人对幼女健康权、生命权的极度漠视，其社会危害程度与刑法第236条第3款规定的情形具有相当性，应当适用刑法第236条第3款第1项情节加重，依法认定为奸淫幼女“情节恶劣”。检察机关结合办理此案促进完善办案规范，向社会释放严惩信号，警示犯罪分子不得心存侥幸。

三是形成性侵案件艾滋病风险防控机制和未成年被害人保护联动机制。艾滋病暴露后预防有时间窗口，及时发现和确定性侵犯罪嫌疑人系艾滋病病人或感染者是关键，建立顺畅有效的信息沟通核查机制是基础。检察机关针对这方面存在的机制漏洞，会同公安机关、卫健部门等相关部门建章立制、完善制度措施，对未成年被害人开展艾滋病暴露后预防，有效避免感染风险，有利于最大化保护性侵害案件未成年被害人的生命健康权。

（三）惩治组织未成年人进行违反治安管理活动犯罪综合司法保护案

一是对组织未成年人有偿陪侍行为定罪处罚。最高检《未成年人检察工作白皮书（2021）》显示，近年来组织未成年人进行违反治安管理活动犯罪案件数量增幅较大。2017年至2021年，检察机关对组织未成年人进行违反治安管理活动犯罪提起公诉分别为4人、37人、98人、170人、402人。其中主要犯罪类型就是组织未成年人进行有偿陪侍。但司法实践中一定程度存在定性错误、行刑不分、重罪轻判等问题，影响了依法惩治此类犯罪和对未成年人的保护。组织未成年人进行违反治安管理活动罪的条文中表述为“组织未成年人进行盗窃、诈骗、抢夺、敲诈勒索等违反治安管理活动”，对“等”字理解涉及违反治安管理活动的范围问题，评价的是被组织进行的行为是否具有妨害社会治安管理的行政违法性。2020年国务院《娱乐场所管理条例》将以营利为目的的陪侍与卖淫嫖娼、赌博等行为并列，一并予以禁止，并规定了相应的处罚措施，因此，在娱乐场所从事以营利为目的的陪侍行为，与治安管理处罚法规定的违法行为具有同质的行政违法性。与此同时，刑法修正案（七）增设组织未成年人进行违反治安管理活动罪，旨在加强未成年人保护，维护社会治安秩序，事实上透过社会治安管理的法益秩序还应关注未成年人身心健康的法益保护。处于人生成长阶段的未成年人被组织从事有偿陪侍服务，不仅败坏社会风气，危害社会治安管理秩序，更严重侵害未成年人的人格尊严和身心健康，危害程度与组织未成年人进行盗窃、诈骗、抢夺、敲诈勒索相当，构成组织未成年人进行违反治安管理活动罪。同时，综合考量被组织人数、犯罪行为持续时间、采用控制手段的强制程度、对未成年人身心健康的损害程度等情形，有助于更加精准认定该罪的“情节严重”。

二是督促监护令的规范适用。针对案发背后存在的家庭监护缺失、监护不力等问题开展督促监护工作，是未成年人民事检察业务的重要组成部分，也是检察履职融入家庭保护的客观要求。2022 年，全国检察机关在办理涉未成年人案件中开展督促监护令工作，共制发督促监护令 5 万多份，增幅较大。但与此同时，有的地方制发督促监护令偏重数量，忽视质量，针对性不够，容易流于形式。因此，该案明确了检察机关应当综合评估监护履责中存在的具体问题，制发个性化督促监护令并跟踪落实。首先，重视综合调查评估。检察机关对涉案未成年人的生活环境、家庭教育、监护人监护履责状况等进行综合调查和系统评估，做实制发督促监护令的基础工作。其次，开展精准督促。针对不同的家庭问题制发个性化督促监护令。比如，该案针对监护人教养方式不当，致亲子关系紧张的问题，督促监护人接受家庭教育指导，提高亲子沟通能力，改变简单粗暴或溺爱的教养方式。最后，强化跟踪问效。比如，对于落实不力的监护人，检察机关委托家庭教育指导师制订改进提升方案，并协调妇联、关工委安排村妇联主席、“五老”志愿者每周两次入户指导等。

三是积极推动基层未成年人保护机制。针对部分农村未成年人成长过程中法治教育和保护措施相对缺乏，检察机关有针对性地延伸履职，通过专题报告的方式，推动将未成年人保护工作纳入本地的区域管理体系，形成长效机制。比如，该案中检察机关依托村级活动站建立未成年人检察联系点，择优选聘 915 名儿童主任、村妇联主席协助检察机关开展法治宣传、社会调查、督促监护、强制报告、公益诉讼线索收集等工作，共同织密未成年人保护工作网络。

（四）未成年人网络民事权益综合司法保护案

该案所涉及的未成年人因网络消费导致民事权益受到侵害的网络保护领域案件有一定普遍性，检察机关通过支持起诉的方式依法保护未成年人合法权益。

一是支持起诉确有需要和确有必要。未成年人保护法明确规定，检察机关可以通过督促、支持起诉的方式，维护未成年人合法权益。案件办理过程中，检察机关既要审查当事人的诉求是否符合法律规定，还要审查是否存在诉讼能力较弱，采取其他方式不足以实现权利救济等情形，确定属于确有需要的，检察机关可以通过支持起诉帮助当事人提高依法维权能力。检察机关应当注重办理确有支持起诉必要的典型案件，办理这样的典型案件，除了为个案未成年人维权以外，还具有确立类案规则的示范意义，有助于为同类案件处理提供指引，帮助更多当事人提高依法维权能力。

二是体现对未成年人支持起诉更为主动的履职方式。按照未成年人特殊、优先保护要求，在支持起诉履职方式和工作方法上，除了通过法律释明引导、协助当事人收集证据，制发《支持起诉意见书》之外，检察机关还可以派员出席法庭，发表支持起诉意见，更有力维护未成年人的合法权益。三是涉未成年人网络保护案件的协调治理。涉网络案件通常具有企业注册地、主要营业地、服务覆盖地、侵权行为地、侵害结果地分离的特点。最高检第三十五批指导性案例（以未成年人保护检察公益诉讼为主题）明确，检察机关办理未成年人网络保护公益诉讼案件，在涉及多个行政区划，多个检察院均具有管辖权的情形下，民事公益诉讼案件应层报共同的上级检察院指定，一般应当由损害结果发生地检察机关管辖；行政公益诉讼案件一般应当由网络企业注册地检察机关管辖，以便利行政监管。在此基础上，为更好促进未成年人网络保护，进一步明确发现互联网平台存在未成年人权益保护措施缺失、违法犯罪隐患等问题的，检察机关应当结合办案，依法审慎选择履职方式，综合运用社会治理检察建议、行政公益诉讼检察建议等监督方式，督促、推动网络服务提供者、相关行政主管部门细化落实未成年人网络保护责任，以司法保护推动网络空间源头治理，增强未成年人网络保护合力。

四、进一步深化未成年人综合司法保护

一是加快推动未成年人“四大检察”协同发展和贯通融合。要始终坚持守正创新，守正要以持续深化未检业务集中统一办理工作为基础，创新要不断发展和完善未成年人案件办理特别程序和特殊制度，强化未检多种履职手段的集成运用，积极推进未成年人综合司法保护的诉讼构造完善与职能整合，完善一体履职、全面保护、统分有序的融合履职模式。

二是坚持以依法履职促进未成年人保护源头治理。要坚持问题导向，加强数字未检和大数据分析，找准检察机关保护与其他五大保护的结合点，注重统筹使用检察建议、公益诉讼、专题报告等形式，以司法保护助推家庭、学校、社会、网络、政府保护，协同相关部门推进标本兼治，以未成年人保护社会治理的良好成效助力国家治理体系和治理能力现代化。

三是深入贯彻最有利于未成年人原则与规范综合司法保护的履职边界。最有利于未成年人原则要求以未成年人利益为中心规范未成年人检察业务的拓展。未成年人综合司法保护并非未检“四大检察”的简单叠加，或者未检履职数量、种类越多越好，而是要求检察机关在办案中更加自觉地从最有利于未成年人的角度去选择最有利于未成年人的方案，采取最有利于未成年人的措施，严格落实未检业务集中统一办理工作要求，更加准确把握未检法律监督的职能定位和职权边界，规范履职、规范宣传，科学解决全流程、全领域综合司法保护所面临的多部门法交叉的复杂问题，实现未成年人综合司法保护最优效果。

2. 全面加强未成年人网络司法保护

——最高人民检察院第五十批指导性案例解读

绠杰　李峰　王广聪*

近日，最高人民检察院发布了第五十批指导性案例（检例第200—204号），该批指导性案例以“未成年人网络保护”为主题，这是2020年未成年人保护法修订新增“网络保护”专章以来，最高检首次发布关于这一主题的未成年人“四大检察”综合履职指导性案例。为深化对指导性案例的理解与适用，现就该批指导性案例发布的背景和意义、法律适用问题以及未成年人网络司法保护的工作要点等进行解读。

一、发布第五十批指导性案例的背景和意义

信息网络时代，未成年人成长与互联网深度关联。2023年12月23日，共青团中央维护青少年权益部联合中国互联网络信息中心共同发布的《第5次全国未成年人互联网使用情况调查报告》显示，我国未成年网民规模已达1.93亿，未成年人互联网普及率达97.2%，使用手机上网的比例为91.3%。网络在给未成年人的学习、生活带来极大便利的同时，也被不法分子用于侵害未成年人，严重影响未成年人健康成长。检察机关办案发现，利用网络侵害未成年人权益的犯罪手段复杂多样，方式不断翻新。一些未成年人通过网络接触暴力、低俗等不良信息，形成不健康的价值观，甚至因沉迷网络而走上违法犯罪道路。有的互联网企业片面追求经济利益而忽视社会责任，给行业发展和信息安全带来一定隐患。这些现象反映出网络

* 绠杰，最高人民检察院未成年人检察厅厅长、一级高级检察官；李峰，最高人民检察院未成年人检察厅副厅长、二级高级检察官；王广聪，最高人民检察院未成年人检察厅主办检察官、三级高级检察官

空间监管整治形势依然严峻复杂，未成年人网络保护工作仍任重道远。

习近平总书记指出，“依法加强网络空间治理，加强网络内容建设”，“为广大网民特别是青少年营造一个风清气正的网络空间”，“把增进人民福祉作为信息化发展的出发点和落脚点，让人民群众在信息化发展中有更多获得感、幸福感、安全感”。近年来，检察机关深入贯彻习近平法治思想和习近平总书记关于网络强国的重要思想，积极应对网络空间带来的新挑战新问题，以未成年人“四大检察”职能的相互融通为抓手，不断加大网络空间未成年人权益保护和预防、惩治犯罪力度，通过检察办案积极履行法律监督职责，主动加强与网信等职能部门的合作配合，持续推动净化网络环境，取得明显成效。

编发该批指导性案例的主要目的和意义在于：

一是以指导性案例为牵引，高质效办好每一个涉未成年人网络犯罪案件。编写未成年人网络保护指导性案例，旨在通过提炼、推广体现未成年人网络保护特点的办案规则和有益经验，促进解决涉及未成年人的帮助信息网络犯罪活动、诈骗、网络隔空猥亵、侵犯公民个人信息等案件办理中的难点和人民群众关切的问题，给各级检察机关履职办案提供示范借鉴和方向引领，把最高检党组关于“高质效办好每一个案件”的要求落实落细，努力让人民群众在每一个司法案件中感受到公平正义。

二是充分发挥未成年人检察业务集中统一办理优势，全面综合保护网络空间未成年人合法权益。编发该批指导性案例，体现了检察机关注重依托办理未成年人网络犯罪和利用网络侵害未成年人刑事案件，强化系统审查、同步审查，拓宽发现公益诉讼等其他监督线索渠道，协调运用各项检察职能，以未成年人“四大检察”的相互融通，提升未成年人网络保护检察工作实效。

三是积极践行检察机关依法履职，推动未成年人网络保护源头治理。未成年人网络保护的关键在于推动建立清朗、安全、健康的网络环境。检察机关通过检察建议、会谈磋商、公益诉讼、法治进校园等多种形式，协同网信、电信等部门齐抓共管，推动压实信息安全管理、数据安全保护义务和平台社会责任，积极促推源头治理和标本兼治，助推补齐监管漏洞和短板，努力消除网络空间的风险隐患。

四是强化检察机关学习宣传和贯彻落实2024年1月1日施行的国务院《未成年人网络保护条例》。该批指导性案例在部门协同、网络素养、网络家风、防止网络沉迷等诸多方面与《未成年人网络保护条例》精神契合、内容一致，并结合司法办案措施进一步予以细化，有助于更好推动检察机关与网信等部门形成未成年人网络保护合力。

二、第五十批指导性案例的理解与适用

为体现未成年人网络司法保护的特点，该批指导性案例在承继以往依托立案案由、主体确定案例名称方式的基础上，统一增加了“网络”用词。履职过程的表述等原则上以刑事案件办理的体例为主，同时兼顾未成年人案件特殊制度、未成年人检察综合履职特点。案例编写注重强化法律适用规则的提炼和类案办理的工作指导。注重通过检察建议、公益诉讼等方式，发挥法律监督职能，推动未成年人网络司法保护的源头治理，共同加强未成年人网络保护。为保护涉案未成年人隐私，相关信息作了模糊处理。

（一）隋某某利用网络猥亵儿童，强奸，敲诈勒索，制作、贩卖、传播淫秽物品牟利案（检例第200号）

最高检第43号指导性案例骆某猥亵儿童案在要旨部分明确指出，行为人以满足性刺激为目的，利用网络胁迫、诱骗儿童拍摄裸体、敏感部位照片、视频等供其观看，构成猥亵儿童罪，该要旨指导司法办案成效明显。检例第200号隋某某利用网络猥亵儿童，强奸，敲诈勒索，制作、贩卖、传播淫秽物品牟利案中，犯罪嫌疑人隋某某最初系以刺激、满足性欲为目的，要求被害人拍摄裸照、裸体视频发送给其观看，收到被害人照片、视频后，其认为被害人易哄骗、好控制，继而又产生与被害人发生性关系的犯罪意图，后实施强奸行为。该案中，猥亵行为与强奸行为相隔9天，具有明显的时空间隔，猥亵行为和强奸行为给被害人造成两次不同性质和不同程度的伤害。因此，该案例在重述“隔空猥亵”规则的基础上，明确对儿童实施

“隔空猥亵”后，行为人又以传播线上猥亵所获得私密照片、视频相要挟，强迫被害人与其发生性关系的，线上猥亵行为与线下强奸行为在时空上相对独立，分别给被害人的人格尊严、身心健康造成不同程度的伤害，是两个独立的犯罪行为，应分别认定为猥亵儿童罪和强奸罪，数罪并罚。该案例改变了司法实践中逐渐出现线上猥亵犯罪行为作为线下强奸的手段进行评价，并以牵连犯从一重处罚简单化处理的问题。罪数认定和并罚规则的确定，更加有力地体现了从严惩治性侵害未成年人犯罪和保护未成年人身心权益的立场。

互联网具有传播速度快、影响范围广的特点，涉案私密照片、视频的传播将进一步对未成年被害人身心造成严重伤害，不利于被害人创伤修复。该案中，犯罪嫌疑人通过朋友圈售卖被害人私密视频，导致该视频在被害人所在学校多名学生间传播。为尽可能将犯罪造成的伤害降到最低，检察机关督促公安机关第一时间查清相关视频传播路径并固定证据后，对视频进行技术性彻底删除。同时，积极协调相关职能部门及时追踪、处理与该案有关的不当泄露的信息，阻断被害人照片及视频传播。由此明确，检察机关在从严打击利用网络性侵害未成年人犯罪的同时，应注重审查关于被害人的私密照片、视频是否被传播，发现照片、视频在网络空间传播扩散的，应当及时督促职能部门快速、精准阻断从线下到线上、从直接接触被害人的群体到网络空间的传播路径，尽可能避免被害人遭受次生伤害。在检察履职过程中，检察机关还综合使用了督促监护、心理疏导、检察建议、精准普法、联席会议等方式，提升未成年人综合保护效果。

（二）姚某某等人网络诈骗案（检例第 201 号）

办理以网络诈骗为典型的涉及众多未成年人的网络犯罪案件，应遵循最有利于未成年人原则，推动执法司法办案分类分级处理，促进涉案、涉罪未成年人及时分流、转处。检例第 201 号姚某某等人网络诈骗案明确，检察机关办理涉及众多未成年人网络犯罪案件，在受邀提前介入侦查时，除了督促补正证据等外，还应当重视落实未成年人刑事案件办理的特殊要求，促进统一执法司法理念，推动公安机关充分考虑网络犯罪手段的特殊性和未成年人的身心特点、认知水平，全面审查涉案未成年人的动机、目的、参与次数、持续时间、涉及金额等情节，综合判断涉案未成年人的主观违法性认识。对违法但不构成犯罪的，建议公安机关依法作出相应行政处罚，推动对案件进行分类处理。

检察机关在审查涉及众多未成年人网络犯罪案件时，应注重帮教精准化、处遇个别化。即立足未成年人保护和预防再犯的立场，在审查起诉时全面审查涉案未成年人的犯罪事实、地位作用、悔罪表现、监护帮教条件等，结合社会调查、心理测评和风险评估，依法提起公诉或作出附条件不起诉、不起诉决定，分级干预。同时根据涉案未成年人的成长经历、行为习惯、认知和需求、风险等级等因素，选配司法社工、心理咨询师、家庭教育指导师等专业人员，对其实施个性化帮教矫治。

在办案过程中，检察机关应主动打破数据壁垒，利用数字化手段推动涉未成年人网络违法犯罪源头治理。针对履职过程中发现的未成年人涉网络违法人数多、犯罪防治难度大、犯罪手段隐秘等治理难题，检察机关应充分发挥数字技术对检察业务的支撑和推动作用。对实践中多发的涉及未成年人的诸如校园网贷、网络赌博等情形开展风险评估和动态预警，在保障信息安全和保护个人隐私的基础上，及时向职能部门推送保护、救助的预警信息，进而形成部门协作、数据融通、智能分析、精准预警、高效处理的未成年人数字保护新格局。

（三）康某某利用网络侵犯公民个人信息案（检例第 202 号）

电信网络犯罪具有非接触性、涉众性、传播广域性等特征，导致侦查取证难，对此，检察机关需要充分发挥数字检察的功能作用，对办理的未成年人涉电信网络犯罪案件依法审查，通过法律监督切实保护未成年人合法权益。检例第 202 号康某某利用网络侵犯公民个人信息案中，检察机关通过个案办理及梳理近年来本地发生的类似电信网络犯罪案件，发现出租、出借、出售电话卡是未成年人牵涉电信网络犯罪的主要方式。针对在校学生异常办卡情况，检察机关建构相关大数据法律监督模型，将案件中涉及的有关数据进行碰撞比对，把未成年人办理电话卡异常情况等信息与电信网络犯罪发案数据进行串联，准确锁定潜在的高风险和已经涉罪的未成年人，并从中分析研判未成年人涉电信网络犯罪的关系网，经审查发现相关犯罪线索后，依法移送公安机关立案查处。同时，为实现对未成年人涉电信网络犯罪的早期预防，检察机关发现未成年人办理电话卡异常情况的，应及时敦促相关职能部门跟进处置注销异常电话卡。

该案例的典型意义还在于，检察机关积极推动完善未成年人入网规范，加强未成年人网络保护。该案中，针对在校学生涉嫌电信网络犯罪的实际情况和突出问题，检察机关推动相关职能部门加强对批量开卡以及短期内反复开卡、注销卡、补卡等高风险情形的有效管理；推动相关职能部门出台《电话卡办理程序规范指引》，明确低龄未成年人需在监护人在场并同意的情况下申请入网；对未成年人加强问询、反诈告知，加大异常卡复核力度；发放“出租出借出卖电话卡风险提示函”，将法治教育列入学校就业指导规划等，保障未成年人用网环境健康安全。

（四）李某某帮助信息网络犯罪活动案（检例第203号）

自2015年刑法修正案（九）新增帮助信息网络犯罪活动罪以来，特别是2020年国务院在全国范围内部署开展“断卡”行动以来，未成年人涉帮助信息网络犯罪活动罪案件数量逐年上升。帮助信息网络犯罪活动罪目前已成为涉未成年人最突出的网络犯罪之一，亟须通过指导性案例进一步明确办理该类案件需要把握的刑事政策。

检例第203号李某某帮助信息网络犯罪活动案明确，检察机关办理未成年人帮助他人利用网络实施犯罪的案件，应坚持主客观相一致原则，重点审查行为人主观方面对上游犯罪是否明知，客观方面是否提供了帮助行为。办理该类案件，既不能简单套用成年人犯罪案件的认定标准，也不宜笼统以未成年人身心发育不成熟来出罪，而应当结合办案提炼、细化规则，以更加适应涉未成年人犯罪案件的特殊性。综合全案证据和社会调查情况，认为涉罪未成年人知道或者应当知道上游行为系犯罪活动，其行为具有帮助作用，可能共同造成危害结果的，应当认定其主观明知。未成年人客观上实施“供卡”等帮助支付结算行为，符合帮助信息网络犯罪活动罪客观要件的，应按照主客观相一致原则，认定构成帮助信息网络犯罪活动罪。但如果经审查全案证据，认定未成年犯罪嫌疑人对上游行为是否系犯罪活动，以及犯罪的危害程度缺乏明确认知的，即使在客观上对信息网络犯罪活动起到了帮助作用并因此获利，也不宜认定构成该罪。

对未成年人使用本人银行卡实施的帮助他人利用网络犯罪的行为，应当落实宽严相济刑事政策，坚持“教育、感化、挽救”方针，依法准确适用起诉、不起诉、附条件不起诉制度。对于积极主动参与犯罪、犯罪情节严重的涉案未成年人，应依法提起公诉。对于被利诱参与犯罪、参与时间较短、违法所得及涉案金额较少，情节显著轻微危害不大的涉案未成年人，可以根据刑法第 13 条的规定，对其不认定为犯罪。对于犯罪情节轻微，依照刑法规定不需要判处刑罚或者免除刑罚的涉案未成年人，应当作出不起诉决定。对于犯罪情节较轻，符合附条件不起诉条件的涉案未成年人，可以依法适用附条件不起诉制度。该案中，犯罪嫌疑人主观上明知他人利用信息网络实施犯罪，客观上实施了使用本人银行卡代为转账的帮助支付结算行为。但其提供本人银行卡的行为与“批量出租他人银行卡”相比，情节较轻，社会危害性较小；系受引诱参与犯罪，参与时间较短，犯罪后自首且自愿认罪认罚，具有悔罪表现，主观恶性不大；系初犯、偶犯，社会调查表明其具有较大的教育矫治空间。为落实“教育、感化、挽救”方针，在听取公安机关意见后，检察机关依法对其决定附条件不起诉。

该案例还明确指出，检察机关办理未成年人帮助信息网络犯罪活动案，发现银行账户监督、管理、使用存在漏洞的，应当依法开展调查核实，以检察建议的方式督促金融监管机构、商业银行完善制度机制，推动形成办卡审核和风险评估相结合、分类管理和异常预警相结合的未成年人银行卡管理模式，努力实现对未成年人参与电信网络犯罪的源头治理。

（五）禁止向未成年人租售网络游戏账号检察监督案（检例第 204 号）

检察机关办案发现，在未成年人涉罪案件和被害案件中，未成年被害人或者其他未成年人也存在需要干预的不良行为、被害风险等问题。因此，检例第 204 号禁止向未成年人租售网络游戏账号检察监督案明确，应坚持被害修复与不良行为干预并重。对未成年人因沉迷网络而遭受侵害的案件，检察机关在依法惩治利用网络实施的侵害未成年人犯罪的同时，应当通过积极追赃挽损、促成赔礼道歉、提供法律援助、落实心理疏导等方式，最大限度减少犯罪对未成年人造成的不利影响。同时，检察机关还应当根据预防未成年人犯罪法的相关规定，督促家庭、学校、社会联动对未成年被害人沉迷网络的不良行为进行干预，积极与学校、街道未成年人保护工作站组建协作干预小组，通过精准的管理教育措施引导未成年人安全合理地使用网络。发现未成年被害人的监护人怠于履行职责的，可以通过制发督促监护令、开展家庭教育指导等方式，充分发挥家庭监护在未成年人网络保护中的作用。

2020年修订后的未成年人保护法增设“网络保护”专章，其中第75条明确网络游戏服务提供者不得在每日22时至次日8时向未成年人提供网络游戏服务，第76条明确网络直播服务提供者不得为未满16周岁的未成年人提供网络直播发布者账号注册服务等特别管理措施。《未成年人网络保护条例》进一步规定网络产品和服务提供者不得为未成年人提供游戏账号租售服务。但检察机关办案发现，数量巨大的网络产品和服务提供者往往分散在不同网络平台，增加了监管难度，应当注重压实网络平台的管理责任。网络安全法强调网络运营者承担建立安全管理制度，违法信息处置、报告义务等一系列互联网平台的管理责任。电子商务法明确要求平台经营者对平台内经营者的违法行为采取必要处置措施和报告义务等。该案例明确，检察机关在办理涉未成年人网络刑事案件时，发现互联网平台上的经营者向未成年人提供网络游戏账号租售服务、互联网平台未予以审核监管，给未成年人规避游戏监管提供便利，有造成不特定未成年人沉迷网络、侵害未成年人网络公共利益的风险，检察机关应通过制发检察建议、开展行政公益诉讼等方式，督促相关行政部门依法履行监管职责，推进互联网平台加强管理和机制建设。

在办理刑事案件、开展行政公益诉讼等工作基础上，检察机关还应当加强与未成年人网络保护行政监管部门配合协作，畅通信息共享渠道、建立共治机制，提升未成年人网络侵害源头预防实效。如该案中，上海市检察院结合本地实际，梳理全市未成年人网络保护案件办理情况，与上海市网络安全和信息化委员会办公室、上海市文化和旅游局执法总队建立了未成年人网络保护联动工作机制，共同发布了《未成年人网络保护风险识别清单》《上海市侵害未成年人身心健康的网络信息执法指南》，推动完善法律监督与行政监管衔接机制，为未成年人构建健康清朗的网络环境。

三、进一步深化未成年人网络司法保护的路径

各级检察机关未成年人检察部门应全面贯彻习近平法治思想，认真落实《未成年人网络保护条例》，以第五十批指导性案例的适用为抓手，通过高质效司法办案依法履职，深度融入未成年人网络保护，持续推动净化网络环境，助推未成年人网络保护社会治理现代化。

（一）高质效办好每一个涉未成年人网络犯罪案件

一是依法严厉惩治利用网络侵害未成年人权益犯罪。以“零容忍”的态度，突出整治胁迫、教唆、引诱、欺骗未成年人参与电信网络诈骗、帮助信息网络犯罪活动等犯罪。持续从严整治利用网络隔空猥亵未成年人、线上联系线下侵害未成年人、搭建运营涉未成年人色情网站等犯罪活动。

二是对涉嫌网络犯罪的未成年人，坚持依法惩戒和精准帮教相结合，准确甄别未成年人在网络犯罪中的地位、作用，采取更有针对性的处置措施。对于情节严重的犯罪，坚决依法惩治，让涉罪未成年人和有关责任主体充分感受法治威严。

三是严格执行未成年人刑事案件特别程序，落实“教育为主、惩罚为辅”原则和“教育、感化、挽救”方针，充分运用附条件不起诉等未成年人案件特殊制度，以提升未成年人网络安全基本素养预防再犯为重点做实精准帮教，最大限度教育矫治涉网络犯罪的罪错未成年人。

四是严格落实未成年人保护法关于网络保护的要求，针对未成年人沉迷网络、不良信息侵害、个人信息泄露、有害短视频等危害未成年人健康成长等问题，通过公益诉讼、检察建议等方式，推动压实网络平台的信息

安全管理、数据安全保护义务和社会责任，深化涉未成年人网络违法犯罪源头治理，合力筑牢未成年人网络安全“防火墙”。

（二）强化网络领域涉案未成年人综合司法保护

一是注重依托办理未成年人网络犯罪案件和利用网络侵害未成年人刑事案件，发现侵害未成年人合法权益的民事、行政、公益诉讼案件线索，完善内部线索移送机制，综合运用刑事惩治、公益诉讼、检察建议、监护监督、支持起诉、司法救助等多种方式，统筹发挥刑事检察、民事检察、行政检察、公益诉讼检察职能，达到综合保护未成年人合法权益的更好效果。

二是对受到网络犯罪侵害的未成年人，强化精准保护，及时开展综合救助，尽力消除网络侵害行为的不良影响和预防再次被网络侵害的风险。

三是针对监护人监护不足的问题，依法开展督促监护和家庭教育指导，提升未成年人监护人的网络安全监护意识和能力。

四是按照“一号检察建议”要求，支持学校建立预防网络性侵害、性骚扰工作制度，积极落实“谁执法谁普法”，针对未成年人网络风险认知不足、易受侵害的问题，精准开展法治教育，普及辨别、防范、应对网络侵害的知识，增强普法教育的针对性和实效性。

五是推动建立涉未成年人网络侵害线索移送机制，以检察综合履职积极助推家庭、学校、社会协同发力，为未成年人营造健康安全的网络环境，提升未成年人综合保护质效。

（三）坚持数字赋能涉未成年人网络违法犯罪案件办理

强化数字检察战略，加强数字未检和大数据分析，持续聚焦利用网络性侵未成年人、网络诈骗、侵犯未成年人个人信息、异常办理电话、银行“两卡”、网络巨额打赏等问题，设计研发大数据法律监督模型，在做好数据安全管理的基础上，对办案数据进行碰撞比对和综合研判运用，为全面提升办案质效和加大保护力度赋能，不断提升涉未成年人网络违法犯罪治理工作的信息化、智能化水平。

（二）专家解读

1. 加强检察履职推动未成年人综合司法保护

宋英辉*

某地检察机关在办理一起未成年人聚众斗殴、寻衅滋事等案件中，发现多人服用“右美沙芬”药物，经数据碰撞对比，确定 46 名犯罪嫌疑人滥用“右美沙芬”。办案机关根据每个犯罪嫌疑人情况，对符合条件的 4 名犯罪嫌疑人作出附条件不起诉决定，提供戒瘾治疗、心理疏导，经过跟踪戒断，使犯罪嫌疑人回归社会。其中，针对杨某家庭存在的监护不当、缺失等突出问题，依法制发督促监护令，并协同妇联为其家庭提供家庭教育指导；针对李某、杨某滥用“右美沙芬”的问题，将禁止滥用药物、配合戒瘾治疗作为附带条件，并联系医师、心理咨询师为两人提供戒瘾治疗、心理疏导，经跟踪戒断，二人对药物的依赖均有一定改善。2021 年 11 月，杜某等 3 人经考察帮教，被宣告不起诉，现均已顺利回归家庭、社会，并已就业；李某在考察期严重违反治安管理规定，被依法提起公诉。

在办案过程中，检察机关向市场监管部门提出检察建议。推动有关部门、行业、研究机构进行研讨，形成共识，联合市场监管部门出台全省首个《未成年人药物滥用风险管控实施意见（试行）》。建议有关单位开展涉案药物的交易监测、专项检查、成瘾性研究，自下而上推动研究调整“右美沙芬”药物管制级别。2021 年 12 月，国家药品监督管理局根据上报信息和反映情况，将“右美沙芬”口服单方制剂由非处方药调整为处方药管理。

---

* 宋英辉，北京师范大学教授、未成年人检察研究中心主任。

通过上述案件，可以看出检察机关未成年人综合司法保护具有以下特点：一是根据案件，综合运用刑事、民事、行政、公益诉讼等司法手段。二是在办案中识别未成年人的需求，并链接资源，提供相应服务。三是关注影响未成年人健康成长的家庭监护、成长环境等的改善。四是通过未成年人检察综合履职，推动“六大保护”融合发展，实现源头治理。

未成年人检察工作与成年人检察工作的差别，在于其更关注行为人未来的健康成长。检察机关未成年人综合司法保护近年来取得显著成效，2020年至2022年9月，共有3747名涉罪未成年人经帮教改过自新，考上大学；为了实现综合保护，建立了包括司法、福利、教育、医疗康复、法律援助、经济救助、家庭教育指导、就业培训等部门及社工参与的“一站式”救助机制。截至2022年9月，全国已建成2053个“一站式”办案场所，救助未成年被害人3.4万人。通过督促、支持民事起诉，维护未成年人民事权益（涉及监护、个人信息保护、民事赔偿等）；对食药品安全、校园（校车）安全、文身等开展检察公益诉讼，促进社会治理。

实践中未成年人综合司法保护还面临一些困境，主要体现在以下几方面：一是少年司法理念和社会公众认知还存在一定差距。首先，全社会对司法机关少年司法工作的理解不够全面。其次，一些少年司法工作人员对未成年人综合司法保护理念认识不够深入，没有认识到教育、感化、挽救、保护未成年人是其本职工作，存在以保护之名行惩罚之实的现象。二是未成年人保护职能部门之间职责分工不明确，缺乏有效协同。三是社会专业力量难以发挥实质作用。四是前端保护机制不健全。

检察机关进一步推动未成年人综合司法保护，应做到以下几点：第一，充分认识未成年人综合司法保护的重要性，应从守护亿万家庭安宁幸福、红色江山根基永固、党和人民事业薪火相传的政治站位上认识未成年人综合司法保护的价值。第二，牢固树立未成年人综合司法保护理念。第三，加强办案队伍专门化、专业化建设，充实基层办案力量。第四，形成联动机制。检察机关内部各个职能部门形成衔接联动机制，与公安、法院、司法行政机关等形成衔接联动机制，与未成年人保护协调机构、政府职能部门、群团组织形成衔接联动机制。第五，链接社会资源，与专业社会组织形成衔接转介机制。

2. 以未成年人检察助推数字时代未成年人网络保护新发展

佟丽华*

人类社会快速进入数字时代，网络对未成年人的影响越来越大，未成年人网络保护面临更严峻的挑战。检察机关在办理未成年人涉网络案件中发挥了积极作用，充分体现了对未成年人的特殊、优先保护。在未来的工作中，应进一步立足时代背景和实践经验，继续思考如何深化改革，以未成年人检察为抓手，助推数字时代未成年人网络保护取得新发展。

一、检察机关未成年人网络保护工作取得显著成效

从最高人民检察院发布的相关案例来看，检察机关在涉未成年人网络保护方面成效显著，在涉及未成年人网络性侵、网络诈骗、利用网络侵犯公民个人信息、帮助信息网络犯罪等案件中综合能动履职，高质效践行未成年人司法保护工作。

第一，针对网络性侵案件的特殊性，全面加强对被害人的保护。明确网络性侵未成年人案件从严惩处，并在技术层面强调全方位保护，避免未成年人受到次生伤害。例如，在“隋某某利用网络猥亵儿童，强奸，敲诈勒索制作、贩卖、传播淫秽物品牟利案”（检例第200号）中，检察机关从最大限度维护未成年人权益角度出发，督促公安机关第一时间查清相关视频传播路径并固定证据后，将视频进行技术性彻底删除。同时协调职能

* 佟丽华，北京市青少年法律援助与研究中心主任。

部门及时追踪、处理与本案有关的不当泄露信息，阻断被害人照片及视频传播，并联合公安机关开展法治教育，制发督促监护令，避免对被害人造成二次伤害。此外，检察机关还积极主动联系专门机构指派专业心理咨询师，为被害人提供心理疏导。上述做法充分体现了对未成年被害人的全面保护。

第二，在未成年人涉网络诈骗案件中，有效落实分级干预理念，实现分类处理、精准帮教。例如，在“姚某某等人网络诈骗案”（检例第 201 号）中，检察机关关注到了涉案网络诈骗犯罪模式对未成年人的迷惑性和诱导性，充分考量未成年人的涉案情节，综合判定其主观违法性认识，依法分类处置。在审查起诉时，结合社会调查、心理测评、风险评估等情况，对涉罪未成年人进行分类处理并开展精准帮教。又如，在“李某某帮助信息网络犯罪活动案”（检例第 203 号）中，坚持主客观相一致原则，依法落实宽严相济刑事政策，全面考察涉案未成年人的犯罪情节、社会危害性、参与时间、主观恶性等因素，明确其系受引诱参与犯罪，在听取公安机关意见后，依法适用附条件不起诉。检察机关的上述做法充分体现了对未成年人的“教育、感化、挽救”方针。

第三，立足数字时代的新形势，探索履职新路径。例如，在“康某某利用网络侵犯公民个人信息案”（检例第 202 号）中，检察机关积极利用数字检察监督手段，强化对未成年人的网络保护。通过建构相关大数据法律监督模型，充分发挥大数据筛查的优势，将办理案件中涉及的有关数据资源进行碰撞比对，锁定潜在高风险和已经涉罪的未成年人，并从中分析研判未成年人涉罪关系网，推动未成年人网络犯罪的延伸审查和早期预防。又如，在“禁止向未成年人租售网络游戏账号检察监督案”（检例第 204 号）中，积极挖掘刑事案件线索，通过制发行政公益诉讼检察建议，督促依法查处违法向未成年人提供网络游戏账号租售服务的经营者，并对互联网平台上租售网络游戏账号的情况进行全面检查和监督，压实平台责任。

二、数字时代保护未成年人权利面临的新挑战

现实案例已经充分反映了检察机关能够积极发挥未成年人检察职能，全面推动未成年人司法保护工作的高质效发展。在总结经验的基础上，应进一步立足数字时代的大背景，深刻认识数字时代保护未成年人权利面临的新挑战。

第一，网络越发深刻地影响着未成年人的成长，如何有效提高未成年人的网络素养是面临的重大挑战。据共青团中央维护青少年权益部、中国互联网络信息中心《第 5 次全国未成年人互联网使用情况调查报告》，2022 年未成年网民规模已突破 1.93 亿，未成年人互联网普及率达到 97.2%，基本达到饱和状态。[①] 在数字时代，未成年人的思维观念及行为方式深受网络影响，但其网络素养却并未得到有效提升。《第 53 次中国互联网络发展状况统计报告》指出，20—29 岁的青年网民群体掌握数字素养与技能情况最好。[②] 当今的未成年人长期在网络环境中从事学习、娱乐及社会交往等日常活动，其数字素养与技能却并没有达到应有的水平，这在很大程度上导致未成年人更容易在网络环境中被引诱、被利用而实施犯罪行为，或受到多种形式的权利侵害。所以当前整个社会面临的一个巨大挑战是，如何有效提高未成年人的网络素养。

第二，网络平台在数字时代发挥越来越重要的作用，如何规范、引导网络平台积极参与未成年人网络保护是应该思考的重要问题。网络平台颠覆了传统的经济发展模式和信息传播及教育的方式，随着网络平台的发展，其通过建设基础设施、制定平台规则、掌握用户数据、对用户进行管理等过程，逐渐拥有了基于数字的“权力”。近年来，我国《未成年人保护法》《未成年人网络保护条例》等立法已经明确规定了包括网络游戏、网络直播、网络音视频、网络社交等在内的网络产品和服务提供者保护未成年人

① 共青团中央维护青少年权益部、中国互联网络信息中心:《第 5 次全国未成年人互联网使用情况调查报告》，2023 年 12 月。

② 中国互联网络信息中心:《第 53 次中国互联网络发展状况统计报告》，2024 年 3 月。

权利的法定职责。必须正视的是，虽然法律提出了明确要求，但在商业市场的逐利导向下，相关网络平台依法履行职责、参与未成年人网络保护的积极性、主动性却亟待提高。解决好网络平台的角色问题，规范、引导其在数字时代未成年人网络保护中发挥积极作用，能够从根源上有效解决未成年人网络保护面临的诸多复杂问题。

第三，数字时代大数据、人工智能、算法等新兴技术领域蓬勃发展，迫切需要思考如何通过创新制度来用技术赋能未成年人网络保护。我国现有立法明确规定应当通过在智能终端产品上安装未成年人网络保护软件、选择适合未成年人的服务模式和管理功能等方式，避免未成年人接触危害或者可能影响其身心健康的网络信息。然而，对于生长于数字时代的未成年人而言，现有的未成年人网络保护软件、青少年模式等保护措施相对落后。实践中暴露出了青少年模式下的网络信息过于单一、配套实名认证措施过于简单等问题，未成年人有意通过种种手段来规避用网限制。在数字技术高速发展的社会背景下，现有相关未成年人网络保护措施亟须进一步健全和完善，以应对数字时代未成年人用网面临的诸多风险。

三、深化改革创新发展数字时代的未成年人检察制度

立足数字时代未成年人保护面临新挑战的大背景，检察机关在总结已取得的宝贵经验同时，应进一步深化改革，创新发展符合数字时代要求的未成年人检察制度。

第一，进一步深化对数字时代的理解和认识，确立贯彻落实最有利于未成年人原则的新思路。互联网的匿名性、开放性、互动性在很大程度上导致了网络环境的复杂多变和网络信息的良莠不齐。网络环境中的未成年人更容易受到诱骗走上犯罪道路，同时也更容易受到权益侵害，未成年人保护面临的挑战在网络环境中更加严峻。未成年人检察工作要始终深刻认识数字时代给未成年人权利保护带来的新挑战，全面深化落实最有利于未成年人原则。应当明确，儿童最大利益是一个动态系统的概念，伴随数字环境在未成年人生活中扮演越来越重要的角色，必须考察最有利于未成年

人原则在数字环境中的应有之义，全面综合保护未成年人的受保护权、生存权、发展权和参与权。

第二，进一步发挥检察机关法律监督职能，推动各方形成未成年人网络保护合力。未成年人涉网案件案情复杂，需要各方协同发力，形成未成年人综合保护合力。检察机关应积极发挥法律监督职能，如在监护人监护不足案件中，及时开展家庭教育指导，提升网络安全监护意识和能力；在职能部门履职不充分案件中，制发社会治理检察建议；针对未成年人涉网案件召开部门联席会议，推动建立涉未成年人网络侵害线索移送机制等，提升未成年人综合保护效果。与此同时，对于涉及未成年人遭受网络性侵、未成年人网络沉迷等类型化案件，同步落实被害修复与不良行为干预措施。此外，应更加重视公益诉讼在未成年人网络保护中的重要作用。据《未成年人检察工作白皮书（2023）》，2023 年全国检察机关共立案办理未成年人保护公益诉讼案件 23694 件，同比上升 1.4 倍。[①] 检察机关应继续总结经验，进一步发挥公益诉讼制度的重要作用。一方面，积极针对涉众多未成年人权益的网络侵权案件提起检察公益诉讼，维护未成年人的合法权益。另一方面，促进法律监督与行政监管的配合协作，通过制发检察建议等方式，助推行政监管部门以及平台企业提升未成年人网络保护规范化水平。

第三，进一步推动未成年人法治宣传教育，提升未成年人文明、安全用网意识和能力。立足未成年人身心发育不成熟的客观特殊性，检察机关应进一步梳理由于未成年人网络风险认知不足引发的现实案件。一方面，继续加强通过检察官担任法治副校长、开设网络安全讲座等形式对未成年人开展的法治宣传教育。针对未成年人遭受网络侵害案件开展网络安全教育主题课程，普及辨别、防范、应对网络侵害的知识，提升未成年人文明、安全用网的意识和能力。另一方面，继续凝聚多方普法资源，会同教育、司法、行政等部门建立未成年人网络安全教育实践基地。鼓励学校及相关

① 最高人民检察院:《未成年人检察工作白皮书（2023）》。

单位建立未成年人网络安全教育机制，采取科学、合理方式培养和提高未成年人网络素养，有效减少侵害案件的发生。

今天的少年儿童是强国建设、民族复兴伟业的接班人和未来主力军。在数字时代维护好未成年人的合法权益是重要的时代命题，关乎国家的未来发展和民族的伟大复兴。检察机关应继续立足法律监督职能，进一步发挥参与未成年人司法保护全过程的优势，积极参与推进涉网络未成年人犯罪预防和惩治工作，在数字时代以未成年人检察助推未成年人网络保护新发展。